인생을 좌우하는 이름 짓기

작명연의

추 천 사

　소녀 방중경에 여성이 악녀가 되는 15가지 조건 중에서 이름이 들어 있다. 여성일수록 좋은 이름을 가져야 남편과 자식이 잘되고 행복해진다는 말일 것이다. 어디 여성뿐이겠는가. 남성이든 여성이든 사람이라면 모두가 흉은 피해가고 싶고 길은 취하고 싶은 것이 人之常情(인지상정)이거늘 이것을 어찌 욕심꾸러기라 치부하고 기회주의자라 멀리할 수 있겠는가.

　이번에 펴내는 최인영선생의 『작명연의』는 정말 보기 드문 책이다. 지금까지 나온 작명 분야의 책들과는 다르다는 이야기이다. 역시 권위 있는 사람의 내용이라 여겨지기도 한다. 그동안에 쏟아져 나온 책들을 보면 저마다 하고 싶은 이야기들이야 있지만 모두가 천 인 지 삼재의 원론을 피해가고 있다는 것을 알 수 있었다. 왜 중요한 핵심을 피해가며 작명을 말하고 있는지 역학자가 아닌 나로서는 도무지 납득이 가지 않는 것 또한 사실이었다.

　그런 점에서 이 『작명연의』는 정말 꼭 해야 하는, 하지 않으면 안 되는 그런 내용과 건물을 지을 때 기초공사가 제일 중요한 것처럼, 작명에 있어서 아주 기초적인 내용을 잘 정리해서 내놓은 것을 보곤, 역시 역학자도 여느 인문 학자들과 같은 식견을 갖추고 있어야 한다는 말의 의미를 생각하게 하였다.

　『작명연의』의 내용을 살펴본 결과 이런 부분이 발견되었는데, 나는 전적으로 동감하고 있다.
　이름은 天 人 地 三才에서 人才에 속해 있고 사회적인 활동 분야를 전반적으로 지배하고 있다는 말과, 水 日干의 사람의 이름에 辰土를 쓰지 말라는 말은 매우 기초적이면서도 전문적인 견해에 속한다고 본다.

 요즘은 이름을 짓는 작명법도 여러 갈래로서 모두 저마다의 이론을 주장하고 있지만 사주와 접목하는 선생을 아직 만나 보지 못해서인지 정말 타당한 주장에 힘을 실어 주고 싶다.

 예쁜 이름으로 엄마 아빠의 재롱 동이의 시절을 지나면 예쁜 이름의 가치가 떨어진다고 보았을 때, 우리 역학자들은 부모님을 즐겁게 해드리는 예쁜 이름과 호적에 올리는 이름을 함께 부를 수 있도록 하는 것이 좋을 것이다.

 앞으로 태어나는 아이들의 이름을 들고 부모님들이 우왕좌왕하지 않도록 하려면, 역학자 스스로 연구해 나가는 책임을 져야 하는 이 시대에, 한자 기초와 그리고 작명원리와 그리고 사주와 작명을 접목하여 하는 작명법이야 말로 믿을 수 있는 작명이라 볼 수 있다.

 모쪼록 역학 선생들의 많은 애독을 바라며 올바른 작명으로 국가 내일의 인재를 책임지길 부탁드리는 바이다.

임진년 한여름 未月에
서경대학교 경영대학원 주임교수 이 길 헌 박사

추 천 사

우리가 이름에 관심을 가지고 적극적으로 연구한지는 30여년 정도에 이른다고 본다. 그렇다고 그 전에 이름에 관심이 없었던 것은 아니지만 매우 제한적으로 지체 높은 선비집안이 아니면 감히 엄두를 낼 수 없었던 것이다.

긴 역사에 짧았던 관심은 이름보다 먹고 사는데 중점을 두었다고 생각할 수 있으며 또한 혼란스러웠던 사회상으로 인하여 이것저것 생각할 겨를이 없었기 때문일 것이다.

그것은 바로 이름의 중요성을 깨달았던 시기부터 우리네 삶의 가치도 높아져 가게 된 시기였다고 생각 할 수 있을 것이다.

이름에 대한 관심이 높아져 가고 있는 것을 종합적인 관점에서 궁극적으로 보았을 때 이제야 비로소 우리가 사람이 살아가는데 있어서 무엇이 중요한 것인가를 생각하기 시작하였다는 것이다.

이름의 기운은 어디서부터 생성되고 커져 가는가를 연구해 온 선생님들은 한결같이 불러 주고 듣는데서 비롯된다고 말하고 있다. 좋은 이름을 불러주면 좋은 기운이 형성되어질 좋은 삶을 살아가게 되고, 흉한 이름을 불러주면 흉한 기운이 조성되어 고달픈 삶이 만들어져 간다는 것이 이름의 통상적인 의미라 말하고 있다.

그것이 사실이라면 입증된 근거가 있느냐는 것이 과학이 발달된 오늘날의 시대를 살아가는 사람들의 공통적인 의문이다.

이번에 최인영 선생이 펴내는 『작명연의』는 이런 의문점들을 하나하나 풀어주고 있는 책으로서 손색이 없고 더불어 그동안 내 자신이 가지고 있었던 불확실한 부분들이 풀리는 계기가 되기도 하였다.

역학학원을 20년간 경영하고 연구해온 경험이 있는 사람으로서 말하고 싶은 것은, 이름은 사주와 함께 공존했을 때 명실상부한 바른 이름을 지을 수 있다는 것이다.

그동안 내가 다른 작명법을 흔쾌히 받아들일 수 없었던 연유 또한 사주를 바탕으로 하지 않고 이름 하나로 모든 것을 해석하고 해결하려 하는 뭇사람들의 방식을 마땅하게 바라볼 수 없었기 때문이기도 하다.

명리학을 배워 실용적으로 응용하는 분야가 바로 작명이기 때문에 명리학을 배우는 선생들은 작명을 하지 않으면 안 된다. 그동안 얼마나 많이 방황하며 지내왔는가를 생각하면 지금이라도 늦지 않았다고 본다.

이제 자신 있게 여러분들과 작명 공부를 할 수 있어 얼마나 다행인가.

그동안 많은 대학교와 기업체 및 TV 강의로 나날이 바쁜 일정에도 불구하고 이와 같은 완성된 작명책을 펴낸 최인영 선생의 노고를 치하하며 앞으로 더 많은 발전 이루기를 소망하는 바이다.

임진년 한여름 未月에
한국 전통과학 아카데미 원장 유 방 현

머리말

 "하늘을 경배하듯이 땅도 경배하라"는 말이 있습니다. 이 말은 하늘과 땅의 높고 낮은 자리는 다르지만 어느 것 하나만으론 그 가치를 다하지 못한다는 의미입니다. 그런데 우리는 지금 이름 하나로 취길피흉의 모든 것을 해결하려 하고 있습니다. 이는 천·인·지 삼재의 조화를 깨뜨리는 장애 요인이 되어 진정으로 합하여 맞아가는 자연의 순리를 거스르는 어리석음으로 남을까 여간 염려가 되지 않습니다.

 필자가 연구한바 가장 좋은 이름은 타고난 사주를 보완하여 자신의 진로를 택했을 때 의지가 꺾이지 않는 이름으로서 노력한 보람을 거두어들이는데 장애가 되지 않는다면 모자람이 없는 이름이므로 족하다고 생각합니다.

 특히 우리가 명심해야 할 사항은 이름 하나만 잘 지으면 성공이 인위적으로 만들어진다는 착각에서 벗어날 필요가 있습니다. 이름이 중요하지 않다는 것이 아니라 주체는 자신이 되고, 그 다음으로 주체가 되는 자신을 대표하는 것이 이름이라는 사실입니다.

 오늘날 우리가 좋은 이름을 지음에 있어 많은 학자 선생님들 간에 이론이 너무도 분분하여 이렇게 하면 안 된다 저렇게 하면 안 된다로 시작하여 안 된다로 끝나며, 심지어 仁이라는 글자도 쓰면 안 된다까지 이르렀습니다.

 이렇게 되면 이제는 誠이라는 글자도 이름자로 쓰면 안 된다는 말이 안 나올 리 없습니다. 그리고 나중엔 善, 禮까지 어느 것 하나 마음 놓고 쓸 수 없을지도 모릅니다. 이러한 현상은 우리 스스로 우리 자신을 올가미로 옭아매고 있는 형국입니다.

 논어의 최고 덕성은 仁이요, 맹자의 최고 덕성은 禮이며 대학의 최고 덕성은 善이요, 중용의 최고 덕성은 誠인데 이런 의미가 좋은 글자를 회피하고 쓰지 않는다면 어떤 글자로 이름을 지어야 마땅한지 의문을 가지지 않을 수 없습니다.

 제가 왜 못 쓰는지 여쭤어 보았습니다. 대답은 仁의 획수가 4획으로서 부정격이라는 것이 그 이유였습니다. 그러면 선(善)의 획수는 12획인데 사격 해석에 보면 박약격에 해당합니다. 선이란 글자도 쓸 수 없다는 분이 곧 나오게 생겼습니다.

　이렇게 글자 한 자 한 자의 획수를 갖고 이 말 저 말을 하면 정말 위험천만이 아닐 수 없습니다. 사격(원형이정)은 한 글자에 의미를 부여하진 않습니다. (이름이 한 글자일 때는 예외) 원격은 이름 두 글자의 획수를 합한 것이요, 형격은 성과 이름 첫 글자의 획수를 합한 것이요, 이격은 성과 이름 두 번째 글자의 획수를 합한 것이요, 정격은 성과 이름 세 글자의 획수를 모두 합한 것입니다.

　그러니 이 얼마나 위험한 발상을 하고 있는지 저 자신을 비롯하여 철저하게 깨달아야 후세 우리들의 후배들로부터의 비난을 모면할 수 있으며 나아가 이 땅의 정신적 지주가 되시는 학자들로부터 매서운 질타를 당하지 않을 것입니다.

　작명가 여러분, 우리는 매우 위태한 지경에 있습니다. 우리가 우리의 살을 깎아먹으며 스스로를 결박 지우려 하고 있습니다. 본인의 이론을 펼쳐 나가는 데 치중하여 혹여 중요한 것을 외면하고 있지 않은지 또한 편협하게 하고 있지는 않은지 살피며 우리 스스로 우리 위치를 확고하게 다져 나가야 된다는 것을 깨달아야 합니다.

　불명이나 법명은 스님들께, 영세명은 가톨릭 신부님들께, 세례명은 기독교 목사님들께 맡기고, 우리는 사람으로 태어나 죽을 때까지 사람의 도리를 다하며 온전한 사회인으로서 살아가는 데에 필요한 이름을 짓는 소명을 잊지 말아야 할 것입니다. 그렇게 하려면 한자 연구를 더욱 열심히 하고 쓸 수 있는 글자를 계속 발굴하여 기관에 제의함으로써 지금 정해진 인명용 한자를 더욱 늘려 나가야 할 필요도 있을 것입니다.

　2009년 대법원 선정 한자가 5,454자 가운데 이름자로 쓸 수 있는 글자가 대략 600여 자로 보고 있습니다. 이 600여 자로 음양배합과 삼재, 음운오행 그리고 획수 등등을 맞추어야 하는데 거기다 우리 스스로 지금까지 말썽 없이 잘 써오던 글자까지 안 된다는 글자로 제외시키면 앞으로 태어날 아이들에 맞는 이름을 짓기엔 턱없이 부족하게 될 것입니다. 이는 아마 다른 작명법을 활용하고 계시는 선생님들도 마찬가지일 것입니다.

　그렇다고 우리들이 염려하고 있는 바대로 아무 글자나 쓸 수 없기 때문에 더욱 발굴해 나가야 되는 상황에서 최소한 이마저 안 된다고 삭제해 나간다면 어떻게 해야 하는 것이 올바른 것인지 참으로 난감하기 그지없습니다.

  그렇다고 모든 것을 새롭게 바꾸어 나가려 한다면 이는 우리의 정신문화에 혼란을 야기하게 되어 그 막중한 책임을 어떻게 감당해 나가기도 어려울 것입니다. 하여 이 책에는 그동안 작명법으로 널리 알려진 전통작명을 『작명연의』로 요점 정리하여 소개하였고 더불어 필자가 연구한 부분도 함께 실었습니다.

  물론 이름은 사주에 맞게 좋아야 합니다. 그러나 운명의 문제점을 이름에 몽땅 책임 지우며 부담을 주는 현상이 이 시대에 만연해 있습니다. 여하튼 나쁜 이름은 흉한 운명을 조장하는 역할을 한다는 것이 계속 입증되고 있기 때문에 이름은 최소한 나쁘면 안 됩니다. 어떤 방식으로 이름을 짓든지 간에 그것은 작명가의 뜻대로 하십시오.

  이 책에서 다뤄지는 연의(演義) 작명법은 전통적 재래식 작명법을 바탕으로 하여 음양과 삼재 오행, 그리고 획수를 맞추어 가는 데 중점을 두면서 기본에 충실하려고 하였습니다. 사주에 부합되는 한자 쓰임의 연구도 **빼놓을** 수 없겠군요. 거기에는 저의 개명 경험이 많이 좌우하였습니다. 전통 획수 작명법으로 하시는 선생님께 개명하여 이름을 받아본 결과 그래도 음양과 삼재오행 그리고 음운오행, 획수, 소리로 울리는 발음들을 참조하여 짓는 것이 제일 무난하고 호응도가 높다는 것을 직접 체험하였거니와, 주위의 여러 사람들을 관찰해 본 결과도 마찬가지라는 결론을 얻게 되었습니다.

  그것은 사주를 참작하여 작명을 한다는 데 큰 장점이 있다고 하겠습니다. 그래서 여러 가지 방식이 있고 때론 문제점도 거론이 되지만 가장 보편적이고 유례가 깊은 전통작명법이 가장 연구가 잘되어 있는 작명법으로서 으뜸이라는 것을 말씀드리고 싶었습니다.

※ 제 경험을 빌리자면 20대 후반 한글로 작명한 이름을 몇 년 부르다가 명리를 배우고 난 뒤 풀어본 결과 제 사주에 忌神(기신)이 되는 오행을 이름으로 계속 부르고 있습니다. 제 사주의 기신은 오행 중 金과 水인데 한자 자체의 의미도 金과 水에 해당되고, 음운도 금과 수에 해당되는 ㅁㅂ을 이름으로 계속 부르고 다녔던 것입니다. 부르고 듣기엔 예쁜 이름이었지만 알고 난 뒤 제 가슴은 무더위에 찌는 듯 했습니다.

 일러두기

① 이 책은 전문 작명인을 위한 것으로, 이름감정보다는 사주를 바탕으로 한 작명에 초점을 두었으며, 한자작명을 기본으로 하고 있다. 그 외 상호·사호·아호 작명에 필요한 한자도 정리하여 넣었다.

② 총론편과 실제사례, 4개의 부록편으로 구성되어 있다. 총론편이 익숙해진다면 작명의 기본은 다 익힌 셈이다. 부록편은 작명시 필요한 자료를 정리해 놓았다.

③ 총론편에서는 작명의 순서에 따라 음양, 삼재, 오행을 설명하고, 작명시 유의할 점을 자세히 다뤘다.

④ 실전예문편에서는 알려진 이름의 실례를 들어 60개를 선정하여 자세한 설명을 하였다. 자료가 명확치 않아 사주가 틀린 것도 있을 수 있으니 양해 바란다.

⑤ 【부록1】 이름의 오행에서는 총 125개 삼재의 풀이와 주석, 참고를 넣었다.

⑥ 【부록2】 81수리를 원문과 함께 풀이하였다.

⑦ 【부록3】 한자와 부수에서는 작명의 기본이 되는 한자에 대해 설문해자를 중심으로 자세하게 다뤘다.

⑧ 【부록4】 대법원인명용 지정 한자에서는 1획~30획까지 이름에 쓸 수 있는 한자를 중심으로 기록하고, 자주 쓰이는 좋은 의미의 한자에서 ●표시를 하여 구분해 놓았다. 인명용 한자는 자원을 따져 획수를 세므로 자전의 획수와 다른 것도 있다.

목차

- ◆ 추천사 (이길헌 박사) 　　　　　　　　 3
- ◆ 추천사 (유방현 원장) 　　　　　　　　 5
- ◆ 머리말 　　　　　　　　　　　　　　　 7
- ◆ 일러두기 　　　　　　　　　　　　　　 10

제 1부 총론

- ● 작명의 중요성 　　　　　　　　　　　　 15
- ● 이름의 4대 원칙 　　　　　　　　　　　 17
- ● 작명 원리 　　　　　　　　　　　　　　 20
  - 1) 음양(陰陽) 　　　　　　　　　　　　 21
  - 2) 삼재(三才) 　　　　　　　　　　　　 23
  - 3) 오행(五行) 　　　　　　　　　　　　 25
  - 4) 삼재오행 구하기 　　　　　　　　　　 26
  - 5) 음운오행 　　　　　　　　　　　　　 44
  - 6) 자변오행(字邊五行) 　　　　　　　　 47
  - 7) 자의오행(字義五行) 　　　　　　　　 49
  - 8) 작명의 한자 획수 　　　　　　　　　 50
  - 9) 원형이정 사격(元亨利貞 四格) 　　　 52
  - 10) 이름자를 선택할 때의 주의사항 　　 57
  - 11) 상호·사호에 많이 쓰이는 한자 　　 65
  - 12) 아호 작명 　　　　　　　　　　　　 70

- ● 실전예문 　　　　　　　　　　　　　　　 81

제 2부 부록

- 【부록1】 이름의 오행   123
  - 【1】 木에 해당하는 성씨   127
  - 【2】 火에 해당하는 성씨   137
  - 【3】 土에 해당하는 성씨   147
  - 【4】 金에 해당하는 성씨   158
  - 【5】 水에 해당하는 성씨   169

- 【부록2】 81격의 원문과 뜻   179

- 【부록3】 한자와 부수   213
  - 1) 한자가 만들어진 원리   216
  - 2) 부수에 대하여   219
  - 3) 부수의 위치   221
  - 4) 부수의 변형과 의미와 쓰임   223

- 【부록4】 대법원 인명용 지정한자   249

- 찾아보기 (삼재오행, 81수리)   282
- 참고문헌   285

총론편

 작명의 중요성

하늘과 땅 그리고 사람을 일러 삼재라 한다면 공간(땅-宇)과 시간(하늘-宙)이 영글어 가며 도출해 내는 것 중 가장 으뜸인 생명체가 사람일 것입니다.

사람에 대한 천지의 결정은 이름에 결부되어 사라지기도 하고 남아 있기도 합니다. 그 중 姓에는 자신의 의지가 전혀 개입되어 있지 않습니다. 이름자 역시 자신의 의지를 피력할 수 있는가 하면 그것도 아닙니다. 그래서 어른이 된 후 부모를 원망하게 되는 구실이 되기도 합니다.

무언가 바라는 일이 잘되지 않을 때 이름이 안 좋아 그렇다는 말을 듣는다면 기분이 좋을 리 없을 것입니다. 그래서 때로는 개명이라는 과정을 거쳐 바꿀 수 있을 때 자신의 의지를 굳히게 되는 기회를 갖기도 하죠. 그리고 보면 한평생을 이름과 함께 살아가게 되므로 이름이 중요하지 않을 수 없습니다. 부모님 또한 아이를 낳아 첫 번째 내리는 선물이라 생각한다면 이름에 담겨 있는 소망 어린 의미는 그 어떤 것과도 견줄 수 없을 것입니다. 그러므로 어떠한 경우이든 이름은 잘 지어야 됩니다.

그러나 지구가 태양을 한 바퀴 도는 데 걸리는 시간이 정확하게 딱 떨어지지 않는 것처럼 인간이 하는 모든 일들이 마음처럼 그렇게 완벽하게 딱 떨어지지 않는다는 데 우리의 염원이 무산되기도 합니다.

작명도 그렇습니다. 때로는 쉽게 지어지는 사람이 있고 그렇지 못한 사람도 많습니다. 여기에서 각 개인에 따른 기준을 설정할 수 있어야 하는데 이 부분이 작명하는 데 가장 난해한 부분입니다. 글자만 갖고 꿰어 맞춘다면야 무슨 걱정이 있겠습니까만 작명이 글자만 꿰어 맞추는 것은 아니기에 설이 분분한 이유가 되기도 합니다. 그래서 작명만은 작명가에게 맡기라고 저는 말하고 싶습니다.

집에서 책 보고 따져가며 선택하여 짓는다는 것이 바람직스럽지 못하다는 것은 작명의 이론을 활용하며 대입해 나가기엔 일반 사람들에겐 너무도 난해한 부분이 많이 잠재되어 있음을 말씀드리는 겁니다.

그러면 누구에게 맡겨야 하는가라는 문제가 생긴다면 그것은 누구에게 맡기든 작명가라면 일반 사람보다는 복잡한 작명 이론으로 고민하며 생각하고 짓는다는 데 의의를 둘 수 있을 것입니다.

① **작명의 순서**

| 1 | 사주를 보고 특징을 잡아놓습니다. |

| 2 | 성씨에 맞추어 음양과 삼재오행 배합 그리고 획수를 맞추어 놓은 『작명연의』 32쪽에서 경우의 수를 메모해 둡니다. |

| 3 | 메모된 획수에 맞는 한자 중 위 이름자 아래 이름자를 따로 골라 나열하면서 서로 어울리는 소리를 찾으며 소리 내어 불러봅니다. |

| 4 | 이름이 잘 나오지 않을 때는 억지로 꿰어 맞추어 세 개, 네 개 짓기보다는 한 개든 두 개든 나오는 대로 하여 의뢰인에게 진실을 말하는 편이 나을 것입니다. |

| 5 | 최종적으로 부모나 형제자매의 이름과 중복되지 않도록 관심 있게 살펴봐야 합니다. |

| 6 | 의뢰인이 돌림자 작명을 요구할 때 적합하지 않으면, 의뢰인과 협의하여 호적에 올리는 이름과 족보에 올리는 이름을 따로 작명함이 옳습니다. |

이름의 4대 원칙

姓名은 성과 이름을 말하는 것으로 우리가 말하는 이름은 두 가지의 경우를 나타냅니다. 名을 나타내는 두 개 이상의 이름자일 수도 있고 성과 명을 동시에 나타내는 이름일 수도 있습니다. 만약 이름이 무어냐고 묻는다면 어렸을 때는 이름만을 대답하는 경우 그리고 커서는 성과 이름을 합하여 말을 할 것입니다. 혹여 아주 긴 이름도 보긴 했습니다만 그런 이름은 예외로 간주하여 언급을 하지 않겠습니다.

보통 성과 이름이 두 글자나 세 글자, 길어야 네 글자 아니면 다섯 글자 정도 내외에서 평생 운과 일 년 운을 산출해 낼 수 있는 것을 보면 이름의 구조에는 대단한 위력이 있는 것이 분명해 보입니다.

우리나라의 한글은 자음과 모음으로 되어 있어 하고자 하는 말을 구사(求嗣)하기가 쉽고 자음이 받침으로 따라오는 경우가 많아서 더 많은 사안들을 분석해낼 수 있습니다.

한자의 경우 똑같은 글자지만 중국의 발음과 우리의 발음이 다르기 때문에 미치는 길흉의 강도도 다르게 나타난다고 하겠습니다.

성은 천부적으로 부여받은 것이므로 이름과는 떨어질 수 없는 불가분의 관계에 있으며 평생 따라다니는 중심 기운이 되어 존재합니다. 그래서 작명의 최고 고민은 성과 함께 시작되는 것입니다.

성이 선천적인 기운을 담고 있다면 이름 두 글자는 후천적인 기운을 담고 있기 때문에 작명가 모두의 마음을 설레게 하는 이유가 여기에 있기도 합니다.

① 의의(意義): 성명자의(姓名字意)를 말합니다.

의뢰인은 자신의 이름이든 소중한 아이의 이름이든 작명장을 받으면서 어떤 의미를 담고 있는 이름인지 설명을 요구합니다. 이럴 때 작명가는 글자의 의미를 세밀하게 분석하여 사주에 맞는 이름임을 알기 쉽게 풀어 드려야 할 것입니다. 혹여 지은 이름이 거창한 뜻이 아니라서 염려되는 면도 없지 않아 있을 것입니다만 사실 넓게 살펴보면 대통령이 되는 이름보단 대통령이 되는 데 지장이 없는 이름, 최고의 과학자가 되기를 원한다면 과학자가 되는 데 장애요인이 되지 않는 이름이 제일 적합한 이름이 될 것입니다.

② **사성(四星) : 年, 月, 日, 時, 즉 四柱를 말합니다.**

이름은 성과 사주의 결합으로 천변만화하는 신령스러운 변화의 경중(輕重-가볍고 무거움)을 헤아릴 수 있습니다. 이름을 사주와 분리하여 독립적인 존재로 인식하려고 노력하는 분도 계시는 줄 알고 있습니다만 어느 것 하나 저 잘났다고 해서 잘되는 것 보기 어렵습니다.

사람도 그렇습니다. 자신 혼자 잘난 사람보다 조금 뒤떨어지더라도 도와주고 밀어주는 사람이 있는 분이 훨씬 목표 달성이 쉬울 것이며 또한 더 큰 일도 해낼 수 있습니다. 음양과 삼재의 원리가 그냥 우주론으로 끝나는 것이 아니라 우리의 삶을 전반적으로 덮고 있으니 모든 것이 음양과 삼재의 힘으로 되어가고 있음이 분명하지 않습니까. 그래서 사주를 참작해서 지었을 때 그 어떤 이름보다도 차별화될 수 있으리라 여겨집니다.

③ **자획(字劃) : 천지의 순역과 음양조화, 자획의 만남과 변천을 말합니다.**

어떤 작명가는 획수가 필요 없다고도 말합니다. 나름대로 천명할 수 있는 이론의 바탕을 갖고 있겠지요. 하지만 여기엔 간과된 것이 있습니다. 예부터 우주 만물의 성쇠는 수의 지배를 받아왔는데 이름도 여기서 벗어날 수 없다는 것이지요. 우리는 이 점을 깨달아야 할 필요가 있습니다. 우리가 일상적으로 말하는 단어와 숙어 모두 그 틀을 벗어날 수 없으므로 애써 외면하고 깨려 하니 인정하고 받아들여 그 속에서 더욱 연구 매진함이 효과적이라 봅니다. 지금 이 시대에 와서도 모든 과학자와 철학자, 천문학자들이 연구하고 있는 것, 그것은 바로 수라는 것을 부정하는 사람은 없을 것입니다.

　예를 들면, 님과 남의 점 하나로 완전히 다른 의미를 갖고 있고 별과 벌, 달과 말 등을 비롯하여 이루 헤아릴 수 없는 근거를 갖고 있습니다. 우리 한글만 그러냐 하면 그렇지 않습니다. 한자에서도 '一 二 三, 大 太, 白 百. 人, 个, 冂, 口' 등 많이 찾을 수 있으며 영어도 예외는 아니라고 생각합니다. 그러므로 우리의 이름을 한자 획수를 떠나서 짓는다는 것은 숲은 보면서 나무를 보지 않는 형국과 다를 바 없다고 생각합니다.

④ 음운(音韻) : 형상에 그림자가 따르는 것처럼 소리에도 울림이 따른다는 의미입니다.

　음성의 울림은 상법(相法)에서도 매우 중요하게 다루어지고 있습니다. 이름 역시 부를 때의 울림의 진폭이 기운의 성쇠를 좌우하므로 중요하게 인식되고 있습니다. 특히 음운 오행에서는 초성의 상관관계가 중심이 되어 성과 이름 첫 글자 그리고 이름 첫 글자와 두 번째 글자의 음운 관계를 상생상극으로 길흉을 가늠하고 있습니다. 그래서 이름을 지을 때는 언제나 소리 내어 불러보면서 맞추어 가는 것이 바람직하다고 학인들에게 자주 말씀드리고 있습니다.

작명 원리

『작명연의』는 전통작명의 원리를 연구하여 좀 더 업그레이드 한 작명법입니다. 다른 특별한 작명법(곡획, 파동, 정통작명법 등)을 연구하신 분의 견해와 다를 수도 있습니다.

『작명연의』는 음양과 천, 인, 지 삼재오행 그리고 획수를 함께 중요하게 여기며 음운 또한 가벼이 생각하지 않습니다. 그리고 한자 하나하나의 획수와 의미 그리고 한자가 갖고 있는 부수 등 작명하는 데 중요하게 작용하는 부분들을 체계적으로 나열하여, 연구하며 맞추어 보는데 편리하게 배열하였습니다.

특히 작명과는 관계가 없다고 하지만 작명하시는 분들께는 한자 자체가 매우 부담이 되고 있음이 사실입니다. 그래서 한자 기초에 속하는 부수와 설문해자를 소개하였습니다. 이는 한자로 된 성명을 짓는데 한자의 구조를 알고 있다면 한층 더 심도 있는 연구를 할 수 있기 때문입니다.

획수가 중요하지만 이에 맞추느라 흉할 흉(凶)이나 그릇될 사(邪)와 같은 좋지 못한 글자를 쓸 수는 없습니다. 작명하시고자 하는 선생님들께서는 한자 연구가 곧 작명을 의뢰하는 분을 위하여 갖추어야 할 필수 덕목이라 생각하시고, 한자 연구에 매진해 나가 주실 것을 이 자리를 빌어 부탁드립니다.

1) 음양(陰陽)

陰陽은 바로 易의 핵심입니다. 陰陽은 보이는 것을 비롯하여 보이지 않는 기(氣)의 작용까지 지배하고 있습니다. 가장 완전한 것은 음과 양의 완벽한 조화라 할 수 있습니다. 그래서 음양의 배합은 작명에서도 기본 구조에 해당됩니다. 그러므로 성과 이름에는 음과 양이 함께 조화를 이루도록 획수를 맞추어야 합니다.

획수가 짝수일 때는 음에 해당하고 홀수일 때는 양이 됩니다. 陰으로 치우칠 때는 고음(孤陰)이 되고 陽으로 치우칠 때는 고양(孤陽)이라 합니다. 이러한 짜임은 배우자를 갖추지 못하는 형국이 되어 가정 운이 좋지 못할 수도 있습니다. 설령 가정을 갖추었다 하더라도 부부 사이의 관계가 원만하지 못할 우려가 큽니다.

우리는 특별한 계층에 속하는 승려나 신부님, 수녀님처럼 혼자 독신으로 살아가는 사람의 이름을 짓는 경우는 드뭅니다. 그러므로 여성은 남편을, 남성은 아내를 맞이하여 자식을 생산할 수 있을 때 부족한 모습에서 벗어날 수 있는 이름이 됩니다.

이는 부모의 근심을 덜어드리고 나아가 자신의 자식을 기르면서 부모의 노고를 은혜롭게 생각할 수 있도록 하는 계기가 됩니다. 또 六親을 형성하여 원만한 가정을 꾸린다는 것은 한 인격체가 가장 근본적인 기본 단위를 소유함으로써 온전한 사회인이 되어 그 몫을 다 할 수 있는 것입니다. 사회적으로 명성을 얻고 성공하였다 하더라도 배우자궁이 순조롭지 못하거나 자손을 보지 못했다면 나쁜 것이 아니라 한쪽이 비어 있는 경우에 속하므로 언제나 아쉬움이 남게 될 것입니다. 사람이 육친을 갖춘다는 것은 보편적이면서도 최고의 행운을 간직하는 것이므로 사회적인 성공은 그 다음의 행운으로 보아야 마땅하다고 생각합니다.

음양은 우주 원리의 근원이므로 작명도 그 범주를 벗어나 생각할 수 없습니다. 이름에서 음양의 배열은 음·양·음이나 양·음·양보다 양·양·음이나 음·음·양의 배열이 더 안정적이라는 말은 있습니다만, 작명 실전에서는 배열의 순서에는 별로 의미를 두지 않고 음과 양이 함께 갖춰져 있기만 하면 된다고 봅니다.

　지난날 문민정부 들어서 많은 사건 사고로 사람들이 사망했을 때 사망자들의 이름에서 역술인들은 한결같은 공통점을 발견하였습니다. 이름을 한자로 썼을 때 획수가 모두 홀수이거나 짝수였다는 사실이었습니다.

2) 삼재(三才)

삼재(天, 人, 地)는 우리 민족의 뿌리 깊은 사상입니다. 하늘(天)의 감응을 받아 땅(地)은 풍요로움으로 보답하고 그 풍요로움을 누리며 생명(人)은 끝없이 이어져 가고 있음은 아무도 부인하지 못하는 엄연한 사실입니다. 그래서 역학은 바로 음양과 삼재를 연구하는 학문이라 할 수 있으며, 역학에 속하는 모든 분야의 체계적인 설명도 음양과 삼재로 되어 있습니다.

예를 들어 주역은 하늘의 뜻을 담고 있다면 풍수는 땅의 의미를 연구한 분야이며 명리는 생명이 있는 사람을 연구한 분야입니다. 더 구체적으로 살펴본다면 주역에도 천인지 삼재의 사상이 들어 있고, 풍수에도 천인지 삼재의 사상이 들어 있고, 명리에도 천인지 삼재의 사상이 들어 있습니다.

그 중에서도 명리에 들어 있는 천인지 삼재가 어디에 있는지 밝혀본다면 ,천간은 天에 해당할 것이며, 地支는 地에 해당할 것이며, 지지에 들어있는 지장간은 人에 해당한다고 할 수 있습니다. 또한 이를 사람에 대입시켜 머리는 天, 가슴 부위는 人, 엉덩이 이하는 地로 나누고 있습니다. 이렇듯 인간을 중심으로 하여 삼라만상을 봄으로써 몸을 삼재의 이치로 나누어 생각하는 게 관상법입니다.

위에선 사람의 신체를 삼등분하여 天人地, 즉 三才로 나누었습니다만 사람의 존재적 가치로도 나눌 수 있습니다. 존재적 가치를 천인지 삼재로 나누면 타고난 性은 天에 해당할 것이며, 형성된 몸은 地에 해당될 것이며, 이름은 사회적 관계를 형성시키는 매개체로써 人에 해당될 것입니다. 이러한 방식으로 이름을 삼재로 나누어 본다면 성은 天에 속할 것이며, 성과 이름 첫 글자는 人에 속할 것이며, 이름 두 글자는 地로 분류될 것입니다.

천인지로 분류된 삼재가 서로 조화를 이룬다면 조화로운 삼재라 할 수 있지만 상극이 되어 그렇지 못할 때는 삼재가 투쟁의 관계로 순조롭지 못하게 될 것입니다.

그러나 다음에 오는 삼재 배합의 풀이 주석란을 보면 알 수 있는 것처럼 상생이 무조건 상극보다 좋다거나 하는 단순한 의미로 해석할 수 없음을 알 수 있습니다.

삼재를 도표로 나타내면 다음과 같습니다.

종류 \ 삼재	천(天)	인(人)	지(地)
주 역	건괘(乾卦)	사람을 중심으로 해석됨	곤괘(坤卦)
풍 수	장풍과 방위	길흉이 사람에게 전해짐	혈과 수(穴, 水)
관 상	머리	가슴, 배	엉덩이 이하
명 리	천간(天干)	지장간(地藏干)	지지(地支)
성 명	성(姓)	성과 이름 첫 글자	이름 두 글자
사 람	사 주	이 름	관 상

이름을 감정해 보면 획수 맞춤에 신경을 쓰다 삼재 맞춤을 소홀히 하는 경향도 더러 발견할 수 있었습니다. 절대로 삼재를 등한시하지 말 것을 당부 드립니다.

3) 오행(五行)

　　삼재는 오행으로 관계가 설정됩니다. 오행은 삼재 획수를 헤아린 끝수로 분류되며 1, 2일 때는 木이 되며 3, 4일 때는 火가 되고 5, 6일 때는 土가 되고 7, 8일 때는 金이 되고 9, 0일 때는 水가 됩니다. 이 순서는 계절의 순서에 맞추어져 있고 土는 중앙에 거하므로 가운데 숫자인 5와 6은 土가 됩니다.

　　도표로 나타내면

오 행	木	火	土	金	水
획수끝자리 수	1, 2	3, 4	5, 6	7, 8	9, 0
十 干	甲, 乙	丙, 丁	戊, 己	庚, 辛	壬, 癸
계절	봄	여름	중앙	가을	겨울

4) 삼재오행 구하기

　　삼재란 天才, 人才, 地才가 됩니다. 그러면 이름에서 天才와 人才 그리고 地才를 구하는 방식은 다음과 같습니다.

① **먼저 성 하나, 이름 두 글자일 때 삼재오행을 구해보겠습니다.**

　　천재(天才)는 姓의 획수에 태극수 1을 더하여 얻은 끝수로 정해집니다. 어떤 분들은 여기서 왜 1을 더하느냐에 대해 이의를 제기하기도 합니다.

　　이 문제에 대해 잠깐 도움 말씀을 드리면, 1이란 언제나 모든 것을 포함하고 있는 원래 그대로를 나타내는 수입니다. 모든 삼라만상은 그 하나에서 생겨났습니다. 이러한 이치에 비추어 볼 때 성이란 천부적으로 받아 태어났다는 것을 확실하게 입증시키며 또한 다른 글자로 바꿀 수 없다는 의미와 바뀌지 않는다는 의미를 1을 가산함으로써 확실하게 바로 세운다는 의식이 들어 있습니다. 이 의식은 바로 도장을 찍는 의미와 다를 바 없다고 보면 됩니다.

　　모두가 아버지의 성을 따라 이름을 짓는다고 보기 때문에 구태여 그럴 필요가 있느냐는 생각이 들지도 모르겠습니다만, 사람들의 삶이란 그렇게 다수의 생각처럼 획일적이지 않다는 것을 인식할 필요가 있습니다.

　　예를 들어 만약 아버지의 성은 김씨요 어머니의 성이 이씨라면 거의 대다수가 아버지의 성을 따라 김씨 성을 쓰지만, 때로는 어머니의 성을 따라 이씨라 하는 사람도 있습니다. 그리고 양자로 간다든지, 고아라든지 성을 몰라 우왕좌왕하는 경우도 있을 수 있습니다.

　　이러한 다양한 경우에서 자신에게 주어진 성이란 다음에 오는 이름을 선택하는데 있어서 기준이 됩니다. 어떤 성이든 누구의 성을 따라가든 천부적으로 품부 받았음을 천명하기 위하여 태극수 1을 더하게 되며 확실하다는 재확인의 의미로 틀림없음을 확정받게 되는 것입니다. 성이 두 자일 때는 바뀌거나 변할 우려가 희박하므로 태극수 1을 더하지 않는 것을 보면 더욱 확신이 가는 부분입니다.

『역학철학사』[1])에는 "1은 수의 시작이다. 이 1은 形도 없고 象도 없다. 그 자체로는 體도 用도 없다. 움직임도 고요함도 없다. 왜냐하면 그것은 형체를 지닌 物이 아니기 때문이다. 다만 운동의 기능을 함유하고 있어 변화가 이를 따라 생긴다."고 했습니다. 미루어 보건대 人才와 地才는 성과 이름의 획수 두 개를 더하여 생겨나기 때문에 변화를 일으킬 수 있지만 天才는 성씨 하나로 구하기 때문에 변화를 일으키기 위하여 1을 더해야 하는 이유가 있다고 생각할 수도 있을 것이다.

인재(人才)는 성과 이름 첫 글자를 합한 획수의 끝수가 됩니다. 이는 성에다 태극수 1을 더하지 않은 순수한 성의 획수에 이름 첫 글자를 더한 획수입니다.

예를 들어 이름이 김(金) 길(吉) 중(中)이라면 성 金은 획수가 8획이므로 천재는 8+1(태극수) = 9가 되어 水가 천재의 오행이 됩니다. 인재(人才)는 성(金) 8획 + 길(吉) 6획 = 14획으로 끝수 4(火)로서 火가 됩니다. 지재(地才)는 성 아래의 이름 두 글자의 획수를 더한 끝수로서 즉 길(吉) 6획 + 중(中) 4획 = 10획이 되므로 끝수 0(水)으로 水가 됩니다.

도표로 나타내 보면

획 수	陰 陽	三 才	五行 수	五 行
金 : 8획	陰	天	성 획수 + 1 = 9	9 = 水
吉 : 6획	陰	人	성 획수 + 이름 첫 글자 = 14	4 = 火
中 : 4획	陰	地	이름 두 글자를 합한 수 = 10	0 = 水

이름 : 金 吉 中 (김 길 중)

金 吉 中을 음양과 삼재 오행으로 나누어 보았을 때 金은 8획으로서 짝수가 되어 陰,

---

[1] 『역학철학사』 4권 「남송시기역학철학의 발전」 p. 206

吉은 6획으로서 짝수가 되어 陰, 中도 4획으로서 짝수가 되어 陰이 되었습니다. 그러므로 김 길 중의 이름은 음양의 배합이 이루어지지 못한 이름이 됩니다.

또한 삼재에서도 天才 = 水, 人才 = 火, 地才 = 水를 이루어 水와 火가 서로 이기려 하는 相剋을 이루어 매우 凶한 배합이 되었습니다.

삼재 배합은 서로 상생이 되는 것을 기본으로 해야 하지만 때로는 剋이 있어도 좋은 배합이 있습니다. 상생이 무조건 상극보다 좋다는 생각에서 벗어나셔야 합니다. 가령 木 火 火처럼 剋 없이 生으로 되어 있어도 火의 기운이 너무 왕성하여 염목(炎木)이 될 우려가 있어서인지 오히려 木 木 土를 더 낫게 해석을 하고 있습니다. 이 또한 중화(中和)에 기준을 두고 길흉을 나누고 있다고 볼 수 있습니다.

음양과 음운 그리고 획수를 맞추려 애쓰다 삼재 맞추기가 어려울 때는 반이라도 맞추어야 합니다. 그래서 최소한 삼재가 모두 극으로 이어지는 것은 피해야 합니다. 삼재의 배합에서 한 개가 生이 되고 한 개가 剋이 된다면 길흉이 반반씩이라 보고 같은 오행으로 비화되어 이루어져 있을 때는 다음 설명을 좀 예외로서 익혀 두시기 바랍니다.

木 木 木이나 土 土 土는 길이라 평하지만, 火 火 火, 金 金 金, 水 水 水처럼 같은 오행이 겹쳐 비화되어 있는 삼재는 대체적으로 썩 길한 배합으로 간주하지 않습니다. 같은 오행이 비화되어 있는 사람은 성정이 급하고 메마르며 다혈질이기 쉬워 부딪치기 일쑤이므로 조용한 삶을 살기가 어려운 까닭입니다.

이는 자연을 보면 쉽게 이해할 수 있습니다. 나무는 혼자 덩그러니 있는 것보다 몇 그루가 모여 있을 때 더 잘 자라고 보기도 좋습니다. 또 대지는 넓을수록 많은 곡식을 거두어들일 수 있습니다. 흙은 서로 다투거나 넘치거나 부딪치는 법이 없습니다.

그러나 金은 쇠로서 서로 부딪쳐 시끄러운 소리가 나는 살상의 기운을 갖고 있고, 火는 불로서 서로 만나면 화마(火魔)가 되어 서로 싸우는 경향이 있습니다. 그리고 水는 물로써 성난 파도가 되어 사납게 넘쳐서 삼키는 수마(水魔)가 될 수 있기 때문에 모두 水로 되어 있다면 성난 파도가 될 우려가 있다는 것입니다. 다만 金 水 金이나 水 木 水처럼 상생하며 서로 떨어져 있을 때는 吉한 배합으로 여기고 있습니다. 火나 金, 水가 두 개 이상일 때는 도표와 풀이를 꼭 확인해 보시기 바랍니다.

② **다음은 성 하나 이름 하나일 때 삼재 오행을 구해보겠습니다.**

예를 들어 이름이 김훈(金勳)이라면 다음과 같습니다. 천재(天才)는 성의 획수에 1을 더하여 구한 수의 오행이 되므로 8+1=9로서 水가 됩니다. 인재(人才)는 김과 훈의 글자를 합한 획수로서 8+16=24가 되므로 오행은 끝수 4인 火가 됩니다. 지재(地才)는 이름이 하나이므로 천재와 마찬가지로 1을 더하여 구한 수가 16+1=17로서 7이 오행이 되므로 金이 됩니다. 여기서 이름이 하나일 때도 1을 더해주는데 그 이유 역시 이름이 두 개일 때와는 달리 하나일 때는 그 하나가 틀림없다는 것을 도장 찍어 확인해 주는 의식이 되는 것입니다.

도표로 나타내 보면

이름 : 김 훈 (金 勳)					
획 수	陰陽	三才	五行 수	五行
金 : 8획	陰	天	성 획수 + 1 = 9	9 = 水
		人	성 획수 + 이름 획수 = 24	4 = 火
勳 : 16획	陰	地	이름 획수 + 1 = 17	7 = 金

③ 이제는 성이 두 자, 이름이 한 자일 때의 삼재 오행 구하기를 살펴보겠습니다.

예를 들어 이름이 황보경(皇甫京, 여기서 성이 황보, 이름이 경)이라면 삼재 오행은 다음과 같습니다.

천재(天才)는 성이 두 자이므로 皇甫의 획수를 모두 세어 구한 끝수가 천재가 됩니다. (皇) 9획+(甫) 7획=16획이 되어 끝수인 6의 오행인 土가 됩니다. 인재(人才)는 皇甫京을 모두 합한 획수로서 즉 9+7+8=24가 되어 끝수인 4의 오행인 火가 됩니다. 지재(地才)는 성을 제외한 한 개의 이름이므로 이름에다 1을 더하여 오행을 구해야 할 것입니다. 그러면 경(京) 8획+1=9가 되어 9의 오행인 水가 됩니다.

이 역시 한 개일 때는 태극수 1을 더하여 그 하나가 틀림없다는 것을 확인하는 의식이 되는 것입니다.

도표로 나타내 보면

이름 : 황보 경 (皇甫 京)				
획 수	陰 陽	三 才	五行 수	五 行
皇甫 : 16획	陰	天	성 획수 = 16	6 = 土
		人	성 획수 + 이름 획수 = 24	4 = 火
京 : 8획	陰	地	이름 획수 + 1 = 9	9 = 水

④ **끝으로 성이 두 자, 이름도 두 자일 때 삼재 오행을 구해 보겠습니다.**

　이름이 南宮玉子(성이 남궁, 이름이 옥자)라면 삼재에서 천재는 南宮 획수를 합한 수로서 19가 되어 끝수인 9의 오행인 水가 됩니다.(단 성씨가 하나일 때는 획수에다 1을 더한 끝수를 오행으로 천재를 삼았지만 성이 두 자일 때는 1을 더하지 않습니다. 이점 유의).

　인재는 성과 이름 첫 글자를 합한 수(南宮) 19획+(玉) 5획=24획으로서 24의 끝수인 4의 오행인 火가 됩니다. 지재는 이름 두 글자의 획수를 합한 수 (玉) 5획+(子) 3획= 8획으로서 8의 오행인 金이 되는 것입니다.

　도표로 나타내 보면

이름 : 남궁 옥자(南宮 玉子)					
획 수	陰 陽	三 才	五行 수	五 行
南宮 : 19획	陽	天	성 두 글자 의 획수 합 = 19	9 = 水
玉 : 5획	陽	人	성 두 글자와 이름 첫 글자의 합 = 24	4 = 火
子 : 3획	陽	地	이름 두 글자의 합 = 8	8 = 金

　이 부분은 연습이 많이 필요합니다. 이름을 가지고 자주 응용해보면 실력이 늘 것입니다. **【부록 1】이름의 오행**을 참고하면 오행의 배치에 따라 길흉을 어떻게 풀이했는지 원문과 함께 볼 수 있습니다.

⑤ 성씨에 따른 길격 획수와 삼재 오행 정리

木에 해당하는 姓氏 (성 획수에 태극수 1을 더하여 끝수가 1, 2가 되는 획수)

◆ 10획 성씨: 高고 桂계 唐당 馬마 徐서 孫손 芮예 袁원 殷은 曺조 秦진 夏하 洪홍
◆ 11획 성씨: 康강 國국 班반 梁양 魚어 張장 崔최 許허
◆ 20획 성씨: 羅라 鮮于선우 嚴엄
◆ 31획 성씨: 諸葛제갈

10획	10	1	14	木木土	○	10	1	22	木木火	○	10	3	8	木火木	○
	10	3	22	木火土	○	10	3	28	木火木	○	10	5	8	木土火	○
	10	6	7	木土火	○	10	6	19	木土土	△	10	11	14	木木土	○
	10	13	8	木火木	○	10	13	22	木火土	○	10	14	1	木火土	○
	10	14	7	木火木	○	10	14	11	木火土	○	10	14	21	木火土	○
	10	15	8	木土火	○	10	15	22	木土金	△	10	15	23	木土金	△
	10	19	19	木水金	○	10	19	28	木水金	○	10	21	8	木木水	○
	10	21	14	木木土	○	10	22	1	木木火	○	10	22	3	木木土	○
	10	22	7	木木水	○	10	23	8	木火木	○					
11획	11	4	14	木土金	△	11	4	20	木土火	○	11	10	14	木木火	○
	11	12	12	木火火	○	11	14	4	木土金	△	11	14	10	木土火	○
	11	20	4	木木火	○	11	21	20	木木木	○	11	24	13	木土金	△
20획	20	1	12	木木火	○	20	3	12	木火土	○	20	3	18	木火木	○
	20	4	1	木火土	○	20	4	9	木火火	○	20	4	11	木火土	○
	20	4	17	木火木	○	20	4	21	木火土	○	20	5	12	木土金	△
	20	5	13	木土金	△	20	9	9	木水金	○	20	9	12	木水木	○
	20	11	4	木木土	○	20	12	3	木木土	○	20	12	9	木木木	○
	20	12	13	木木土	○	20	13	12	木火土	○	20	13	19	木火木	○
	20	15	3	木土金	△	20	19	13	木水木	○	20	19	19	木水金	○

31획	31	1	20	木 木 木	○	31	2	4	木 火 土	○	31	2	14	木 火 土	○
	31	4	2	木 土 土	△	31	4	3	木 土 金	△	31	4	4	木 土 金	△
	31	10	6	木 木 土	○	31	14	2	木 土 土	△					

※ △는 다각도로 살펴보라는 뜻이지 흉하다는 뜻은 아닙니다.

火에 해당하는 姓氏 (성 획수에 태극수 1을 더하여 끝수가 3, 4가 되는 획수)

- 2획수 성씨 : 乃내 卜복 丁정
- 3획수 성씨 : 弓궁 大대 千천
- 12획수 성씨 : 閔민 邵소 荀순 彭팽 黃황
- 13획수 성씨 : 賈가 琴금 睦목 司空사공 楊양 廉염
- 22획수 성씨 : 權권 邊변 蘇소

2획	2	1	4	火 火 土	○	2	1	5	火 火 土	○	2	1	14	火 火 土	○
	2	1	15	火 火 土	○	2	3	3	火 土 土	○	2	3	13	火 土 土	○
	2	4	1	火 土 土	○	2	4	9	火 土 火	○	2	4	11	火 土 土	○
	2	4	19	火 土 火	○	2	9	4	火 木 火	○	2	9	6	火 木 土	○
	2	9	14	火 木 火	○	2	9	22	火 木 木	○	2	11	4	火 火 土	○
	2	11	5	火 火 土	○	2	13	3	火 土 土	○	2	13	22	火 土 土	○
	2	14	1	火 土 土	○	2	14	9	火 土 火	○	2	14	19	火 土 火	○
	2	14	21	火 土 土	○	2	14	23	火 土 金	○	2	19	4	火 木 火	○
	2	19	14	火 木 火	○	2	19	16	火 木 土	○	2	21	14	火 火 土	○
	2	22	9	火 火 木	○	2	22	13	火 火 土	○	2	23	14	火 土 金	○
3획	3	2	3	火 土 土	○	3	2	13	火 土 土	○	3	2	2	火 土 土	○
	3	3	10	火 土 火	○	3	3	12	火 土 土	○	3	8	5	火 木 火	○
	3	8	13	火 木 木	○	3	8	18	火 木 土	○	3	10	22	火 火 木	○

	3	12	3	火	土	土	○	3	12	23	火	土	土	○	3	13	2	火	土	土	○
	3	13	22	火	土	土	○	3	18	3	火	木	木	○	3	18	14	火	木	木	○
	3	20	12	火	火	木	○	3	20	15	火	火	土	○	3	21	14	火	火	土	○
	3	22	13	火	土	土	○														

12회																					
	12	1	20	火	火	木	○	12	3	20	火	土	火	○	12	4	1	火	土	土	○
	12	4	9	火	土	火	○	12	4	13	火	土	金	○	12	4	19	火	土	火	○
	12	4	21	火	土	土	○	12	9	4	火	木	火	○	12	9	12	火	木	木	○
	12	9	20	火	木	水	○	12	9	26	火	木	土	○	12	12	9	火	木	木	○
	12	12	13	火	火	土	○	12	12	23	火	火	土	○	12	13	4	火	土	金	○
	12	13	12	火	土	土	○	12	13	20	火	土	火	○	12	19	4	火	木	火	○
	12	19	6	火	木	土	○	12	19	26	火	木	土	○	12	20	1	火	木	木	○
	12	20	3	火	木	火	○	12	20	5	火	木	土	○	12	20	9	火	木	水	○
	12	20	13	火	木	火	○	12	20	25	火	木	土	○	12	21	4	火	火	土	○
	12	23	12	火	土	土	○														

13회																					
	13	2	3	火	土	土	○	13	2	16	火	土	金	○	13	2	22	火	土	火	○
	13	3	22	火	土	土	○	13	8	3	火	木	木	○	13	8	8	火	木	土	○
	13	8	16	火	木	火	○	13	8	24	火	木	木	○	13	10	22	火	火	木	○
	13	10	25	火	火	土	○	13	11	24	火	火	土	○	13	12	4	火	土	土	○
	13	12	12	火	土	火	○	13	20	12	火	火	木	○	13	20	25	火	火	土	○
	13	22	2	火	土	火	○	13	22	3	火	土	土	○	13	22	26	火	土	金	○

22회																					
	22	1	10	火	火	木	○	22	1	15	火	火	土	○	22	2	9	火	火	木	○
	22	2	13	火	火	土	○	22	2	23	火	火	土	○	22	3	10	火	土	火	○
	22	3	13	火	土	土	○	22	9	2	火	木	木	○	22	9	7	火	木	土	○
	22	9	16	火	木	火	○	22	9	26	火	木	土	○	22	10	1	火	木	木	○
	22	10	3	火	木	火	○	22	10	13	火	木	火	○	22	10	15	火	木	土	○
	22	10	25	火	木	土	○	22	13	2	火	土	土	○	22	13	3	火	土	土	○
	22	13	10	火	土	火	○	22	19	16	火	木	土	○	22	19	26	火	木	土	○
	22	23	2	火	土	土	○														

土에 해당하는 姓氏 (성씨 획수에 태극수 1을 더한 끝수가 5, 6이 되는 획수)

- 4획 성씨 : 孔공 毛모 文문 方방 卞변 夫부 王왕 元원 尹윤 太태 片편
- 5획 성씨 : 丘구 白백 史사 石석 申신 玉옥 田전 皮피 玄현
- 14획 성씨 : 裵배 西門서문 慎신 連연 趙조
- 15획 성씨 : 葛갈 慶경 郭곽 魯로 董동 劉류
- 25획 성씨 : 獨孤독고

※ 4획 성씨 중 王왕씨의 부수는 구슬옥으로 5획이지만, 원래 획수가 4획이므로 4획으로 본다. 뜻도 달라서 옥은 구슬을 꿰어 연결한 형상을 글자로 만든 것이고, 왕은 도끼로 생사여탈권의 위엄을 형상한 글자이다.

4획	4	1	12	土	土	火	○	4	2	11	土	土	火	○	4	3	4	土	金	金	○
	4	3	14	土	金	金	○	4	4	3	土	金	金	○	4	4	13	土	金	金	○
	4	4	21	土	金	土	○	4	4	25	土	金	水	○	4	7	4	土	木	木	○
	4	7	14	土	木	木	○	4	9	2	土	火	木	○	4	9	4	土	火	火	○
	4	9	12	土	火	木	○	4	11	2	土	土	火	○	4	11	14	土	土	土	○
	4	12	1	土	土	火	○	4	12	9	土	土	木	△	4	12	13	土	土	土	○
	4	12	19	土	土	木	△	4	12	21	土	土	火	○	4	12	25	土	土	金	○
	4	13	4	土	金	金	○	4	13	12	土	金	土	○	4	14	3	土	金	金	○
	4	14	11	土	金	土	○	4	14	21	土	金	土	○	4	17	4	土	木	木	○
	4	17	14	土	木	木	○	4	19	2	土	火	木	○	4	19	12	土	火	火	○
	4	19	14	土	火	火	○	4	20	1	土	火	木	○	4	20	13	土	火	火	○
	4	20	11	土	火	木	○	4	21	4	土	土	土	○	4	21	12	土	土	火	○
	4	21	14	土	土	土	○	4	21	20	土	土	土	△	4	21	27	土	土	金	○
	4	27	4	土	木	木	○	4	27	14	土	木	木	○	4	28	3	土	木	木	○
	4	28	13	土	木	木	○														
5획	5	1	10	土	土	木	△	5	1	12	土	土	火	○	5	2	6	土	金	金	○
	5	2	16	土	金	金	○	5	8	3	土	火	木	○	5	8	8	土	火	土	○
	5	8	16	土	火	火	○	5	8	24	土	火	木	○	5	10	1	土	土	木	△
	5	10	3	土	土	火	○	5	10	6	土	土	土	○	5	10	8	土	土	金	○

	5	11	2	土	土	火	○	5	12	6	土	金	金	○	5	16	8	土	木	火	○
	5	16	16	土	木	木	○	5	18	6	土	火	火	○	5	20	12	土	木	木	△
	5	20	13	土	土	火	○	5	26	6	土	木	木	○	5	27	6	土	木	火	○

14회	14	1	10	土	土	木	△	14	1	17	土	土	金	○	14	1	23	土	土	火	○
	14	1	24	土	土	土	○	14	2	15	土	土	金	○	14	2	9	土	土	木	△
	14	2	19	土	土	木	△	14	2	21	土	土	火	○	14	2	23	土	土	土	○
	14	3	15	土	金	金	○	14	4	11	土	土	土	○	14	4	21	土	金	土	○
	14	7	4	土	木	木	○	14	7	17	土	木	火	○	14	9	2	土	火	木	○
	14	9	15	土	火	火	○	14	9	24	土	火	火	○	14	10	1	土	火	木	○
	14	10	11	土	火	木	○	14	10	15	土	火	土	○	14	10	21	土	火	木	○
	14	11	4	土	土	土	○	14	11	7	土	土	金	○	14	11	10	土	土	木	△
	14	11	27	土	土	金	○	14	18	3	土	木	木	○	14	18	15	土	木	火	○
	14	19	2	土	火	木	○	14	19	4	土	火	火	○	14	21	2	土	土	火	○
	14	21	3	土	土	火	○	14	21	4	土	土	土	○	14	21	10	土	土	木	△
	14	21	17	土	土	金	○	14	27	4	土	木	木	○							

15회	15	1	16	土	土	金	○	15	2	14	土	金	土	○	15	2	16	土	金	金	○
	15	6	17	土	木	火	○	15	6	18	土	木	火	○	15	6	26	土	木	木	○
	15	8	8	土	火	土	○	15	8	16	土	火	火	○	15	8	24	土	火	木	○
	15	9	14	土	火	火	○	15	9	24	土	火	火	○	15	10	6	土	土	土	○
	15	10	8	土	土	金	○	15	10	14	土	土	火	○	15	10	22	土	土	木	△
	15	10	23	土	土	火	○	15	16	8	土	木	火	○	15	16	16	土	木	木	○
	15	16	17	土	木	火	○	15	17	6	土	木	火	○	15	17	16	土	木	火	○
	15	18	6	土	火	火	○	15	18	14	土	火	木	○	15	22	26	土	金	金	○
	15	26	6	土	木	木	○														

25회	25	6	7	土	木	火	○	25	7	6	土	木	火	○	25	7	16	土	木	火	○
	25	8	8	土	火	土	○	25	10	6	土	土	土	○	25	10	13	土	土	火	○
	25	10	23	土	土	火	○	25	12	4	土	金	土	○	25	16	7	土	木	火	○
	25	16	16	土	木	木	○	25	20	13	土	土	火	○	25	22	16	土	金	金	○
	25	27	6	土	木	火	○														

金에 해당하는 姓氏 (성 획수에 태극수 1을 더한 끝수가 7, 8이 되는 획수)

- 6획 성씨 : 吉길 牟모 朴박 安안 印인 任임 全전 朱주
- 7획 성씨 : 杜두 成성 宋송 辛신 呂려 延연 吳오 李이 池지 車차
- 16획 성씨 : 盧노 都도 潘반 龍용 陸륙 錢전 皇甫황보
- 17획 성씨 : 蔡채 韓한

획																	
6획	6	2	27	金	金	水	○	6	2	23	金	金	土	○	6	9	9	金	土	金	○

6획	6	2	27	金	金	水	○	6	2	23	金	金	土	○	6	9	9	金	土	金	○
	6	9	2	金	土	木		6	9	23	金	土	木		6	9	26	金	土	土	
	6	10	1	金	土	木		6	10	5	金	土	土		6	10	15	金	土	土	
	6	10	23	金	土	火		6	10	25	金	土	土		6	11	18	金	金	水	
	6	12	17	金	金	水		6	12	23	金	金	土		6	19	12	金	土	木	
	6	23	9	金	水	木		6	23	18	金	水	木								
7획	7	1	24	金	金	土	○	7	8	8	金	土	土	○	7	8	9	金	土	金	○
	7	8	10	金	土	金		7	8	16	金	土	火		7	8	17	金	土	土	
	7	8	24	金	土	木		7	8	金	土	金			7	9	16	金	土	土	
	7	9	22	金	土	木		7	10	6	金	金	土		7	11	14	金	金	土	
	7	18	6	金	土	火		7	18	14	金	土	木		7	22	9	金	水	木	
	7	22	10	金	水	木		7	22	16	金	水	金								
16획	16	1	24	金	金	土	○	16	2	13	金	土	土	○	16	2	23	金	土	土	○
	16	9	7	金	土	土		16	9	8	金	土	金		16	9	16	金	土	土	
	16	9	22	金	土	木		16	9	23	金	土	木		16	13	8	金	水	木	
	16	13	16	金	水	水		16	13	19	金	水	木		16	19	2	金	土	木	
	16	19	13	金	土	木		16	19	22	金	土	木		16	21	8	金	金	水	
	16	22	23	金	金	土		16	23	8	金	水	木		16	23	9	金	水	木	
17획	17	1	14	金	金	土	○	17	8	7	金	土	土	○	17	8	8	金	土	土	○
	17	8	16	金	土	火		17	12	6	金	水	金		17	18	6	金	土	火	

| | 17 | 20 | 15 | 金 | 金 | 土 | ○ | | | | |

水에 해당하는 姓氏 (성 획수에 태극수 1을 더한 끝 수가 9, 0이 되는 획수)

- ◆ 8획 성씨 : 具구 金김 奇기 孟맹 明명 奉봉 尚상 昔석 林림 周주 沈심 卓탁
- ◆ 9획 성씨 : 姜강 南남 宣선 施시 禹우 俞유 柳류 秋추 表표 河하 咸함
- ◆ 18획 성씨 : 簡간 魏위
- ◆ 19획 성씨 : 南宮남궁 薛설 鄭정

8획	8	3	10	水	木	火	○	8	3	13	水	木	土		8	3	21	水	木	火	○
	8	7	10	水	土	金	△	8	8	9	水	土	金	△	8	9	7	水	金	土	○
	8	9	8	水	金	金		8	9	16	水	金	土		8	10	5	水	金	土	
	8	10	7	水	金	金		8	10	15	水	金	土		8	10	27	水	金	金	
	8	13	3	水	木	土		8	13	8	水	木	木		8	13	10	水	木	火	
	8	13	16	水	木	水		8	21	10	水	水	木		8	21	16	水	水	金	
	8	23	8	水	木	木		8	23	10	水	木	火		8	23	16	水	木	水	
	8	24	5	水	木	水		8	24	7	水	木	木		8	24	15	水	木	水	
9획	9	2	4	水	木	土	○	9	2	14	水	木	土	○	9	2	22	水	木	火	○
	9	6	2	水	土	金	△	9	8	7	水	金	土		9	8	8	水	金	土	
	9	9	6	水	金	土		9	9	20	水	金	水		9	12	4	水	木	土	
	9	12	12	水	木	火		9	12	20	水	木	水		9	16	22	水	土	金	△
	9	20	12	水	水	木		9	22	2	水	木	火		9	22	7	水	木	水	○
	9	23	6	水	木	水		9	23	16	水	木	水								
18획	18	3	20	水	木	火		18	11	6	水	水	金		18	14	7	水	木	木	○

	18	14	15	水	木	水	○	18	19	20	水	金	水	○	18	20	19	水	金	水	○
	18	20	27	水	金	金	○	18	23	6	水	木	水	○							
19획	19	2	14	水	木	土	○	19	6	12	水	土	金	△	19	12	4	水	木	土	○
	19	13	16	水	木	水	○	19	13	26	水	木	水	○	19	13	20	水	木	火	○
	19	16	2	水	土	金	△	19	16	22	水	土	金	△	19	19	10	水	金	水	○
	19	19	20	水	金	水	○	19	20	18	水	水	金	○							

⑥ 오행 배치에 따른 길흉표 - 원문은 【부록1】 125쪽 참조

	목 / 127쪽		화 / 137쪽		토 / 147쪽		금 / 158쪽		수 / 169쪽	
1	木木木	○	火木木	○	土木木	○	金木木	×	水木木	○
2	木木火	○	火木火	○	土木火	○	金木火	×	水木火	○
3	木木土	○	火木土	○	土木土	×	金木土	×	水木土	○
4	木木金	×	火木金	×	土木金	×	金木金	×	水木金	×
5	木木水	○	火木水	○	土木水	○	金木水	×	水木水	○
6	木火木	○	火火木	○	土火木	○	金火木	×	水火木	×
7	木火火	○	火火火	×	土火火	○	金火火	×	水火火	×
8	木火土	○	火火土	○	土火土	○	金火土	△	水火土	×
9	木火金	×	火火金	×	土火金	×	金火金	×	水火金	×
10	木火水	×	火火水	×	土火水	×	金火水	×	水火水	×
11	木土木	×	火土木	△	土土木	△	金土木	○	水土木	×
12	木土火	○	火土火	○	土土火	○	金土火	○	水土火	×
13	木土土	△	火土土	○	土土土	○	金土土	○	水土土	×
14	木土金	△	火土金	○	土土金	○	金土金	○	水土金	△
15	木土水	×	火土水	△	土土水	×	金土水	△	水土水	×
16	木金木	×	火金木	×	土金木	×	金金木	×	水金木	×
17	木金火	×	火金火	×	土金火	×	金金火	×	水金火	×
18	木金土	×	火金土	×	土金土	○	金金土	○	水金土	○
19	木金金	×	火金金	×	土金金	○	金金金	×	水金金	○
20	木金水	×	火金水	×	土金水	×	金金水	○	水金水	○
21	木水木	○	火水木	×	土水木	×	金水木	○	水水木	○
22	木水火	×	火水火	×	土水火	×	金水火	×	水水火	×
23	木水土	×	火水土	×	土水土	×	金水土	△	水水土	×
24	木水金	○	火水金	×	土水金	△	金水金	○	水水金	○
25	木水水	○	火水水	×	土水水	×	金水水	○	水水水	×

※ 木木木이나 土土土는 흉한 배합으로(오행의 성정상 마찰이 없어서인지 잘 모르겠으나) 보고, 火火火, 金金金, 水水水는 길한 배합으로 들어가지 않습니다.

※ 木剋土는 吉凶이 때에 따라 다른 경우가 있으나, 金剋木이나 火剋金 그리고 水剋火, 土剋水는 매우 흉한 배합으로 봅니다. 금목, 화금, 수화의 극은 심하면 자신의 몸이 상할 수도 있기 때문입니다.

※ 一生 一剋은 때에 따라 △로 반흉반길이 되며 작명이 잘되지 않을 때는 차선책으로 활용할 수 있는 배열입니다. 사주를 관심 있게 살피고 수리를 잘 맞추어야 할 것입니다.

예 : 火 土 水 (×)　　水 土 金 (△)　　水 木 土 (○)

⑦ 삼재 오행 배열시 주의 사항

• **어느 한 오행의 기운이 거듭되어 치우친 경향이 있는 사람**

사주에 木이 많은데 천재(성씨)도 木일 경우 명리 공부를 하신 선생님들이 혹여 金이 망가질까봐 우려하며 金을 넣으려 하고 있습니다만 이럴 경우는 木 다음에 金이 오는 것보다 土로 조합을 이루는 것이 적절합니다. 왜냐하면 金剋木의 극적 마찰을 피해가기 때문입니다. 그래서 정리해보면 木 木 火, 木 火 火, 木 火 土, 木 土 土, 木 土 火, 木 水 金과 같은 배열이 마땅하다고 하겠습니다. 상생을 위주로 하고 외 木 土의 특이한 친밀관계를 기억해 주시기 바랍니다.

• **火가 사주에 많은데 성씨(天才)도 火일 경우**

金이 상할까 우려하여 바로 人才에 金을 배열하거나 뜨거운 열을 조금이나마 식히기 위한다는 의미에서 水를 배열하면 안 될 것입니다. 왜냐하면 火剋金이 되고 水剋火가 되기 때문입니다. 火金의 관계는 앞에서의 木土의 관계와 다르게 생각하셔야 합니다. 火金의 관계는 木土처럼 친밀한 관계의 극작용이 아니라는 뜻입니다.

배열해 보면 火 木 水, 火 火 土, 火 土 火, 火 土 土, 火 土 金 의 배열을 생각해 볼 수 있습니다. 火 火 木이나 火 木 木의 배열은 火의 기운을 더욱 왕성하게 하는 경향이 있으며 맹렬하게 타오르는 불은 재앙의 화근이 되므로 조심해서 다루어야 할 필요가 있습니다.

• **사주에 土가 많은 경우 성씨(天才)도 土일 때**

水나 木이 걱정되어 삼재오행 중 人才에 水나 木을 배치하면 안 될 것입니다. 土剋水나 木剋土의 극적인 투쟁 관계를 형성하기 때문입니다.

배열해보면 土 土 木, 土 土 金, 土 金 土, 土 金 金, 土 金 水, 土 火 木, 土 木 木, 土 木 火가 이상적인 배열이 됩니다. 火의 성정에 비유해 보았을 때 土는 火만큼

재앙의 의미는 없습니다. 오히려 土는 모든 화근을 덮고 흡수하는 좋은 뜻으로의 오행 기운으로 해석 되고 있습니다.

- **金이 사주에 많고 성씨(天才) 또한 金일 때**

金의 기운을 막기 위하여 삼재 오행 중 人才에 火나 木을 두어 火剋金 혹은 金剋木의 기운으로 제한하려 하면 위험할 수 있습니다. 金은 다른 오행과 달리 뾰족한 무기가 될 수 있는 특성을 갖고 있으므로 살상의 위태로움을 배제할 수 없습니다. 만약 이러한 위험한 배열을 취한다면 신상의 해로움이 있을 수 있다는 것을 알아야 할 것입니다.

그러므로 金 土 火, 金 土 土, 金 金 水, 金 水 木, 金 水 金, 金 水 水가 순리적인 배열입니다.

- **사주에 水가 많고 성씨(天才)마저 水일 때**

완강한 水의 기운을 말린다고 삼재 오행 중 인재(人才)에 火나 土를 배열한다는 것은 좋은 배열이 되지 못합니다. 무서운 水剋火나 土剋水의 치열한 상투적인 싸움으로 흉작용이 일어날 수 있으므로 피해야 할 것입니다.

그러므로 水 水 木, 水 木 水, 水 木 木, 水 木 火, 水 金 土, 등으로 매우 순조로운 배합을 이루어야 될 것입니다.

이상 치우친 오행에 따라 순리적인 상생의 관계를 정리해 보았습니다.
여기에 못 다한 강약의 응용은 열거된 부분들을 잘 참고하셔서 사주와 균형의 조화를 잘 이루어 주시길 부탁드립니다.

5) 음운오행

음운오행이란 전통 작명법에서는 이름 각 글자의 첫 자음 관계라고 말합니다. 이 관계는 상생이 되도록 맞추는 것을 기본으로 합니다. 요즘은 조금 더 발전된 원리로 받침과 다음 글자에 오는 자음의 관계까지 상생으로 맞출 수 있도록 신경을 써야 한다는 추세에 있고 이름의 발음을 들었을 때는 무엇보다 또렷하게 들릴 수 있도록 분명하게 발음할 수 있어야 합니다. 더불어 밝고 영롱한 소리가 울려 나온다면 더욱 좋을 것입니다.

『마의상법』에서 진희이 선생이 말씀하시길 소리는 단전에서 나와야 하고 발음이 끝났어도 은은하게 울리는 울림이 있어야 한다고 하셨습니다. 그렇다고 소리 상법에 근거한 다른 뜻이 있는 것은 아닙니다. 다만 어정쩡한 발음이 나오는 것은 피해야 한다는 것입니다.

도표로 나타내보면 훈민정음은

오 행	木	火	土	金	水
오 음	각 음	치 음	우 음	상 음	궁 음
소 리	어금닛소리	혓소리	입술소리	잇소리	목구멍소리
자 음	ㄱ ㅋ	ㄴ ㄷ ㄹ ㅌ	ㅁ ㅂ ㅍ	ㅅ ㅈ ㅊ	ㅇ ㅎ

오행학적 측면으로 보면

오 행	木	火	土	金	水
오 음	각 음	치 음	궁 음	상 음	우 음
소 리	어금닛소리	혓소리	목구멍소리	잇소리	입술소리
자 음	ㄱ ㅋ	ㄴ ㄷ ㄹ ㅌ	ㅇ ㅎ	ㅅ ㅈ ㅊ	ㅁ ㅂ ㅍ

위의 두 도표는 水와 土의 자음이 바뀌어 있습니다.

성명학의 오행 분류는 바로 실용적 측면을 기준하여 실제 발음이 일어나고 있는 양상을 중심으로 되어 있습니다. 그래서 상법(觀相法)의 기본 원리에 근거하여 설명을 하고자 합니다.

 모든 말은 입을 통하여 나옵니다. 그러므로 입을 화복의 근원이라 마의 선사께서는 말씀하셨습니다. 화복의 근원인 입은 오행상 분류에서 水성에 속하고 水의 오행을 두게 된 결정적 요소는 침이 있기 때문입니다. 水라는 것이 아니라 水성이라는 분류에 염두를 두시기 바랍니다.

 입이라는 한 개를 지칭하는 것이 아니라 입안에 들어있는 혀, 치아, 입술, 목구멍, 등을 총칭하여 水성이라 하는 것은 모두가 침에 젖어 있기 때문입니다.

 침은 水로서 항상 입안에 그득하게 고여 있어야 하며 부패되지 않도록 언제나 신선함을 유지하고 있어야 하는 곳이기도 합니다. 그래야 몸이 건강한 사람으로서의 입이 되는 것입니다.

 그러한 水성안에 있는 요소를 오행으로 분류하여 보면 혀는 火, 치아는 金으로서 혀와 치아가 발음의 주축이 되어 오행의 발음을 구사하고 있다는 것을 알 수 있습니다.

 (여러분도 한번 해 보시기 바랍니다.)

 木에 속하는 어금니 소리인 ㄱ, ㅋ은 혀뿌리를 목구멍 천정에 갖다 붙이면서 나오는 소리이고, 火에 속하는 혀 소리인 ㄴ, ㄷ, ㄹ, ㅌ은 혀끝을 치아 사이에 두면서 나오는 소리이고, 土에 속하는 목구멍소리인 ㅇ, ㅎ은 동굴과도 깊은 오장 육부 사이를 뚫고 올라오는 소리이고, 金에 해당하는 잇소리인 ㅅ, ㅈ, ㅊ은 치아 사이를 뚫고 나오는 소리이고, 水에 속하는 입술소리는 입술을 붙였다 떼는 순간에 나오는 소리입니다.

 마의상법 중 음성 편에 '土음의 음성은 깊은 옹기 속에서 돌아 나오는 소리로서 깊고 두터워야 한다'고 하셨습니다. ㅇ과 ㅎ은 몸 속 저 깊은 곳에서 두텁게 올라오는 소리이므로 土음이 분명하고, 또 水음은 급한 듯 모가 나지 않으며 빠르면서 날카롭지 않은 소리로 날아오르는 음성이라고 하셨습니다. 건강하고 윤택한 입술은 언제나 흠뻑 젖은 모래처럼 촉촉한 입술이어야 하고 촉촉한 입술이 되려면 水 기운에 젖어 있어야 한다고 하셨습니다. ㅁ ㅂ ㅍ 순음은 水 기운에 젖어 있는 촉촉한 입술이 부딪치며 날아오르듯 나오는 소리이므로 오행 중 水로 분류하는 것은 인체의 순환 특성상 마땅한 분류하고 생각합니다. 선현들의 이러한 오행 분류는 후학도인 필자도 매우 흔쾌히 인정하는 부분입니다.

만약 혀도 水에 젖어 있고 목구멍도 水에 젖어 있고 치아도 水에 젖어 있는데 왜 입술에서 나오는 순음만 水냐고 질문하시는 분을 위하여 입과 유사하게 나누는 눈에 대하여 잠시 설명하겠습니다.

눈은 빛을 소유하고 있는 곳이므로 火성에 속합니다. 그러나 인체의 간과 밀접한 관계가 있으므로 木으로도 보고 구체적으로 눈의 흰자위는 金으로 분류하고 눈 한가운데 점처럼 찍혀 있는 검은 동공은 水에 속합니다. 그러므로 얼굴에서의 눈은 눈빛을 중심으로 하여 오행이 모두 모이는 곳이지만 빛을 크게 보아 火성으로 보는 것은 매우 타당한 분류인 것입니다.

이렇듯 전체적인 틀에서 보는 오행과 그 기관을 이루고 있는 요소요소를 구체적으로 또 오행으로 분류하고 있습니다. 기본원리를 매우 체계적으로 나누고 설명하고 있는 것입니다.

하나 더

그래서 눈과 입을 水성과 火성으로 보아 조화를 이루는 관상을 수화기제의 공이 있는 상으로 보고 있는 것입니다. 이 부분은 상법을 설명하고자 하는 것이 아니라 발음상 나오는 순음과 후음의 오행 분류에 대한 이해도를 높이기 위해 상법을 소개 하였습니다.

초성의 오행 배열 문제는 매우 중요합니다. 목구멍 소리와 입술소리의 오행이 음운학계와 역학계가 다르게 말하여 학인들을 복잡하게 하고 있습니다. 조희영 박사의 논문 「『훈민정음』 제자해에 함유된 송대 상수역과 조선역」을 소개하고자 합니다.

"조희영 박사는 국어학계의 지적은 음운학의 문제이고 역학계의 지적은 초성과 오행의 순서에 관한 문제이므로 음운학의 문제는 제쳐두고 역학계의 문제[2]를 풀기 위해『태극도

---

[2] 성원경은 제자해 초성의 五行과 五音과 五管 五時의 연결인 1. 喉(목구멍)- 水 冬 羽 2. 牙(어금니)- 木 春 角 3. 舌(혀)- 火 夏 徵 4. 齒(이)- 金 秋 商 5. 脣(입술)- 土 季 宮에서 '脣宮과 喉羽'가 잘못되었고 '喉宮과 脣羽'가 정당하다고 한다. 그 이유는 이 조합은 정음이『七韻指掌圖』의『辨字母次第例』를 참고했는데 이『辨字母次第例』가 같은 책의 앞부분인『辨五音例』에서 '喉宮' '脣羽'로 한 것과 다르게 기재되었고『辨五音例』는 이전 음운서〔守溫의 韻學殘卷〕내용에 부합한다는 것이다. 따라서『辨五音例』에 따라 수정되어야 한다고 했다. (한중논문모음집 p.382 참고)

설』에서 朱熹와 黃榦이 말한 오행의 순서를 검토한다고 했다."[3]

6) 자변오행(字邊五行)

　　자변 오행이란 글자 변이 오행의 글자로 되어 있는 글자를 말합니다. 즉 木, 火, 土, 金, 水의 오행을 글자가 품고 있는 경우를 말합니다. 사주의 부족한 오행을 이름에서 보완하여 운기를 좀 더 원활하게 순환하도록 하는 염원을 담고 사주와 이름을 조화롭게 하는 데 큰 의의를 둘 수 있습니다. 이는 다른 작명법에는 없는 것으로 전통 작명법을 기초로 하여 연구한 최고의 작명법이라 자부할 수 있는 원리입니다.
　　사주를 외면하고 이름을 작명한다는 것은 정말 위태로운 일입니다. 천부적으로 타고난 중요한 사주를 빠뜨리고 이름만 홀로 좋게 한다고 해서 모든 것이 해결된다고 생각한다면 이 또한 큰 오류에서 벗어나지 못하고 있는 것입니다.

　　이름의 이미지와 생김새가 닮았다는 분도 더러 볼 수 있는데 오랫동안 하나의 이름을 쓰다 보면 어딘가 모르게 서로 닮아가기 때문입니다. 또 이와 비슷한 이유로 좋은 삶을 살다간 사람의 이름은, 누군가가 불러도 좋게 느껴지기도 합니다. 이는 이름과 사람이 서로 연관되어 있다는 것을 현실적으로 보여주는 일례들이기도 합니다.
　　우리는 작명을 할 때 그 사람의 삶과 조화를 이루어 나갈 수 있는 이름을 짓기 위하여 노력합니다. 그 중 가장 강력한 효과를 얻을 수 있는 방법이 바로 사주를 보완할 수 있는 작명법인 것입니다.
　　이런 이유에서 사주에 木, 火, 土, 金, 水 어느 오행이든 없어 아쉬울 때는 나무 木 변, 불 火 변, 흙 土 변, 쇠 金 변, 물 水 변의 글자를 이름에다 적용하면서 인위적이지만 한

---
[3] 한중논문모음집 p.383 참고.

번 시도해 보는 것도 적극적인 삶을 살고자 하는 사람들에겐 큰 희망을 줄 수도 있는 것입니다. 우리 선조들은 참으로 지혜로우셨습니다.

　木을 변으로 하는 것은 植, 根, 杓, 桓 등의 글자를 들 수 있습니다.
　火를 변으로 하는 것은 炳. 炯, 燮, 炆 등의 글자를 들 수 있습니다.
　土를 변으로 하는 것은 垓, 增, 塼, 境 등의 글자를 들 수 있습니다.
　金을 변으로 하는 것은 錦, 銓, 錫, 銀 등의 글자를 들 수 있습니다.
　水를 변으로 하는 것은 泳, 淸, 沃, 治 등의 글자를 들 수 있습니다.

　* 단 삼재오행과 자변오행의 관계는 무관하며 삼재오행의 生剋이 사주와의 生剋 관계와도 무관합니다. 예를 들어 이름의 삼재오행이 金(天) 水(人) 水(地)로 배열되었다면 이 水의 기운이 사주의 명식에 있는 火를 극하면 어쩌나 하는 걱정은 하실 필요가 없다는 말입니다.

　* 오행과 상관없이 좋은 이름자
　吉(길할 길) 順(순할 순) 禛(복 받을 진) 祐(도울 우) 祉(복 지) 哲(밝을 철) 普(널리 보) 有(있을 유) 同(한 가지 동) 등이 있습니다.

7) 자의오행(字義五行)

자의오행은 획수, 발음, 자변과는 무관하고 그 글자가 지니고 있는 뜻으로써 나타내는 오행입니다. 획수를 맞출 때 아쉽게도 자변오행으로 쓸 수 있는 글자가 없을 때는 자의오행을 넣어 보완하기도 합니다.

예를 들어 9획의 '나무 木'변 글자가 필요한데 없다면 春을 대신 써서 木의 효과를 얻을 수 있도록 하는 것입니다. 즉 春에는 겨우내 얼었던 땅이 녹으면서 땅속에 움츠리고 있던 새싹들이 올라오고 메마르던 나뭇가지에 수분이 오르면서 강력한 봄기운으로 깨어나는 의미를 갖고 있기 때문에 春이 충분히 木의 역할을 다할 수 있는 것입니다. 어쩌면 오히려 春이 木보다 더 강력한 기운을 함유하고 있다고 볼 수도 있을 것입니다. 또한 때에 따라서는 木 대신에 文을 쓰기도 합니다. 이는 文이 木과 인수(印綬)의 역할을 함께 하며 사주의 부족함을 최대한 살려주는 의미를 담고 있기 때문입니다.

이렇듯 글자를 선택함에 있어 글자의 의미를 많이 알고 있으면 아는 만큼 더 좋은 이름을 짓는데 유익할 것은 두말할 필요도 없으므로 언제나 한자 획수와 자변오행 그리고 자의오행을 연구하는 자세를 갖추고 있어야 하겠습니다.

자의(字義)를 오행별로 나누어보면 다음과 같습니다.
木 : 仁 元 文 東 靑 生 震 龍 碧 寅 三 八 甲 乙 春 虎
火 : 禮 亨 南 赤 紫 景 紅 馬 朱 夏 二 七 巳 午
土 : 信 中 央 黃 坤 地 季 戊 己
金 : 義 利 兌 白 庚 秋 申 酉 四 九
水 : 貞 智 海 黑 壬 癸 亥 子 一 六

8) 작명의 한자 획수

작명에 있어서 한자의 획수는 서획(書劃 - 글씨 쓰는 순서대로 세는 획수)이 아니고 자원획수(자원획수 - 본래 글자의 획수)입니다. 그러므로 다음의 획수를 꼭 기억해 두시기 바랍니다.

- 이름자에 많이 쓰이는 변형된 변의 획수

- 忄 또는 ⺗의 변은 心(마음 심) 변으로 4획입니다. 예를 들어 性의 획수는 8획이 아니라 9획이 되는 것입니다. 왜냐하면 忄의 3획이 아니라 心변 4획이기 때문입니다.

- 氵삼수변은 水이므로 4획입니다. 예를 들어 河(물 하)의 획수는 8획이 아니라 9획이 되는 것입니다. 왜냐하면 氵가 3획이 아니라 水변 4획이기 때문입니다.

- 犭(큰개 견) 변은 犬이므로 4획입니다. 예를 들어 獨(홀로 독)의 획수는 16획이 아니라 17획이 되는 것입니다. 왜냐하면 犭은 3획이 아니라 犬, 즉 4획이기 때문입니다.

  * 이름자에 잘 쓰이지 않는 부수임.

- 王(임금 왕) 변은 玉이므로 5획입니다. 예를 들어 珠(구슬 주)라면 10획이 아니라 11획이 되는 것입니다. 왜냐하면 王의 4획이 아니라 玉변 5획이기 때문입니다. 그러나 성씨로 쓰일 때는 그대로 4획으로 칩니다.

- 罒(그물 망)은 网이므로 6획입니다. 예를 들어 羅(벌릴 라)는 19획이 아니라 20획이 되는 것입니다. 왜냐하면 罒의 5획이 아니라 网(그물 망)의 6획이기 때문입니다.

  * 이름자에 쓰이지 않는 부수임

- ⺾(초 두) 머리는 艸이므로 6획입니다. 예를 들어 草(풀 초)라면 10획이 아니라 12획이 됩니다. 왜냐하면 ⺾의 4획이 아니라 艸의 6획이기 때문입니다.

- 阝은 邑(고을 읍)이므로 7획입니다. 예를 들어 邦(나라 방)이라면 총획이 7획이 아니라 11획이 되는 것입니다. 왜냐하면 阝(고을 읍)의 3획이 아니라 邑(고을 읍)의 7획이기 때문입니다.

- 阝(언덕 부) 변은 阜이므로 8획입니다. 예를 들어 陣(진칠 진)이라면 10획이 아니라 15획이 되는 것입니다. 왜냐하면 阝가 3획이 아니라 阜(언덕 부)변으로 8획이기 때문입니다.

- 辶(쉬엄쉬엄 갈 착)은 辵이므로 7획입니다. 예를 들어 道(길 도)라면 총획이 13획이 아니라 16획이 되는 것입니다. 왜냐하면 辶의 4획이 아니라 辵의 7획이기 때문입니다.

- 成(이룰 성)은 6획이 아니라 7획이 됩니다. 왜냐하면 成자에서 ㄱ은 丁으로서 2획이 되기 때문입니다.

- 衤(옷 의) 변은 衣이므로 6획입니다. 예를 들어 被(입을 피)의 획수는 10획이 아니라 11획이 되는 것입니다. 왜냐하면 衤가 5획이 아니라 衣변 6획이기 때문입니다.

* 이 외 다수 있지만 이름에 사용되는 글자가 아니므로 생략합니다.

9) 원형이정 사격(元亨利貞 四格)

갈릴레이는 말하길 '자연이라는 책은 수학의 언어로 쓰여 있다'고 했습니다. 앞서 보신 것처럼 음양도 수에 의하여 결정되고 삼재 오행도 수에 의해서 나누어지며 원형이정 사격 또한 수에 의해서 나누어집니다.

음양은 글자 한 자 한 자가 짝수면 陰, 홀수면 陽으로 분류하였고, 삼재 오행은 성씨에 태극수 1을 더하여(두 개의 성씨는 성씨만 더함) 천재(天才)를 구하고 성의 획수와 이름 첫 글자의 획수를 더하여 인재(人才)를 구하고 이름 두 글자의 획수를 더하여 지재(地才)를 구하였습니다. 원형이정(元亨利貞) 4격도 배합의 원리는 다르지만 똑같이 수에 의해서 길흉(吉凶)이 나누어집니다.

원격은 이름 두 글자의 획수 합이 되고 형격은 성과 이름 첫 글자, 이격은 성과 이름 아래 글자, 정격은 이름 총 합수가 됩니다. 이는 성 한 글자에 이름이 두 글자인 대부분의 경우에 속하는 방식이 됩니다.

물론 성 두 글자에 이름이 두 글자인 사람 또는 성과 이름이 하나씩인 사람, 성이 두 글자에 이름이 하나인 사람이 있는 것처럼 각기 다른 경우가 많지만 원형이정격을 구하는 원리는 하나의 원리에서 같다고 보면 됩니다.

이렇듯 각각 다른 배합의 원리에서 구한 수로부터 우리는 길흉을 미리 알 수 있으므로 되도록 흉한 수를 피하여 작명하도록 노력을 아끼지 않는 것입니다. 또한 사람의 일생을 초년 중년 말년으로 나눈다면, 어릴 때는 거의 성은 빼고 이름만 부르고 자라기 때문인지 원격이 초년의 운세가 되고, 형격은 중년의 운세가 되고, 이격은 말년의 운세가 됩니다. 따라서 정격은 평생운으로 보는데, 자신의 소신, 성격, 살아가는 스타일, 형태로 보고 있습니다.

이 원형이정 사격을 '81수리' 혹은 '81격'이라고도 부르며, 이 책에서는 【부록2】 81격의 원문과 뜻(179쪽)이라는 제목으로 상세한 설명을 하였습니다.

① 성씨 하나에 이름이 두 글자인 성명을 예로 들면 다음과 같습니다.

원격(元格)은 이름 두 글자 획수의 합이 되고, 형격(亨格)은 성 획수와 이름 첫 글자 획수의 합이 됩니다. 이격(利格)은 성 획수와 이름 아래 글자 획수의 합이 되겠으며, 정격(貞格)은 성의 획수와 이름 두 글자 획수의 총합이 됩니다.

이름이 김창순(金昌淳)이라면,
원격(元格) : 창(昌 8획) + 순(淳 12획) = 20획(허망격) - 188쪽 참조 〈초년〉
형격(亨格) : 김(金 8획) + 창(昌 8획) = 16획(덕망격) - 186쪽 참조 〈중년〉
이격(利格) : 김(金 8획) + 순(淳 12획) = 20획(허망격) - 188쪽 참조 〈말년〉
정격(貞格) : 김(金 8획) + 창(昌 8획) + 순(淳 12획) = 28획(파란격) - 191쪽 참조 〈평생운〉

② 성씨 하나에 이름이 한 글자인 성명을 예로 들면 다음과 같습니다.

원격(元格)은 이름인 한 글자의 획수가 됩니다. 형격(亨格)은 성의 획수와 이름의 획수를 합한 획수가 됩니다. 이격(利格) 역시 성과 이름의 합한 획수가 되며 정격(貞格) 또한 성과 이름을 합한 획수가 됩니다. 이름이 한 글자이므로 형격과 이격, 정격이 같은 획수로서 같은 격이 됩니다.

이름이 허정(許貞)이라면,
원격(元格) : 정(貞 9획) = 9획 (궁박격) - 184쪽 참조 〈초년〉

형격(亨格) : 허(許 11획) + 정(貞 9획) = 20획(허망격) - 188쪽 참조 〈중년〉
이격(利格) : 허(許 11획) + 정(貞 9획) = 20획(허망격) - 188쪽 참조 〈말년〉
정격(貞格) : 허(許 11획) + 정(貞 9획) = 20획(허망격) - 188쪽 참조 〈평생운〉

※ 전통작명에서는 이름이 한 글자일 때 형격(亨格)을 성의 획수만 취하고 있습니다. 그러나 작명연의에서는 형격을 성과 이름을 합한 획수로 합니다. 왜냐하면 이름만 부르는 어린 시절을 지나면 성과 이름을 함께 부르는 경향이 강하게 나타나기 때문입니다.

③ 성씨 두 글자에 이름이 두 글자인 성명을 예로 들면 다음과 같습니다.

원격(元格)은 두 개의 이름 획수를 합한 획수가 됩니다. 형격(亨格)은 두 개의 성 획수와 이름 첫 글자 획수를 합한 획수가 되겠으며 이격(利格)은 두 개의 성 획수와 이름 아래 글자 획수를 합한 획수가 됩니다. 정격(貞格)은 두 개의 성 획수와 두 개의 이름 획수를 모두 합한 획수가 됩니다.

이름이 독고인수(獨孤仁洙)라면,
원격(元格) : 인(仁 4획) + 수(洙 10획) = 14획(이산격) - 186쪽 참조 〈초년〉
형격(亨格) : 독고(獨 17획) + 고(孤 8획) + 인(仁 4획) = 29획(성공격) - 191쪽 참조 〈중년〉
이격(利格) : 독고(獨 17획) + 고(孤 8획) + 수(洙 10획) = 35획(평범격) - 193쪽 참조 〈말년〉
정격(貞格) : 독고(獨 17획) + 고(孤 8획) + 인(仁 4획) + 수(洙 10획) = 39획(안락격)
- 195쪽 참조 〈평생운〉

④ 성씨 두 글자에 이름이 한 글자인 성명을 예로 들면 다음과 같습니다.

원격(元格)은 이름 한 글자의 획수가 될 것이며 형격(亨格)은 성씨 두 글자의 획수와 이름 한 글자의 획수를 더한 획수가 될 것입니다. 이격(利格) 역시 성씨 두 글자의 획수에 이름 한 글자 획수를 더한 획수가 될 것이며 정격(貞格) 또한 성씨 두 글자의 획수와 이름 한 글자의 획수를 더한 획수가 되는 것임을 알 수 있습니다. 이름이 한 개의 글자로 되어 있을 때는 亨, 利, 貞격의 획수가 같을 것이므로 格 또한 같게 나옵니다.

이름이 남궁석(南宮錫)이라면
원격(元格) : 석(錫 16획) = 16획(덕망격) - 186쪽 참조 〈초년〉
형격(亨格) : 남궁(南 9획) + 궁(宮 10획) + 석(錫 16획) = 35획(평범격) - 193쪽 참조 〈중년〉
이격(利格) : 남궁(南 9획) + 궁(宮 10획) + 석(錫 16획)=35획(평범격) - 193쪽 참조 〈말년〉
정격(貞格) : 남궁(南 9획) + 궁(宮 10획) + 석(錫 16획)=35획(평범격) - 193쪽 참조 〈평생〉

성이 두개의 글자이고 이름이 한 개의 글자일 때 전통작명에서는 利격을 성의 획수만을 취하여 정합니다만, 『작명연의』에서는 두 자의 성씨일 때도 한 개의 성씨와 한 개의 이름자일 때와 다름없이 성의 획수와 이름자의 획수를 더하여 정합니다.
왜냐하면 利격은 말년의 운기를 조장하는데 남궁씨와 같은 경우에 19획으로 남궁 성씨로 태어났다는 조건 하나로 말년을 고난격의 삶을 살아가게 된다는 것은 후천의 보완적인 면을 제외시켰기 때문에 부당하다고 보는 견지에서, 성의 획수만이 이격이 되는 원리가 납득이 가지 않기 때문입니다.

지금까지 원형이정(元亨利貞) 4격에 대하여 알아보았습니다. 작명에 있어서 중요한 것은 어느 특별한 배합에 더 많은 의미를 두는 것이 아니라, 음양 배합과 삼재 오행 그리고 4격의 배합 모두 凶격에 해당하지 않고 吉格으로 골고루 분포되어 있는 작명을 해야 한다는 것입니다. 특히 형격(亨格)에 더 큰 의미를 부여하여 해석하는 것은, 이름만 부르던 초년 시절을 지나 성과 이름을 함께 사용하는 사회생활을 하게 될 때 서로 어긋난다면 고난을 감당하기 어렵기 때문입니다.

예를 들어 이름이 김길태라는 이름을 분석해 봅시다.

金-8획(음), 吉-6획(음), 泰-9획(양)는 음양의 배합은 잘되어 있는 이름입니다.

삼재 오행은 水, 火, 土의 배합으로 凶격 배합입니다.

四격은 원격(元格)이 吉 6획+泰 9획으로 합이 15획(통솔격)입니다. 형격(亨格)은 金 8획+吉 6획으로 14획(이산격)이 되고, 이격(利格)은 金 8획+泰 9획으로 17획(건창격)이 됩니다. 또 정격(貞格)은 金 8획+吉 6획+泰 9획으로 23획(공명격)이 됩니다.

표로 정리하면

이름	김	길	태
	金8	吉6	泰9
음양	음	음	양
삼재오행	水	火	土

사격		
원격	15획 통솔격	(초년 15세 전후)
형격	14획 이산격	(중년 35세 전후)
이격	17획 건창격	(말년 55세 전후)
정격	23획 공명격	(총 명운)

위의 이름은 삼재 오행의 水와 火의 절망(絶亡)적인 배합과, 四격에서 제일 중요한 형격이 14획으로 흉한 배합이 되는 이산격을 이루어, 다른 숨격들을 제압하여 나쁜 이름으로 판단합니다.

10) 이름자를 선택할 때의 주의사항

앞서 말씀드렸듯이 작명하시는 분들께는 한자 자체가 매우 부담이 되고 있음이 사실입니다. 그래서 한자 기초에 속하는 부수와 설문해자를 소개하였습니다. 이는 한자로 된 성명을 짓는데 한자의 구조를 알고 있다면 한층 더 심도 있는 연구를 할 수 있기 때문입니다. 【부록3】 한자와 부수를 차근히 익힌다면 좋은 이름을 짓는 원동력이 되리라 생각됩니다. 【부록4】 대법원 인명용 지정한자에는 이름자에 좋은 글자를 표시해 두었습니다.

① 한자 선택의 주의점

많은 한자들 중에서 적정한 글자를 잘 선택하여 이름자로 활용한다는 것은 작명에 있어서 그 중요성은 이루 말을 할 수가 없습니다. 그러므로 몇 가지 참고 말씀을 드리겠습니다.

- 남성 이름에 있어서 대체적으로 계집女 변의 글자를 선택하지 않고, 여성의 이름에 굳세다는 의미의 글자는 잘 쓰지 않습니다.
- 貞(곧을 정)이나 至(지극할 지) 등의 글자는 고집스런 면을 담고 있기 때문에 자칫 자충수(自充手)를 둘 우려가 있어 피하고 있습니다. 쓰지 않는 것이 최선이라기보다는 작명을 의뢰한 분과 돈독한 관계를 가지고 충분할 설명을 해 주신다면 상관없으리라 여겨집니다.
- 纂(모을 찬)이나 瀛(바다 영)처럼 낯선 글자는 의미에는 하자가 없으나 잘 알려지지 않은 면이 있거나, 글자 자체가 매우 복잡하게 느껴져 쓰기 어려운 점을 갖고 있습니

다. 의뢰자로부터의 만족도가 낮아질 우려가 있으므로 권하지 않습니다.

- 君(임금 군)이나 顔(얼굴 안), 首(머리 수)와 같은 경우는 누구에게나 해당하는 대명사나 호칭, 얼굴의 부위에 해당하는 글자로서 이름자로는 권하지 않습니다.

- 哉(어조사 재), 也(어조사 야), 而(어조사 이), 是(어조사 시), 以(어조사 이), 于(어조사 우) 등 어조사에 관한 글자는 옛날부터 이름에 부담 없이 많이 써 오고 있었습니다만 오늘날에 와선 그 선호도가 다소 떨어진 듯합니다. 이유를 살펴보니 작명가 선생님들께서 다른 글자들에 비하여 어조사의 의미를 크게 두지 않는 것 같았습니다. 물론 좋은 글자들에 비하면 그 장점이 부각되진 않으나, 드러나지 않고 숨어서 하는 역할이 오히려 장점이 되는 경우의 글자들입니다.

  우리말에서도 접속사나 어조사의 역할에 따라 핵심이 완전히 다르게 형성되는 경우가 많습니다. 그러므로 어조사의 의미는 감추어져 있으면서 매우 중요한 역할을 하고 있는 글자에 속한다고 보면 됩니다. 이 글자를 이름자로 하는 사람의 인품 역시 그런 면을 지향하는 힘을 가진 글자로 선정한다면 탁월한 선택이 됩니다.

- 愛(사랑 애)나 子(아들 자), 順(순할 순), 福(복 복), 富(넉넉할 부), 美(아름다울 미), 등과 같은 글자는 일제강점기시대 이전부터 많이 써온 구시대의 이름자 냄새가 풍겨 대부분의 의뢰인들이 좋아하지 않습니다. 사실 愛(사랑 애)라는 글자의 구조를 나누어 보면 爪(손톱 조)가 있어 긁고 할퀴는 듯한 정서를 느낄 수 있습니다. 그래서 이름자로 기피하고 있음이 타당하지만 필자의 생각에 그 외의 글자는 토속적인 우리 고유의 이름자로서 써도 무방하다고 생각합니다. ※ 작명연의에서는 愛와 福은 선택하지 않았습니다.

- 천지자연에 속하는 글자로서 天, 地, 山, 江, 日, 月, 川, 石과 같은 글자는 雅號(아호)나 商號(상호)에는 많이 쓰지만 이름자에는 잘 쓰지 않습니다. 간혹 日과 같은 글자는 이름자에 보이기도 합니다.

- 숫자 一 二 三 四 五 六 七 八 九 十은 획수에 관계없이 숫자의 의미에 초점을 맞추고 있습니다. 예를 들어 八은 2획의 글자지만 여덟로 알려져 있으므로 8획으로 본다는 말입니다. 그러나 十 이상의 숫자로 百(일백 백)이나 千(일천 천), 萬(일만 만), 億(억

억) 등의 글자는 획수대로 따르고 있습니다. 그 이유를 원로 선생님께 여쭈어 보았더니 옛날 知人들의 정하심이 그러하다는 말씀만 하셨습니다. 저도 제가 모르는 자연의 이치가 숨어 있을 것이라 생각하여 따르고 있습니다.

- 壹(한 일)은 一(한 일)과 의미는 같지만, 12획으로 합니다.
- 糸(실 사)나 系(이을 계), 그리고 玉(구슬 옥), 婁(별 루)와 같이 다른 글자와 조합을 이루지 못한 글자는 홀로 있어 허전한 감을 조성하기 때문에 쓰지 않습니다.
- 너무 복잡하여 어려운 글자는 의뢰인을 배려해 피하는 것이 좋을 것입니다.
- 예전부터 써오던 글자는 재고의 여지가 없이 마음 놓고 써도 됩니다만 그다지 알려진 글자가 아닐 때에는 자전을 찾아가며 연구하신 후에 써야 할 것입니다.

묻혀 있던 글자들 중 쉬우면서도 의미에 있어서 하자가 없다면 자신 있게 작명함으로써 다양하고 좋은 이름들을 개발해 나가는 데 작은 힘도 보태야 한다고 생각합니다. 단, 대법원 지정 한자로 선정된 글자라야 합니다. ※ 작명연의에 표시된 것은 주로 많이 써온 글자를 기준하였습니다.

- 특이한 경우 諸葛(제갈)이나 獨孤(고독) 등 획수가 많은 성씨와 같은 어쩔 수 없는 경우를 제외하고는 성 획수보다 이름자 두 개를 더한 획수가 많아야 안정감이 있으므로 될 수 있으면 이름자의 획수가 성 획수와 비슷하거나 많도록 짓는 것이 좋을 것입니다.

또한 두 개의 이름자 중 한 개가 복잡하면 나머지는 간단한 글자로 맞추심이 의뢰인의 만족도를 높이는 지름길이라 여겨집니다. 혹여 작명 선생님께서 잘 아신다고 하여 의뢰인도 잘 알고 있으리라는 생각은 맞지 않습니다. 사실 시대적인 흐름상 일반인들의 한자 사용은 지극히 제한적일 수 있습니다.

- 작명한 이름자의 의미가 아무리 훌륭하다 하더라도 발음상 부적절한 이름은 취하지 않아야 합니다. 즉 주길수(朱吉洙 - 죽일 수)나 황천길(黃天吉 - 황천길, 저승 가는 길)이나 고생문(高生文 - 고생문이 활짝), 이병신(李炳信 - 이 병신아) 등과 같다면 의미는 좋다 하더라도 발음하고 난 뒤 돌아오는 뉘앙스가 별로 유쾌하지 못합니다.

- 四庫藏(사고장)에 속하는 辰 戌 丑 未중 유일하게 辰土는 이름자로 선정되어 있습니다. 그러나 사주 命이 水 日干의 사람에게 辰土를 써서 이름을 지으면 안됩니다. 왜냐하면 자신의 무덤을 부르는 것을 들으며 살아가기 때문입니다.

② 이름자로 쓸 수 없는 한자

『작명연의』에서는 한글이 아닌 한자를 말하고 있습니다.
- 뜻이 불길하거나 혐오감이 드는 글자는 쓰지 않아야 합니다.(亡, 凶, 死, 不, 非, 惡, 등)
- 동물이나 곤충의 명칭에 사용하고 있는 글자는 쓰지 않아야 합니다. (巳, 虫, 犬, 肉 등)
- 사람의 신체 명칭에 해당하는 글자는 활용하지 않습니다. (脚, 肺, 臟, 骨, 乳 등)
- 음식에 속하는 글자는 이름자로 활용하지 않습니다. (食, 飮, 饌, 麵 등)
- 두 가지 발음을 지닌 글자를 활용하는 경우도 있긴 합니다만 잘 쓰진 않습니다. 꼭 써야 할 경우에는 잘 살펴서 써야 할 것입니다. (車, 北, 易, 說, 便, 奈, 糖, 洞, 更, 參, 樂 등)
- 다음은 이롭지 못하다는 의미가 전해지고 있어 잘 쓰지 않는 글자에 속합니다.(愛, 福, 亞, 代, 留, 霜, 隅, 般, 好, 日, 天, 地, 月, 花, 冬, 山, 松, 桃, 梅, 竹, 釗 등)
- 龍, 虎, 龜, 鳳, 凰, 등의 글자는 태몽 꿈을 꾸었을 때 외에는 잘 쓰이지 않습니다.
- 대법원에 선별되지 않은 글자는 쓰지 말아야 합니다.

③ 차남, 차녀에게 마땅하지 못한 글자

- 一 : 한 일 → 첫째, 우두머리
- 壹 : 한 일 → 一자와 동일한 글자
- 長 : 어른 장 → 장손, 장녀, 우두머리의 뜻
- 初 : 처음 초 → 처음, 시작
- 始 : 비로소 시 → 처음
- 宗 : 마루 종 → 우두머리, 첫째로 이어온 줄기
- 先 : 먼저 선 → 먼저, 첫 번째
- 孟 : 맏 맹 → 맏이
- 元 : 으뜸 원 → 첫째, 으뜸
- 東 : 동녘 동 → 방위의 첫 번째, 단 항렬자인 경우는 장남 장녀가 아니라도 쓰인다.
- 甲 : 갑옷 갑 → 십간의 첫 번째.

⑤ 항렬(行列)에 대하여

　지금부터는 항렬(行列)에 대하여 알아보겠습니다. 지금은 항렬을 이용하여 이름을 지으려는 사람이 드물지만, 30년 전만 하더라도 항렬에 따라 이름을 짓는 경우가 허다했습니다.

　자신이 만들고 낳은 씨족을 잊지 않게 하려는 목적과 조상으로서의 위엄을 지키기 위하여 순서에 맞는 이름자를 쓰도록 한 것을 항렬이라 합니다.

　어느 문중 어느 파의 몇 대 후손으로서 가문의 명예를 훼손하는 행위를 하지 못하도록 木火土金水 오행의 형식이나 仁義禮智信 오상의 형식이나 요즘 많이 사용하고 있는 한글의 ㄱ ㄴ ㄷ 순서대로 내려가는 형식 등을 취하여 혈족간의 질서를 이루기 위한 이름자가 돌림자 항렬입니다. 그리고 아버지의 항렬자가 이름의 첫 자라면 아들은 반드시 끝 자가 항렬이 되어야 합니다.

　항렬 작명을 의뢰해 오는 분들의 권익을 위하여 항렬자에 맞는 조합을 연구하여 맞추어 보되, 만약 맞추어지지 않을 때에 억지로 꿰어 맞춘다거나 마음대로 다른 이름자를 하여 우길 것이 아니라 납득이 가도록 설명을 잘해야 할 것입니다.

　요즘은 작명을 의뢰할 때 항렬을 강조하는 사람이 없어지는 추세이며, 혹여 있다 하더라도 작명가에게 호적에 들어가는 이름과 족보에 들어가는 이름을 따로 지어 주기를 희망하는 사람이 늘고 있습니다. 이는 사람들이 이름에 대한 중요성을 인식하고 관심이 높아져 간다고 보았을 때 매우 희망적인 메시지라 여겨집니다.

⑥ 부모님께 드리는 글

　소중하고 어여쁜 자녀의 출생을 축하드립니다.
　얼마나 기쁘십니까. 이 세상을 다 주어도 아깝지 않을 귀댁의 자녀에게 무한한 영광이 함께 하길 천지신명께 두 손 모아 빌면서 무엇보다 자녀의 작명을 위하여 저를 찾아주신 부모님께 감사드립니다.

　드릴 말씀은 다름이 아니라, 작명가를 찾아오시는 부모님들은 아이의 이름을 의뢰하면서 자신이 좋아하고 부르고 싶어 하는 글자를 이름에 넣어 달라고 부탁하는 경우가 많습니다. 다행히 원하는 글자가 조합이 맞아 배합을 잘 이루면 모두 흡족하겠지만, 그렇지 못할 경우 여간 걱정이 되지 않는 것입니다.

　부모님, 부모의 존재는 귀중한 아이가 무럭무럭 자라서 스스로의 의지대로 살아 갈 수 있을 때까지 돌보아 주는 분들이지 아이의 인생을 대신 살아주는 분이 아니라는 사실을 분명하게 인식하고 계셔야 합니다. 부모는 어디까지나 후원의 역할이지 아이의 능력 대행을 해주지 못한다는 것입니다. 훌륭하게 자란 아이는 자신의 일을 스스로 잘해나가며, 사회로 나갔을 때 남을 위해 봉사하는 의지적인 사람으로 성장해 가야 합니다.

우리 작명가는 아이 자신은 물론 가정을 위해, 사회를 위해, 국가를 위해, 자신의 맡은 바 소임을 다할 수 있는 인격체로서의 결함 없는 이름을 작명하는데 혼신의 힘을 다하고 있습니다. 한 사람의 이름을 짓기 위해 며칠은 애태우며 식사 때마저도 편하게 보내지 못하고 있습니다. 아이의 미래를 위하여 부모님의 속만큼 애태우고 있습니다. 알고 있는 모든 지식을 동원하여 오로지 작명에만 온 신경을 곤두세우고 있습니다. 자립적인 아이로 어떤 운명도 극복하고 멋있게 잘 살아갈 수 있는 이름을 위하여 고민하고 있습니다.

하여 아이의 미래를 위하여 부모님께서 좋아하는 글자로 이름을 지을 것이 아니라, 이왕이면 작명원리에 맞고 품격 있는 이름을 아이의 타고난 바탕에 맞게 지을 수 있도록 도와주십시오. 진실로 아이의 미래를 위하여 연구할 수 있도록 말입니다.
진심으로 부탁드립니다.

⑦ 사주를 참고할 때 주의할 점

사주를 대입하여 글자를 선별할 때는 사주 구조의 몇 가지 조건에 맞추어 생각하는 것이 쉽습니다.

- 첫째, 오행을 모두 갖춘 사주는 작명이 쉬워집니다. 글자 선택에 제한을 덜 받기 때문입니다.
- 둘째, 없는 오행이 있다면 없는 오행을 이름자에 넣어 주는 것이 마땅합니다. 이것은 우리 역학자들만의 전문성으로 다른 분야의 사람들이 흉내 낼 수 없는 특수한 부분이므로 그 사명을 소신껏 다할 수 있는 실력을 갖추고 있어야 합니다.

- 셋째, 사주에서 신강, 신약일 때는 일간을 중심으로 유익한 글자를 선택하면서 없는 오행을 쓴다면 더욱 효과적입니다. 예를 들어 신약일 때는 官이나 財를 간직하기 쉽지 않으므로 관성이 地支에만 있고 天干에 없다면 이름자에 넣어 투출시켜 주어 사회적으로 관성을 쓸 수 있도록 해 주어야 할 것이고 재성이 천간에 투출되어 있고 지지에 없다면 이름자에 넣어 재물을 붙들어 매어놓는 기운을 조성해 주어야 할 것입니다. 왜냐하면 관성은 천간에 투출되어야 좋고 재성은 지지에 숨어 있어야 좋으므로 그렇다는 것은 명리 배우신 분들은 초보자라도 잘 알고 계실 것입니다. 요약하면 통근, 착근, 투간 등의 의미가 되겠습니다. 신강일 때는 강한 오행의 기운을 설기 시켜주어야 마땅합니다.

- 넷째, 만약의 경우 사주가 어느 한 오행으로 기운이 집중되어 있는 종격(從格)일 때는 용신을 따져 왕한 용신의 글자를 넣기보다는 설기(洩氣)시킬 수 있는 오행을 선택하여 작명하는 것이 옳습니다.

- 다섯째, 예를 들어 사주에 乙木이 기신(忌神)이라 해서 이름에 辛金을 넣어 乙辛 冲으로 乙木을 날려 보낸다거나 金剋木을 하여 乙木을 제압해 버려야 하겠다고 생각하면 위험해질 수 있습니다. 그러므로 사주를 이름으로 고치는 의도보다는 보완하고 도와주고 하여 부드럽게 상생 순환하도록 작명하는 것이 최선입니다.

지금까지 한자 선택과 사주에 대입할 때의 어려운 점들을 몇 가지 간추려 보았습니다만 실제로 작명할 때의 문제점들은 이보다 더 많으리라 생각합니다.

작명가 선생님들의 노고에 대하여 경의를 표하며 많은 연구 곁들이심이 옳을 것입니다. 부족한 면을 발견하셨을 때는 거침없는 질타와 용서를 부탁드립니다.

11) 상호·사호에 많이 쓰이는 한자

　상호(商號)나 사호(社號)를 지을 때는 이름을 지을 때와는 조금 다릅니다. 이름은 성과 이름 두 자로서 성에 이름을 맞추어 작명을 합니다만, 상호나 사호는 대체로 이름 두 글자로 많이 합니다. 즉 삼성이나 한화 그리고 농심, 동아, 금호 등 거의 다 두 글자로 되어 있습니다. 그래서 글자 한 자 한 자의 획수는 그다지 중요하게 생각지 않으며 전체 합한 획수로 주로 판단합니다.

　사호(社號)를 살펴본 결과 다음과 같은 특징적인 사실을 알 수 있었습니다.

　1. 대한항공의 대한(大韓)은 양으로 되어 있습니다. 그래서인지 하늘을 나는 항공업 분야의 이름입니다.
　2. 기아(起亞)는 음의 획수로 되어 있습니다. 그래서인지 자동차를 만드는 분야이고, 양의 획수로 되어있는 한진(韓進)은 도로를 달리는 운송 분야의 이름입니다.
　3. 동아(東亞)는 음의 획수로 되어 있습니다. 양성적인 성격을 띠는 건설업 분야는 성과가 좀 저조했다면, 박카스를 생산하는 동아제약처럼 음적인 성격을 띤 분야에서는 성과가 있는 이름으로 보아도 될 것입니다. 같은 이름이지만 업종에 따라 다르게 나타나는 현상을 말씀드립니다.
　4. 한라(漢拏)에서 拏(붙잡을 나)를 썼다는 사실은 누가 작명을 하셨는지 모르지만 많은 연구의 결과로 보고 싶습니다. 만약 의뢰한 작명이 아니라면 상호에 대단한 밝은 분이 지으셨으리라 보아집니다.
　5. 대우의 궁박격이나 삼성의 박약격이나 제일의 박약격 등은 흉한 이름이 아니라 잘살기 위하여 몸부림치는, 그리고 약하기 때문에 살아나려고 더욱 안간힘을 쓰는 경우의 양

상을 담고 있는 이미지의 이름입니다.

　대우는 음양의 균형을 이루었다면, 삼성은 양의 획수로만 되어 있는 것을 볼 때 약하게 보이지 않으려고 활발하게 움직이는 모습을 상상할 수 있습니다. 상호가 박약격일 때는 양의 획수로 이루어지는 것이 좋습니다.

　6. 흥국(興國)은 중단격인데 감정할 때 대흉격으로 보지 마십시오. 그냥 한번은 죽을 만큼의 고난을 겪는다는 것을 암시하고 있을 뿐입니다.

　대흉격은 이산격 파멸격이나 마장격 그리고 암흑격 불행격 나망격 실망격 파탄격 태허격 등입니다.

음양과 길격의 획수을 갖춘 이름					음양과 길격의 획수를 갖추지 못한 이름				
	이름	한자와 획수	음양	획수격		이름	한자와 획수	음양	획수격
1	가천	嘉14획　泉9	음양	공명격	1	대우	大3획　宇6획	양음	궁박격
2	경동	慶15획　東8획	양음	공명격	2	대한	大3획　韓17획	양양	부몽격
3	금호	錦16획　湖13획	음양	성공격	3	동국	東8획　國11획	음음	고난격
4	농심	農13획　心4획	양음	건창격	4	동아	東8획　亞8획	음음	덕망격
5	대상	大3획　象12획	양음	통솔격	5	삼립	三3획　立5획	양양	개물격
6	동원	東8획　遠17획	음양	안전격	6	삼양	三3획　養15획	양양	발전격
7	두산	斗4획　山3획	음양	독립격	7	삼성	三3획　星9획	양양	박약격
8	신라	新13획　羅20획	양음	승천격	8	신세계	新13획世5획界9	양양양	중단격
9	조선	朝12획　善17	음양	성공격	9	제일	第11획　一1획	양양	박약격
10	태광	泰9획　光6획	양음	통솔격	10	한나	漢15획　拏9획	양양	입신격
11	한화	韓17획　化4획	양음	두령격	11	한진	韓17획　進15획	양양	요행격
12	현대	現12획　代5획	음양	건창격	12	흥국	興16획　國11획	음음	중단격
13	효성	曉16획　星9획	음양	안전격					
14	기아	起10획　亞8	음음	발전격					

　상호에 있어서, 음양을 함께 갖추며 좋은 의미의 획수로 된 것을 길하게 봅니다. 또한 음이든 양이든 한쪽으로 치우칠 때는 양으로 치우치는 것이 더욱 활발한 기업으로 성장됩니다.

　음으로 갖추어진 이름은 음의 획수 + 음의 획수 = 음의 획수가 됩니다.

양으로 갖추어진 이름의 장점은 양의 획수 + 양의 획수 = 음의 획수가 된다는 것이고 음과 양의 획수로 갖추어진 이름은 음의 획수 + 양의 획수 = 양의 획수가 됩니다. 음양을 갖추고, 좋은 의미의 획수를 사용하며, 발음이 듣기 좋으며 쉽게 기억될 상호를 짓는다면 상호로 많은 분들이 혜택을 입을 것입니다.

상호 사호에 많이 쓰이는 한자

1획	一 한 일	乙 새 을	3획	三 셋 삼	工 장인 공	山 뫼 산	上 위 상	小 작을 소
子 아들 자	土 흙 토	川 내 천	寸 마디 촌	4획	斗 말 두	木 나무 목	方 모 방	水 물 수
心 마음 심	午 낮 오	友 벗 우	云 이를 운	元 으뜸 원	月 달 월	仁 어질 인	日 날 일	壬 북방 임
井 우물 정	中 가운데 중	天 하늘 천	化 될 화	太 클 태	互 서로 호	5획	甲 갑옷 갑	巨 클 거
丘 언덕 구	代 대신 대	立 설 립	戊 별 무	民 백성 민	白 흰 백	丙 남녘 병	本 근본 본	北 북녘 북
生 날 생	世 인간 세	央 가운데 앙	永 길 영	玉 구슬 옥	王 임금 왕	用 쓸 용	右 오른 우	田 밭 전
正 바를 정	平 평평할 평	弘 클 홍	6획	共 한가지 공	光 빛 광	交 사귈 교	求 구할 구	企 바랄 기
多 많을 다	同 한가지 동	列 벌일 렬	百 일백 백	西 서녘 서	安 편안 안	宇 집 우	有 있을 유	全 온전 전

州	合	行	向	六	7획	江	利	成
고을 주	합할 합	다닐 행	향할 향	여섯 륙		물 강	이로울 리	이룰 성
秀	完	志	七	兌	孝	希	8획	佳
빼낼 수	완전할 완	뜻 지	일곱 칠	별 태	효도 효	바랄 희		아름다울 가
京	庚	金	奇	東	來	林	明	味
서울 경	별 경	쇠 금	기이할 기	동녘 동	올 래	수풀 림	밝을 명	맛 미
旼	尙	昇	始	亞	岩	旺	雨	長
화할 민	오히려 상	오를 승	비로소 시	버금 아	바위 암	왕할 왕	비 우	긴 장
周	宙	知	昌	靑	忠	虎	和	9획
두루 주	집 주	알 지	창성할 창	푸를 청	충성 충	범 호	화목 화	
建	癸	界	拏	南	美	保	宣	星
세울 건	북방 계	경계 계	잡을 나	남녘 남	아름다울 미	보전할 보	베풀 선	별 성
昭	信	盈	映	音	帝	重	泉	秋
밝을 소	믿을 신	찰 영	비칠 영	소리 음	임금 제	무거울 중	샘 천	가을 추
春	河	香	10획	剛	高	根	起	島
봄 춘	물 하	향기 향		굳셀 강	높을 고	뿌리 근	일어날 기	섬 도
城	時	洋	原	恩	益	祚	洲	津
도읍 성	때 시	바다 양	근원 원	은혜 은	더할 익	복조 조	물가 주	나루 진
眞	珍	昶	夏	洪	11획	乾	健	國
참 진	보배 진	밝을 창	여름 하	넓을 홍		하늘 건	건장할 건	나라 국
基	梨	晚	茂	邦	産	商	祥	設
터 기	배 리	늦을 만	성할 무	나라 방	낳을 산	장사 상	상서 상	베풀 설
晟	英	苑	翊	寅	振	海	浩	凰
밝을 성	꽃뿌리 영	동산 원	도울 익	동방 인	떨칠 진	바다 해	넓을 호	새 황

12획	景	貴	幾	理	貿	發	開	普
	볕 경	귀할 귀	몇 기	다스릴 리	살 무	필 발	열 개	넓을 보
森	象	善	雅	雄	朝	晶	智	現
나무 삼	코끼리 상	착할 선	맑을 아	수컷 웅	아침 조	수정 정	지혜 지	보일 현
惠	喜	13획	湳	楠	聖	新	業	圓
은혜 혜	기쁠 희		강이름 남	남나무 남	성인 성	새 신	업 업	둥글 원
慈	湖	14획	嘉	溪	福	鳳	瑞	碩
사랑 자	호수 호		아름다울 가	시내 계	복 복	새 봉	상서 서	클 석
誠	實	榮	熊	源	維	銀	禎	精
정성 성	열매 실	영화 영	곰 웅	근원 원	벼리 유	은 은	상서 정	가릴 정
彰	暢	通	華	15획	慶	權	畿	德
빛날 창	화창할 창	통할 통	빛날 화		경사 경	무궁화 근	지경 기	큰 덕
樂	滿	萬	範	進	漢	興	16획	道
즐거울 락	찰 만	일만 만	법 범	나아갈 진	한수 한	일 흥		길 도
都	頭	龍	運	勳	17획	檀	獨	隆
도읍 도	머리 두	용 룡	운수 운	공 훈		향나무 단	홀로 독	높을 륭
鮮	鍾	韓	禧	18획	謹	雙	翼	豊
드물 선	쇠북 종	나라 한	복 희		삼갈 근	쌍 쌍	날개 익	풍년 풍
鎬	19획	鏡	22획	權	23획	麟	巖	
호경 호		거울 경		권세 권		기린 린	바위 암	

12) 아호 작명

이름이 현실적이라면 아호는 이상적인 면을 담고 있습니다. 그래서 이름처럼 사주에 대입하여 진지하게 연구하진 않지만, 사주를 배제하고 어느 것 하나 각 개인에 맞추기가 애매합니다. 그러므로 아호 역시 사주를 참작하여 짓는 것입니다. 바쁘게 살아가다보면 진정 자신이 꿈꾸던 이상적인 삶을 실현하기 어려운 경우가 많습니다. 이렇게 꿈속에서라도 하고 싶은 이상이 있다면, 이름으로 쓰기에는 마땅치 않은 글자이지만, 자신의 이상이 담겨 있는 의미를 아호에 넣어서 스스로 만족하며 살아갈 수 있습니다.

그러므로 문인, 학자, 화가 등이 본명 외에 가지는 풍아한 이름이라 하여 아호(雅號)라 부릅니다. 혹 문인이나 학자 또는 화가가 아니면 어떻습니까. 이름으로 채울 수 없는 고급스런 여망을 성취하고 싶은 사람이라면 누구나 한두 개쯤은 가져보고 싶은 것이 아호일 것입니다.

아호에 많이 쓰이는 글자를 요약해 보았습니다.(획순으로 정리)
대신 쓸 수 있는 글자는 '≒' 표시 뒤에 실었습니다.

- 三(석 삼) - 甲木을 상징하는 숫자로 중정한 인격과 강한 의지를 나타냅니다. ≒ 甲, 木, 東

- 士(선비 사) - 선비처럼 꼿꼿하게 굽힘없이 살아가고픈 분들이 많이 씁니다(인수 학문). ≒ 直, 彦, 書, 文, 學, 章, 師, 詩

- 山(뫼 산) - 세월은 흘러도 자신은 옛 산처럼 변함없이 그대로 있고 싶을 때 씁니다.

- 小(작을 소) - 크지 않다는 뜻이 됩니다. 지극히 겸손한 낮춤의 글자입니다. ≒ 少

- 不(아니 불, 부) - 부정을 함으로써 궁극적으로 긍정을 강조하기 위하여 많이 씁니다. ≒ 未, 無

- 月(달 월) - 조금은 냉정하게 보이며 맑고 잔잔한 이미지의 사람에게 많이 쓰입니다(북방 水에 속함). ≒ 水

- 仁(어질 인) - 늠름한 인품과 풍요로운 복덕은 仁德(인덕)에서부터 시작되는 것입니다(동방 木에 속함). ≒ 寅, 文

- 日(날 일) - 상형문자로 태양의 모양을 본떴습니다. 태양이란 시간이 되면 떠오르고 시간이 되면 지는 상징물로 영원성을 담고 있으며 만물을 길러내는 에너지의 소산이기도 합니다(오행 火에 속함).

- 巨(클 거) - 자를 손에 들고 있는 모양을 본뜬 글자입니다. 그러므로 이 글자에는 어느한 분야의 최고 권위적인 전문성을 갖고 있습니다.

- 史(역사 사) - 가운데 중(中)과 오른 우(又)가 만난 글자입니다. 역사를 쓰거나 말할 때는 항상 중정을 지켜서 똑바르게 오른손으로 기록해야 됩니다. 이 글자는 중정공평의 의미가 들어 있습니다. ≒ 中, 忠

- 玉(구슬 옥) - 아름다움은 누구나 다 좋아합니다. 이름자에선 구슬 玉 한 글자는 쓰지 않으나 옥 변으로 쓰이는 모든 글자는 참으로 아름다운 의미를 간직하고 있습니다. 애지중지하며 사랑하는 그 마음은 금보다 옥이 더 할 것입니다. ≒ 珞, 瑛, 珠, 珍 등

- 田(밭 전) - 사주가 土와 관련 있을 때 많이 씁니다. 힘든 농사일의 수고로움을 마다하지 않는 근면성을 간직하고 있습니다(중앙 戊土에 속함). ≒ 野, 耘, 耕, 農

- 正(바를 정) - 치우치지 않는 바른길을 걷고 싶은 분들에게 쓰입니다. 正은 또한 오복(五福)을 갖춘 것에 비유되기도 합니다(서방 金에 속함).

- 平(평평할 평) - 평지를 달리는 준마는 하루에 천리를 갑니다(중앙 己土에 속함).

- 光(빛 광) - 사람(儿)과 불(火)로 이루어진 글자로서 이는 사람이 빛난다는 의미를 두고 있습니다. 빛나는 태양이 사람을 비추고 있는 모습입니다. 그래서 호로 쓰인다면 빛나는 사람, 영광스런 사람의 의미를 갖게 됩니다(오행 火에 속함). * 대신 쓰이는 글자 : 旭

- 江(강 강) - 작은 개울이 합쳐진 물줄기로서 시냇물보다는 큰 강물은 마르지 않고 도도하게 흐르며 지나가는 마을마다 풍요로움을 주고 갑니다(북방 水에 속함).

- 谷(골 곡) - 정상으로 향해 있는 골짜기의 비탈길을 사람의 마음에 많이 비유합니다.

- 秀(빼어날 수) - 생긴 모습도, 능력도 준수(俊秀)한 수재(秀才)의 의미를 담고 있습니다. ≒ 高, 卓

- 村(마을 촌) - 군데군데 옹기종기 모여 사는 마을의 모양입니다. 도시의 화려함이나 세련됨은 찾아볼 수 없는 조금은 투박스런 질그릇과 같은 이미지입니다. 사람도 이 호를 쓴다면 아마 향수를 불러오는 시골 냄새가 풍겨질 것입니다. ≒ 栗, 芭, 梨, 里, 洞, 古, 鄕, 故

- 松(소나무 송) - 흔히 雪中松(설중송)이라 하여 風雨寒雪(풍우한설)에 견디며 이겨나가는 동량지재의 기운으로 상징되기도 하며 長壽(장수)의 상징이 되기도 합니다. 소나무는 다듬기가 유연하여 큰 것은 들보감이고 가는 것은 석가래 감으로 내지, 가구, 집기를 만드는 데에 최고의 재질로 손꼽힙니다. 그 향기 또한 얼마나 싱그럽습니까! ≒ 竹, 東, 桐, 桂, 桓, 梅, 檀, 鶴, 壽

- 昇(오를 승) - 어둠을 뚫고 떠오르는 태양의 모습은 매우 장엄합니다. 선악과 대소, 강약과 다소로 치사하게 다투는 어두운 일상을 뚜렷하게 비추어 부끄럽게 만드는 陽和之氣(양화지기)의 기운입니다(오행 木, 火에 속함). ≒ 旭, 朝

- 和(화목 화) - 화목이란 가정과 사회의 이상을 현실로 실현시켜주는 조화의 덕입니다. 보통 따뜻한 정으로 통해서인지 오행으로 남방 火나 중앙 土로도 쓰입니다.

- 坡(언덕 파) - 언덕 넘어 있는 이상향의 세계를 눈앞에 펼쳐 보여주는 경계가 됩니다

(중앙 土에 속함). ≒ 丘, 岸, 厓, 阿

- 南(남녘 남) - 아무리 깊은 골짜기라도 남쪽 방향은 따뜻해서 초목이 잘 자라고 햇빛이 오래 머물고 있습니다. 또한 우리는 양지바른 양지쪽에 사람들이 모여들게 되어 있지요(오행 火에 속함).

- 度(법 도) - 절도나 법칙이 엄정하여 조금도 지나치지 않는 중용의 덕성으로 생활하고 처세하는 사람의 삶에 비유합니다(오행으론 곧은 의미의 木, 예의를 주관하는 火, 정해진 모양에 金, 사리나 이치에 어긋나지 않는 水에 골고루 쓰입니다). ≒ 憲, 維

- 美(아름다울 미) - 아름다울 미의 아름다움은 용모의 아름다움, 행동의 아름다움, 마음씨의 아름다움을 모두 갖추었습니다. ≒ 芳, 善

- 昭(밝을 소) - 어둠을 물리치는 밝은 양명한 기운이 필요할 때 많이 쓰입니다(남방 丙 火에 속함). ≒ 朗, 明, 映

- 信(믿을 신) - 仁義禮智信 중에 信은 중앙 土에 속하며 戊土의 상징성이기도 합니다.

- 亭(정자 정) - 산수가 좋은 곳에 선비들이 모여 쉬기 위하여 만든 정취 있는 쉼터입니다. 庵은 꾸밈이 없는 수행자가 거처하는 곳이라면 亭은 화려하게 꾸며도 좋은 선비들의 쉼터가 됩니다.

- 泉(샘 천) - 끊임없이 솟아나는 맑은 샘물은 생명수입니다. 이는 마르지 않는 지혜의 샘이 되기도 합니다(오행 水에 속함). ≒ 井

- 秋(가을 추) - 1년 중 하늘이 구름 한 점 없이 가장 맑은 때는 가을입니다(酉月 - 8월 金에 속함). ≒ 夕, 實, 白

- 春(봄 춘) - 생기로 넘치는 봄 동산은 만화방창이라 악인의 마음까지도 평화롭게 만듭니다(동방 木에 속함). ≒ 生, 元, 始

- 香(향기 향) - 사람에게서 아름다운 향 내음이 난다는 것은 바로 지혜로운 지성인임을 말하고 있습니다. ≒ 芬, 芙

- 素(힐 소) - 소박하고 티 없이 깨끗함을 나타내는 글자입니다. ≒ 雅

- 眞(참 진) - "사람이 가는 길은 여러 갈래인 것 같으나 실은 오직 한 길뿐이다."라는 말처럼 바로 진리도 묘리도 아닌 참 眞에 있다고 합니다.

- 花(꽃 화) - 꽃은 화려한 낭만적 운치로 신의 조화를 나타내고 있습니다. 지는 꽃을 생각하여 회피하지 마십시오. 사람은 늙어가도(歲歲年年-세세년년) 해마다 해마다 피어나는 것이 꽃인 것입니다(오행 火에 속함). ≒ 華, 喜

- 效(본받을 효) - 점괘 효(爻)가 서로 서로 연관되어 있는 의미를 나타내고 있습니다. 그래서 이 글자는 선견지명, 또는 예지력을 말하고 있습니다.

- 峰(봉우리 봉) - 뛰어난 듯한 우뚝 서 있는 기운이 산처럼 중후하게 보일 때 또는 그러한 기운을 닮고 싶은 분에게 씁니다(木 土에 속함). ≒ 建, 重

- 海(바다 해) - 한량없이 넓고 깊은 지혜로운 덕에 많이 비유됩니다(오행 水에 속함). ≒ 溟, 慈,

- 庵(암자 암) - 큰 집에서 따로 떨어져 있는 고즈넉하고 아담한 작은 집을 말하듯 호에 쓰일 때도 화려하지 않고 수더분하면서도 열심히 수행하는 사람의 이미지를 안고 있습니다.

- 堂(집 당) - 높을 상(尙)과 흙 토(土)가 만났습니다. 집의 중심적인 위치를 말하고 있어 주체적인 상징으로 쓰이는 글자이기도 합니다. 안정적인 분위기를 넣고 싶을 때 많이 씁니다(중앙 戊土에 쓰임).

- 常(항상 상) - 몸과 마음이 언제나 늘 같은 모습으로 살아가고 싶을 때 쓰입니다. ≒ 君

- 智(알 지) - 지혜로운 사람은 선악의 판단이 올바르고 한쪽으로 치우치지 않습니다(북방 水에 속함). ≒ 慧

- 惠(은혜 혜) - 골고루 자상하게 베푸는 마음입니다. 베풀며 산다는 것은 어느 시대를

막론하고 처세의 귀감이 되고 있으며 누구나 베푸는 삶을 최고로 부러워하고 있습니다. ≒ 恩

- 園(동산 원) - 아름답게 우거진 수풀(林-수풀 림)이 높지도 낮지도 않아 편안하게 드나들 수 있는 낮은 산, 높은 언덕에 비유됩니다(木과 土가 함께 속함).

- 暖(따뜻할 난) - 음산하고 추운 기운을 만회하고자 할 때, 그리고 따뜻한 사람이 되고 싶을 때 많이 쓰입니다(火에 속함). ≒ 丹, 紅, 夏

- 義(옳을 의) - 행동이 법도에 맞게 정도를 따르는 것입니다. 옛날 고을의 우두머리는 뿔이 있는 양머리 모양의 투구를 권력의 상징으로 쓰고 다녔습니다. 義라는 글자는 양(羊)과 내(我 -나 아)가 만난 글자로서 자신이 양 모양의 투구를 쓴 우두머리처럼 법과 질서를 공평하게 다스리고 있음을 의미합니다(오행은 金에 속함). ≒ 可, 金, 九, 白, 石, 庚

- 綠(푸를 록) - 항상 변하지 않는 푸른 상록수처럼 살아가고 싶은 분에게 쓰입니다(오행은 木에 속함). ≒ 淸, 靑, 翠, 春, 碧

- 鳳(봉새 봉) - 봉새는 신령스러운 새로 사람들의 이상에서 날고 있는 새입니다. 수려한 그 모습은 남다른 지조와 근성을 갖고 있고 눈에 띄지 않습니다. 전설에 의하면 천 리를 나는 봉새는 아무리 지쳐도 오동나무가 아니면 앉지 않고 아무리 배가 고파도 竹實(죽실)이 아니면 먹지 않는다고 합니다. 봉의 호를 쓰시면 이런 분이 됩니다. ≒ 鴻, 鷲, 瑞, 雄

- 誠(정성 성) - 어떤 일을 진실로 지극한 정성을 다하면 아니 되는 일이 없습니다. 중용의 최고 덕성이 誠이기도 합니다. ≒ 心

- 溪(시내 계) - 후미진 계곡을 돌고 돌며 골고루 적셔서 만물을 윤택하게 합니다. 큰 강에서는 찾아볼 수 없는 소탈한 심성과 부귀영화에 때 묻지 않고 작은 것도 만족할 줄 아는 自足의 의미가 있습니다(오행 水에 속함). ≒ 川, 雨, 癸, 河

- 德(큰 덕) - 뭐니 뭐니 해도 덕입니다. 갖추어진 인격으로 남을 경복(敬服)시키는 힘이

있습니다(오행 土에 속함). ≒ 裕, 厚, 鼎

- 慧(지혜 혜) - 비 혜(彗)에 마음심(心)이 있는 글자로서 빗자루로 먼지를 쓰러내듯 항상 마음에 때가 끼지 않도록 쓸고 닦는 의미를 갖고 있습니다.

- 潭(못 담) - 언제나 준비되어 있는 댐에 비유됩니다. 많아도 넘칠까 두렵지 않고 가뭄이 와도 몇 년은 끄떡없는 넉넉한 부피와 여유로움을 갖고 있습니다(오행 水에 속함). ≒ 壬, 淵, 池 波, 浪, 浩, 湖

- 道(길 도) - 머리 수(首)와 쉬엄쉬엄 갈 착(辶)이 만났습니다. 사람이라면 마땅히 걸어가야 할 길로서 도덕적인 길이라는 의미로 쓰이고도 있습니다. 직접 사람이 걸어 다니는 길(途)이 아니라 누구나 정신적으로 추구하며 살아가는 인생의 행로로서 각자 자기 삶을, 나도 내 삶을 살아가는 바로 그 길입니다. 그 길은 자신만이 겪으며 넘어야 하는 인내와 고난이 있으므로 극복하려면 무던히도 마음을 닦아야 하겠습니다. 그래서 삶 자체를 도를 닦는다고 하지요. ≒ 修, 行

- 齋(집 재) - 몸을 깨끗이 하고 언제나 단정하게 책을 보고 공부하는 서재와 같은 곳입니다. 호로 쓰면 자신이 그러한 몸가짐을 하고 묵향이 물씬 풍기는 엄숙한 사람일 것입니다. 堂 자처럼 안정감 있는 정서를 추구하시는 분에게 많이 쓰입니다. ≒ 舍, 在, 黙

- 謙(겸손할 겸) - 누구를 대할 때 자신을 낮추는 것은 하늘과 땅과 사람과 귀신을 기뻐하게 하고 나아가 적을 만들지 않습니다. 어느 시대건 누구에게나 겸손만이 해법이 됩니다. ≒ 初(가장 낮은 첫 계단), 季, 讓, 隱

- 陽(볕 양) - 언덕 부(阝)와 볕 양(昜)이 만났습니다. 크게 밝고 크게 따뜻하고 크게 열다의 의미로서 크게 화평함을 지향하는 상서로운 기운입니다. ≒ 世, 景, 泰, 然, 乾

- 鵬(붕새 붕) - 곤(鯤)이 변해서 되는 붕새는 날개가 삼천 리나 되며 한 번 날면 구만 리를 간다고 합니다. 그런 뜻에서인지 鵬 자의 호를 쓸 때는 小와 함께 쓰는 경우가 많습니다. 즉 小鵬이라 이름 하여 상상 속에서나 있을 법한 그런 거대한 이미지를 비켜가곤 합니다.

- 어조사(哉 也 以 之 矣 耶 而 攸 於)와 같은 글자를 예전에는 以堂이나 也山이나 於堂과 같이 아호로 많이 썼습니다.

부족하지만 아호로 많이 쓰이는 글자를 요약하여 정리해 보았습니다. 여러분들의 더 많은 연구 부탁드리며 아호에 많이 쓰이는 한자를 표로 정리하였습니다.

아호에 많이 쓰이는 한자

1획	一 한 일	3획	三 셋 삼	士 선비 사	山 뫼 산	小 작을 소	也 잇기 야	夕 저녁 석
川 내 천	寸 마디 촌	4획	丹 붉을 단	斗 말 두	木 나무 목	文 글월 문	夫 지아비 부	少 적을 소
水 물 수	心 마음 심	云 이를 운	元 으뜸 원	月 달 월	仁 어질 인	日 날 일	壬 북방 임	中 가운데 중
井 우물 정	之 갈 지	5획	可 옳을 가	加 더할 가	甲 갑옷 갑	巨 클 거	古 예 고	丘 언덕 구
未 아닐 미	民 백성 민	白 흰 백	本 근본 본	生 날 생	石 돌 석	仙 신선 선	世 인간 세	央 가운데 앙
永 길 영	玉 구슬 옥	以 써 이	田 밭 전	正 바를 정	台 별 태	平 평평할 평	必 반드시 필	玄 검을 현
乎 어조사 호	弘 클 홍	6획	共 한가지 공	光 빛 광	多 많을 다	老 늙을 로	百 일백 백	西 서녘 서

先	守	如	宇	旭	有	伊	而	在
먼저 선	지킬 수	같을 여	집 우	빛날 욱	있을 유	저 이	말이을 이	있을 재
朱	州	舟	竹	至	行	向	7획	江
붉을 주	고을 주	배 주	대 죽	이를 지	다닐 행	향할 향		강 강
谷	君	呂	弄	里	忘	每	妙	成
골 곡	인군 군	율 려	희롱 롱	마을 리	잊을 망	매양 매	묘할 묘	이룰 성
秀	冶	汝	攸	赤	住	志	初	村
빼어날 수	다스릴 치	너 여	바 유	붉을 적	머물 주	뜻 지	처음 초	마을 촌
七	兌	何	杏	希	8획	佳	杰	京
일곱 칠	별 태	어찌 하	살구 행	바랄 희		아름다울 가	호걸 걸	서울 경
庚	季	孤	考	坤	空	金	奇	東
별 경	끝 계	외로울 고	상고할 고	땅 곤	빌 공	쇠 금	기이할 기	동녘 동
來	林	明	舍	尙	所	松	始	岳
올 래	수풀 림	밝을 명	집 사	오히려 상	바 소	솔 송	비로소 시	뫼 악
岸	岩	厓	艾	夜	於	旿	雨	長
언덕 안	바위 암	언덕 애	쑥 애	밤 야	어조사 어	낮 오	비 우	어른 장
周	宙	知	昌	直	青	忠	卓	坡
두루 주	집 주	알 지	창성할 창	곧을 직	푸를 청	충성 충	높을 탁	언덕 파
八	虎	和	9획	建	癸	故	九	南
여덟 팔	범 호	화목 화		세울 건	북방 계	연고 고	아홉 구	남녘 남
度	柳	美	思	星	昭	是	信	室
법도 도	버들 류	아름다울 미	생각 사	별 성	밝을 소	이를 시	믿을 신	집 실
耶	約	彦	盈	玩	畏	映	勇	幽
어조사 야	언약 약	선비 언	찰 영	구경할 완	두려울 외	비칠 영	날랠 용	깊을 유

音	哉	亭	重	泉	秋	春	治	泰
소리 음	어조사 재	정자 정	무거울 중	샘 천	가을 추	봄 춘	다스릴 치	클 태
波	河	紅	後	厚	**10획**	家	剛	耕
물결 파	물 하	붉을 홍	뒤 후	두터울 후		집 가	굳셀 강	갈 경
桂	高	起	島	洞	桐	栗	馬	芳
계수나무 계	높을 고	일어날 기	섬 도	고을 동	오동 동	밤 률	말 마	꽃다울 방
芙	芬	師	書	栖	城	笑	素	修
부용 부	향기 분	스승 사	글 서	깃들 서	도읍 성	웃음 소	흴 소	닦을 수
時	耘	原	翁	恩	宰	栽	酒	洲
때 시	김맬 운	근원 원	늙은이 옹	은혜 은	재상 재	심을 재	술 주	고을 주
芝	眞	珍	芭	夏	奚	化	桓	效
지초 지	참 진	보배 진	파초 파	여름 하	어찌 해	될 화	나무 환	본받을 효
11획	乾	堂	朗	浪	梨	麻	晩	望
	하늘 건	집 당	밝을 랑	물결 랑	배리	삼 마	늦을 만	바랄 망
梅	茂	問	烽	峰	雪	庵	崖	野
매화 매	성할 무	물을 문	봉화 봉	봉우리 봉	눈 설	암자 암	언덕 애	들 야
庸	寅	紫	章	笛	珠	窓	處	海
떳떳할 용	동방 인	붉을 자	글 장	피리 적	구슬 주	창 창	곳 처	바다 해
胡	浩	凰	**12획**	街	景	茶	單	覃
어찌 호	넓을 호	새 황		거리 가	볕 경	차 다	홀 단	미칠 담
無	普	象	善	雅	淵	然	琓	雲
없을 무	넓을 보	코끼리 상	착할 선	맑을 아	못 연	그러할 연	서옥 완	구름 운
雄	惟	朝	智	草	閑	惠	喜	
수컷 웅	생각 유	아침 조	지혜 지	풀 초	한가 한	은혜 혜	기쁠 희	

작명원리 | 아호작명

13획	賈 장사 고	琴 거문고 금	祺 바둑 기	暖 더울 난	湳 물 남	農 농사 농	新 새 신	詩 글 시
阿 언덕 아	愛 사랑 애	愚 어리석을 우	園 동산 원	裕 넉넉할 유	意 뜻 의	義 옳을 의	鼎 솥 정	靖 단정할 정
照 비칠 조	港 항구 항	解 풀 해	湖 넓을 호	14획	嘉 아름다울 가	歌 노래 가	溪 시내 계	菊 국화 국
端 끝 단	圖 그림 도	郞 사내 랑	綠 푸를 록	溟 바다 명	夢 꿈 몽	碧 푸를 벽	鳳 새 봉	瑞 상서 서
誠 정성 성	壽 목숨 수	實 열매 실	語 말씀 어	與 더불 여	熊 곰 웅	銀 은 은	慈 사랑 자	維 벼리 유
暢 펼칠 창	翠 비취 취	豪 클 호	華 빛날 화	15획	慶 경사 경	德 큰 덕	滿 가득찰 만	萬 일만 만
醉 취할 취	漢 한수 한	16획	錦 비단 금	潭 못 담	道 길 도	龍 용 룡	蒙 어릴 몽	黙 잠잠할 묵
學 배울 학	憲 법 헌	17획	檀 향나무 단	蓮 연꽃 연	齋 집 재	鄕 시골 향	鴻 기러기 홍	18획
蕙 난초 혜	19획	鵬 새 붕	21획	鶴 학 학	22획	隱 숨을 은	23획	巖 바위 암
24획	讓 사양 양	靈 신령 령	30획	鸞 난새 란				

실전예문

쪽	이름
83	강민호
	고복수
84	고재봉
	김기수
85	김무생
	김신
86	김애란
	김용완
87	김우중
88	김을순
	김주승
89	김형욱
90	김활란
	김희갑
91	남정임
	문성일
92	문세광
	박광문
93	박광자
	박동일

쪽	이름
94	박두병
	박순태
95	박정희
	박태준
96	박한상
97	백선엽
	송진우
98	양정모
	여운형
99	유방현
100	윤광원
	윤문일
101	이기동
102	이기붕
103	이범석
	이병철
104	이복녀
105	이복출
106	이상재
107	이성수

쪽	이름
108	이승만
109	이완용
110	임영신
111	장면
112	장병준
113	장영자
	장지환
114	전옥수
	정주영
115	조규민
	조순희
116	조중훈
117	채명신
118	최시형
	최영오
119	최혜숙
	태광오
120	한중수
121	함석헌
122	허정

 # 실전예문

다음 예문에 나오는 사람들의 이름은 구태여 사주를 말하지 않아도 이름만 갖고도 전반적인 삶의 운명이 드러나고 있습니다. 예문에 나온 사주는 자료에 따라 다른 것이 있으므로 참고로만 보시기 바랍니다. 동명이인이 있을 수도 있습니다.

| 예제 1

이름	강	민	호
	姜9	民5	浩11
음양	陽	陽	陽
삼재오행	水	火	土

사격		
원격	16획 덕망격	(초년 15세 전후)
형격	14획 이산격	(중년 35세 전후)
이격	20획 허망격	(말년 55세 전후)
정격	25획 안전격	(총 명운)

이름 풀이	업무 도중에 뇌출혈로 사망한 이름입니다. 음양에서 양으로 치우쳐 균형을 잃어 버렸고 오행에서 水火相爭으로 물과 불이 치열하게 싸우고 있으며 사격 중 형격과 이격이 흉격으로 형성되어 있습니다. 본인은 아마 덕성 있는 사람으로서의 모습을 지니려 노력했을 것입니다.

| 예제 2

이름	고	복	수
	高10	福14	壽14
음양	陰	陰	陰
삼재오행	木	火	金

사격		
원격	28획 파란격	(초년 15세 전후)
형격	24획 입신격	(중년 35세 전후)
이격	24획 입신격	(말년 55세 전후)
정격	38획 복록격	(총 명운)

이름 풀이	정격의 복록격 해설란을 참고해보면 예능 방면의 특징을 발견할 수 있습니다. 예능인인 고복수씨는 음양의 균형을 잃어 버렸고 삼재오행의 치열한 火剋金 작용을 이겨내지 못했습니다. 24획 입신격의 길격 획수를 지녔다 하나 균형 잃은 조합으로 인하여 곤궁하게 살다 환갑도 되기 전에 작고 하셨습니다.

예제 3

이름	고	재	봉
	高10	在6	俸10
음양	陰	陰	陰
삼재오행	木	土	土

사격		
원격	16획 덕망격	(초년 15세 전후)
형격	16획 덕망격	(중년 35세 전후)
이격	20획 허망격	(말년 55세 전후)
정격	26획 영웅격	(총 명운)

이름 풀이

삼재 오행이 木土의 관계라 하여도 음양이 한 음으로 치우쳐 원만한 환경을 조성하지 못하고, 이격과 정격에서 오는 허망격과 영웅격은 현실에 적응이 어려운 성향의 이름에 해당합니다.

예제 4

이름	김	기	수
	金8	基11	洙10
음양	음	양	음
삼재오행	수	수	목

사격		
원격	21획 두령격	(초년 15세 전후)
형격	19획 고난격	(중년 35세 전후)
이격	18획 발전격	(말년 55세 전후)
정격	29획 성공격	(총 명운)

이름 풀이

권투에서 왕좌에 오른 분에 걸맞는 이름자입니다.

음양의 균형있는 배합과 삼재오행의 최고 길격의 배치는, 선수생활에 필요한 행운의 필수 조건일 것입니다.

더하여 작명가에게 맡겨서 얻은 이름이든 아니든, 초년의 두령격과 중년의 고난격은 정격에서 보는 것처럼 항상 성공하겠다는 마음속의 다짐을 다지며 살아가는 스포츠인에 맞는 이름입니다.

※ 오늘날 우리가 짓는 이름에는 고난격을 넣지 않겠죠. 연구해 볼 만한 가치가 있는 이름입니다.

| 예제 5

이름	김	무	생
	金8	茂11	生5
음양	陰	陽	陽
삼재오행	水	水	土

사격		
원격	16획 덕망격	(초년 15세 전후)
형격	19획 고난격	(중년 35세 전후)
이격	13획 지모격	(말년 55세 전후)
정격	24획 입신격	(총 명운)

이름 풀이

삼재오행의 배합 설명란을 참조바랍니다.

우리가 작명을 할 때 삼재오행을 가벼이 하는 경향이 강합니다. 『작명연의』에서는 삼재오행의 배합을 매우 중요시 합니다. 어느 것이 더 중요하냐고 질문을 하지 마십시오. 사람에게 관한 의미 중 어느 것 하나 중요하지 않은 것은 없습니다. 특히 우리는 삼재오행과 음양은 기본 이론에 속하는 내용이며, 더하여 획수의 맞춤은 필수라고 말씀드릴 수 있습니다.

대한민국의 성우이자 배우로 40여 년간 많은 작품을 남긴 분입니다.

| 예제 6

이름	김	신
	金8	信9
음양	陰	陽
삼재오행	水	金	水

사격		
원격	9획 궁박격	(초년 15세 전후)
형격	17획 건창격	(중년 35세 전후)
이격	17획 건창격	(말년 55세 전후)
정격	17획 건창격	(총 명운)

이름 풀이

초년을 말하는 원격이 궁박격으로서 부족하지만 음양의 배합과 오행의 배합이 절묘하게 잘 맞춰져 있어 어릴 때의 어려움은 꿈처럼 지나가고 건창격의 삶을 활기차게 살아간 사람입니다.

예제 7

이름	김 애 란 金8 愛13 蘭23
음양	陰 陽 陽
삼재오행	水 木 土

사격	
원격	36획 영웅격 (초년 15세 전후)
형격	21획 두령격 (중년 35세 전후)
이격	31획 융창격 (말년 55세 전후)
정격	44획 마장격 (총 명운)

이름 풀이

음양의 배합과 오행은 길격으로 이루어져 있습니다. 그러나 획수가 엉망으로서 흉을 면하기 어렵습니다. 실제로 영웅격의 초년에는 친모와 살다 아버지의 재혼으로 편모와 살았고 그 후 편모도 집을 나가 버렸습니다. 하는 일마다 마(魔)가 끼어 이 여성 또한 남편과 해로하지 못했습니다. 영웅 심리로 두령처럼 휘두르는 기운이 조장되기 때문에 여성의 획수 배열로 영웅격과 두령격이 함께 있는 것은 마땅하지 못하다는 것을 알 수 있습니다.

예제 8

이름	김 용 완 金8 容10 完7
음양	陰 陰 陽
삼재오행	水 金 金

사격	
원격	17획 건창격 (초년 15세 전후)
형격	18획 발전격 (중년 35세 전후)
이격	15획 통솔격 (말년 55세 전후)
정격	25획 안전격 (총 명운)

이름 풀이

이름이 이렇게 절묘하게 길격으로 맞아 어울리는 경우도 매우 드물 것입니다.

사주에 없는 수기운을 삼재 오행에서 금생수로 생을 받으며 건재하게 사주를 보완하고 있다는 것은 최대의 행운을 누릴 수 있는 이름이라고 보아도 지나치지 않을 것입니다.

삼양사 사장으로 있었으며, 경성방직 회사를 창립하였습니다.

1904년 4월 9일 酉時

시	일	월	년	
己	丁	己	甲	乾
酉	巳	巳	辰	

6대운

음오행	木 土 土

| 예제 9 |

이름	김	우	중
	金8	宇6	中4
음양	陰	陰	陰
삼재오행	水	火	水

사격		
원격	10획 공허격	(초년 15세 전후)
형격	14획 이산격	(중년 35세 전후)
이격	12획 박약격	(말년 55세 전후)
정격	18획 발전격	(총 명운)

이름 풀이

대기업의 총수를 지낸 분입니다.
김우중 회장님의 음으로 치우친 기운과 水 火 水의 관계는 수극화의 상극작용으로 매우 어렵고 힘들게 하였습니다.
그리고 사격의 획수 배열도 어려운 획수로 짜여져 있습니다.
사주 한번 풀어 보시기 바랍니다.

1936년 12월 19일 亥時

시	일	월	년
癸	戊	辛	丙 乾
亥	午	丑	子

2대운

| 음오행 | 木 土 金 |

예제 10

이름	김	을	순
	金8	乙1	順12
음양	陰	陽	陰
삼재오행	水	水	火

사격		
원격	13획 지모격	(초년 15세 전후)
형격	9획 궁박격	(중년 35세 전후)
이격	20획 허망격	(말년 55세 전후)
정격	21획 두령격	(총 명운)

이름 풀이

이 분은 여성이지만 언제나 지모를 써서 자신의 능력을 발휘하고자 하는 성품을 가졌습니다. 그러나 삼재오행의 수화상쟁(水火相爭)의 혼란스러움에서 벗어나기가 어려워 뜻대로 되지 못하였고 더욱 중요한 중년과 말년이 궁박격과 허망격으로 실패하지 않을 수 없는 것입니다.

실제로 이 분은 갈수록 험난한 길을 걸은 주인공이기도 합니다.

예제 11

이름	김	주	승
	金8	周8	承8
음양	陰	陰	陰
삼재오행	水	土	土

사격		
원격	16획 덕망격	(초년 15세 전후)
형격	16획 덕망격	(중년 35세 전후)
이격	16획 덕망격	(말년 55세 전후)
정격	24획 입신격	(총 명운)

이름 풀이

이분은 한때 유명한 탤런트였고, 라디오 디제이로도 활약하신 분입니다. 어찌어찌하여 그런 명성을 뒤로하고 46세 젊은 나이에 먼저 가신 분이기도 합니다.

실제로 16획의 덕망격 획수가 흉한 획수는 아닙니다만, 김주승이란 이름은 성이나 이름들이 똑같이 8획으로서 음양의 균형과 삼재오행의 배열이 원만하지 못하여 획수의 좋作용이 살아나지 못한 것입니다.

예제 12

이름	김	형	욱
	金8	炯9	旭6
음양	陰	陽	陰
삼재오행	水	金	土

사격		
원격	15획 통솔격	(초년 15세 전후)
형격	17획 건창격	(중년 35세 전후)
이격	14획 이산격	(말년 55세 전후)
정격	23획 공명격	(총 명운)

이름 풀이

음양과 삼재오행의 배합이 잘 갖추어졌으나 이격의 말년의 이산격이 마음에 걸립니다.

전 정보부장의 김형욱씨는 실제로 55세때부터 행방불명이 되었습니다.

정격의 공명격은 자신이 추구하며 살아온 삶의 성향으로 보아야 한다고 생각합니다. 그러면 여기서 다른 조건 다 맞추고 14획 이산격 하나로 인하여 그렇게 큰 사고를 겪어야 하는지에 관한 의문입니다. 이로 인해 발견되는 부분은 이름 하나로 모든 운명을 다 해결하기는 어렵다는 것을 지적함과 동시에 우리는 일단 어떤 방식을 통하여 이름을 짓던지 모두 맞추고 난 뒤 하늘의 命을 기다려야 할 것입니다.

왜냐하면 100점짜리 완벽한 이론은 없기 때문입니다. 모든 학문에 완벽한 이론은 없습니다. 오로지 더욱 연구해 나가야 할 부분만 남아 있을 뿐입니다.

시	일	월	년	
乙	癸	戊	乙	乾
卯	亥	寅	丑	

| 예제 13

이름	김 활 란
	金₈ 活₁₀ 蘭₂₃
음양	陰 陰 陽
삼재오행	水 金 火

사격	
원격	33획 승천격 (초년 15세 전후)
형격	18획 발전격 (중년 35세 전후)
이격	31획 융창격 (말년 55세 전후)
정격	41획 대성격 (총 명운)

1899년 1월 18일 申時

시	일	월	년	
丙	丙	丙	己	坤
申	寅	寅	亥	

이름 풀이

획수 수리는 길격으로 맞추어졌습니다만 삼재 오행의 배합이 순조롭지 못했습니다. 절명의 위기는 비켜갔으나 세파와 맹렬하게 싸우며 살았음을 알 수 있습니다.

火剋金의 광폭한 두려움을 水가 식혀주는 오행 배열이 되지만 결과적로는 水剋火의 경우가 되었습니다. 크게 성공하고 싶은 욕구가 강렬하게 느껴지는 이름입니다.

| 예제 14

이름	김 희 갑
	金₈ 喜₁₂ 甲₅
음양	음 음 양
삼재오행	수 수 금

사격	
원격	17획 건창격 (초년 15세 전후)
형격	20획 허망격 (중년 35세 전후)
이격	13획 지모격 (말년 55세 전후)
정격	25획 안전격 (총 명운)

이름 풀이

김희갑 선생은 이름의 음양과 삼재배합이 대길격으로 나열 되어있습니다.

사격 획수에서 형격이 허망격이라 나쁜 이름이 아닌가 염려하시는 분도 계시겠지만, 다른 문제점이 없기 때문에 그런 흉격의 운명이 끝까지 머물기도 어려울 것입니다.

※ 허망격과 영웅격이 만났을 때는 문제가 달라집니다.

예제 15

이름	남	정	임
	南 9	貞 9	姙 9
음양	陽	陽	陽
삼재오행	水	金	金

사격		
원격	18획 발전격	(초년 15세 전후)
형격	18획 발전격	(중년 35세 전후)
이격	18획 발전격	(말년 55세 전후)
정격	27획 중단격	(총 명운)

이름 풀이

음양의 조화를 얻지 못했습니다. 음양의 편협된 기운은 특히 남성보다 여성에게 더욱 가중되어 나타나는 기운이기도 합니다. 똑같은 획수로 이어진 이름은 이로서 한 가지 기운에 치중하여 나타나므로 더욱 불행하게 느껴지게 되는 것입니다.

이분의 본명은 이민자(李 7획 敏 11획 子 3획)입니다.

예명과 본명은 다른 숫자로 된 조합입니다만 공교롭게도 같은 양의 기운으로 일관되어 있습니다. 삼재오행은 金 金 火로 화금상쟁으로 되어 매우 고통스런 배열로 되어 있습니다.

사격획수는 원격이 14획으로 이산격, 형격이 18획 발전격, 이격이 10획 공허격, 정격 21획 두령격으로 된 이름입니다.

1945년에 출생하여 1992년까지 살면서 재일교포와 결혼 그리고 이혼·재혼을 거듭하고 48세에 유방암으로 떠났습니다.

예제 16

이름	문	성	일
	文 4	星 9	一 1
음양	陰	陽	陽
삼재오행	土	火	水

사격		
원격	10획 공허격	(초년 15세 전후)
형격	13획 지모격	(중년 35세 전후)
이격	5획 형성격	(말년 55세 전후)
정격	14획 이산격	(총 명운)

이름 풀이

이러한 구조를 가진 이름은 한때 잠깐 동안 일이 잘 풀려나가듯 하다 결국 처궁과 자손이 불리하여 갈수록 험난한 길을 걸어가게 됩니다.

| 예제 17 |

이름	문	세	광
	文₄	世₅	光₆
음양	陰	陽	陰
삼재오행	土	水	木

사격		
원격	11획 신성격	(초년 15세 전후)
형격	9획 궁박격	(중년 35세 전후)
이격	10획 공허격	(말년 55세 전후)
정격	15획 통솔격	(총 명운)

이름 풀이

문세광은 74년에 사형을 당한 이름입니다. 삼재오행을 보면 결과적으로 수토상전(水土相戰) 그리고 목토상전(木土相戰)의 기운을 갖고 있고 인생에서 가장 중요한 중년과 말년의 운세가 그렇게 허망합니다. 총 명운의 통솔격을 가지고 운운하시는 분을 위하여 설명을 드린다면 총 명운은 전반적인 자신의 성향을 나타내고 있습니다. 통솔격으로 자신의 역량을 통솔하는 것으로 발휘하고 싶지만 순조롭지 못한 구조로 그렇게 마음과 뜻대로 되어가질 않았습니다.

| 예제 18 |

이름	박	광	문
	朴₆	光₆	文₄
음양	음	음	음
삼재오행	금	목	수

사격		
원격	10획 공허격	(초년 15세 전후)
형격	12획 박약격	(중년 35세 전후)
이격	10획 공허격	(말년 55세 전후)
정격	16획 덕망격	(총 명운)

| 음오행 | 수 | 목 | 수 |

이름 풀이

음양도 모두 음으로 치우쳐있고 삼재오행의 배합도 흉하게 나열되었으며, 획수 수리 또한 흉한 이름이 되었습니다. 위 사람은 매우 흉한 배합의 이름에 속합니다. 가는 곳마다 인간으로부터 많은 피해를 입으며 고뇌가 심했던 이름입니다. 이정도로 흉할 때는 치명적일 수도 있습니다.

| 예제 19

이름	박	광	자
	朴6	光6	子3
음양	음	음	양
삼재오행	금	목	수

사격		
	원격	9획 궁박격 (초년 15세 전후)
	형격	12획 박약격 (중년 35세 전후)
	이격	9획 궁박격 (말년 55세 전후)
	정격	15획 통솔격 (총 명운)

이름 풀이

삼재오행의 배합도 흉하게 배치되었고 사격 획수 또한 흉한 이름을 가지게 되었습니다.
위 사람은 부모를 이별하고 떠돌이로 평생을 살면서 인덕이라곤 조금도 없었다고 합니다.

| 예제 20

이름	박	동	일
	朴6	東8	一1
음양	음	음	양
삼재오행	금	화	수

사격		
	원격	9획 궁박격 (초년 15세 전후)
	형격	14획 이산격 (중년 35세 전후)
	이격	7획 독립격 (말년 55세 전후)
	정격	15획 통솔격 (총 명운)

이름 풀이

삼재오행이 이렇게 雙剋(火剋金, 水剋火)으로 배치되어 있다면 서로 이기려 하는 기운이 강하여 살아가는 과정도 이기려고 하는 힘의 지배를 받아 자신의 목표를 향하여 나아가기 어려운 것입니다.
이렇게 심하게 싸우는 가운데 샌드위치가 되어 있는 사람 중에 이길 자가 몇이나 되겠습니까? 사소한 모든 일이 꼬이고 분한 중에 이기려 하는 성정이 솟구쳐 누구와도 어울리기 어려우며 특히 배우자의 다정다감한 정을 느끼지 못하는 가운데 목숨이 짧아질 우려도 있습니다.

예제 21

이름	박	두	병
	朴6	斗4	秉8
음양	음	음	음
삼재오행	금	수	목

사격		
원격	12획 박약격	(초년 15세 전후)
형격	10획 공허격	(중년 35세 전후)
이격	14획 이산격	(말년 55세 전후)
정격	18획 발전격	(총 명운)

이름 풀이

이 박두병씨는 병화가 세 개나 떠있어 三朋格 특수격의 사주로 타고난 이름입니다. 삼재오행의 최 대길격 배열이 사주와 함께 이끌어 가고 있음을 알 수 있습니다. 어떤 작명법이든 모든 이름을 풀어가기는 아직 미흡한 점이 많습니다만 사주와 관상 이름이 함께 더불어 그 사람의 주체를 이끌어 가고 지배하는 기운이라고 보아야 옳을 것입니다.

1910년 10월 6일 申時

시	일	월	년
丙	丙	丙	庚 乾
申	子	戌	戌

1대운

| 음오행 | 수 | 화 | 수 |

예제 22

이름	박	순	태
	朴6	淳12	泰9
음양	음	음	양
삼재오행	금	금	목

사격		
원격	21획 두령격	(초년 15세 전후)
형격	18획 발전격	(중년 35세 전후)
이격	15획 통솔격	(말년 55세 전후)
정격	27획 중단격	(총 명운)

이름 풀이

삼재오행의 해석란에 보면 金尅木 상쟁은 예기치 못한 재난이나 살상이 두렵다고 하였습니다. 혹여 획수에 치중하여 오행을 터부시하여 작명하시면 중요한 부분을 놓쳐 위험에 노출될 수 있으니 각별히 주의 바랍니다.
이분은 돈은 많이 벌었지만 사람으로부터 해를 당하여 죽었다고 하였습니다.

예제 23

이름	박	정	희
	朴6	正5	熙13
음양	陰	陽	陽
삼재오행	금	목	금

사격		
원격	18획 발전격	(초년 15세 전후)
형격	11획 신성격	(중년 35세 전후)
이격	19획 고난격	(말년 55세 전후)
정격	24획 입신격	(총 명운)

이름 풀이

음양은 제대로 갖추어졌으나 삼재오행이 절망적인 배합이며 획수에서도 이격이 고난격으로서 잘 갖추어지지 않았음을 볼 수 있습니다. 고난격의 해석란을 참고해보면 처를 잃어버린다고 하였습니다.

1917년 9월 30일 인시

시	일	월	년	
戊	庚	辛	丁	乾
寅	申	亥	巳	

3대운

예제 24

이름	박	태	준
	朴6	泰9	俊9
음양	음	양	양
삼재오행	금	토	금

사격		
원격	18획 발전격	(초년 15세 전후)
형격	15획 통솔격	(중년 35세 전후)
이격	15획 통솔격	(말년 55세 전후)
정격	24획 입신격	(총 명운)

이름 풀이

정말 제철 왕다운 이름이라 할 수 있습니다. 어느 것 하나 나무랄 데 없는 이름입니다. 음 오행이 극으로 이어진다 하여 우려를 하시는 분이 계시다면 너무 염려하지 마십시오. 음 오행은 다른 조합이 흉할 때 그 흉을 더욱 조장시키는 점은 있어도 다른 구조에 문제가 없다면 상관없을 정도로 그 작용은 미약하다고 보고 있습니다.

1927년 9월 29일 戌時

시	일	월	년	
戊	辛	庚	丁	乾
戌	卯	戌	卯	

음오행	수 화 금

| 예제 25

이름	박	한	상
	朴6	漢15	相9
음양	음	양	양
삼재오행	금	목	화

사격		
원격	24획 입신격	(초년 15세 전후)
형격	21획 두령격	(중년 35세 전후)
이격	16획 덕망격	(말년 55세 전후)
정격	31획 융창격	(총 명운)

음오행 수 토 금

이름 풀이

음양을 갖추고 있긴 합니다만 삼재오행 또한 결과적으로 금목상쟁(金木相爭)과 화금상쟁(火金相爭)을 피해가지 못하고 있습니다. 형격의 두령격은 잘못된 배합에서 생기는 두드러진 특징은 함부로 휘두른다는 것입니다. 오행의 배합이 성하지 못한 상황이라 살상의 작용을 피해가기 어렵다고 보겠습니다. 다른 획수가 아무리 좋다고 하더라도 말입니다. 이러한 구조는 정격의 융창격처럼 널리 펼쳐 넓히고 싶은 마음이야 꿀떡같지만 거센 풍파를 겪게 되고 형액이 따르기도 하여 고독해지는 것입니다.

박한상이란 이름은 삼재오행도 흉극작용으로 이루어져 있고 음운오행 또한 (받침과 초성에 이어지는 오행)도 상생을 이루지 못했습니다. 작명을 할 때 삼재오행은 최소한 일생일극은 되어야 하고 순 상생으로 돌아가지 못할 때는 음운오행이라도 기필코 맞추어야 된다는 사실을 기억해 주시기 바랍니다.

| 예제 26

이름	백	선	엽
	白5	善12	燁16
음양	양	음	음
삼재오행	토	금	금

사격		
원격	28획 파란격	(초년 15세 전후)
형격	17획 건창격	(중년 35세 전후)
이격	21획 두령격	(말년 55세 전후)
정격	33획 승천격	(총 명운)

이름 풀이

군인으로서의 손색없는 조합을 이루었습니다. 혹여 파란격이 있어 나쁜 이름이라고 할 수도 있겠습니다마는 이 이름의 기운으로 사지를 넘나든 군인이었다면 가능한 이름입니다. 그러나 어린 아이의 이름을 작명 할 때는 피해서 지어야 하는 획수입니다.

그런 절박한 경우를 수도 없이 넘긴 본인의 심정은 전쟁이 끝난 지 십 수년이 지났지만 지금도 생각하면 아찔할 때가 없지 않을 것입니다.

| 예제 27

이름	송	진	우
	宋7	鎭18	禹9
음양	양	양	양
삼재오행	금	토	금

사격		
원격	27획 중단격	(초년 15세 전후)
형격	25획 안전격	(중년 35세 전후)
이격	16획 덕망격	(말년 55세 전후)
정격	34획 파멸격	(총 명운)

이름 풀이

음양에서 양으로 치우쳐 있으며 이름자에는 쓰지 않는 임금 우(禹)를 쓰셨습니다.

이분은 그 시대에 한민당 정치인이었습니다. 57세에 저격을 당하여 절명하셨습니다.

1890년 5월 8일 卯時

시	일	월	년	
辛	丙	壬	庚	乾
卯	子	午	寅	

5대운

음오행	금	금	토

예제 28

이름	양	정	모
	梁11	正5	模15
음양	양	양	양
삼재오행	목	토	수

사격		
원격	20획 허망격	(초년 15세 전후)
형격	16획 덕망격	(중년 35세 전후)
이격	26획 영웅격	(말년 55세 전후)
정격	31획 융창격	(총 명운)

이름 풀이

양정모의 이름이 이렇게 흉하다는 것을 생각하면 가슴이 저며 옵니다.

저는 이 이름을 볼 때 음양도 제대로 갖추지 못했고 또 삼재오행도 목토상극(木土相剋) 수토상극(水土相剋) 쌍극(雙剋)으로 이어져 죽어라죽어라 하는 형국으로 보고 있습니다.

획수 사격 또한 마음은 정격처럼 융창하기를 바라지만 영웅격과 허망격이 만나 모든 것을 바람에 날려버리니 이 어찌 누구 탓만 할 수 있겠습니까.

예제 29

이름	여	운	형
	呂7	運16	亨7
음양	양	음	양
삼재오행	금	화	화

사격		
원격	23획 공명격	(초년 15세 전후)
형격	23획 공명격	(중년 35세 전후)
이격	14획 이산격	(말년 55세 전후)
정격	30획 부몽격	(총 명운)

이름 풀이

위 사람은 정치인으로서 실제로 역사속의 인물이었습니다.

이름에서 삼재의 배합이 화금상쟁(火金相爭)의 흉격으로 이루어졌으며 이격과 정격은 장년과 말년에서 청년기와 중년에 쌓은 모든 노고가 한순간 물거품이 되어 버렸습니다.

63세에 암살당한 것입니다.

1885년 4월 22일 申時

시	일	월	년
甲	庚	辛	乙 乾
申	寅	巳	酉

6대운

| 음오행 | 토 | 토 | 토 |

| 예제 30

이름	유	방	현
	柳9	方4	鉉13
음양	양	음	양
삼재오행	수	화	금

사격	원격	17획 건창격 (초년 15세 전후)
	형격	13획 지모격 (중년 35세 전후)
	이격	22획 중절격 (말년 55세 전후)
	정격	26획 영웅격 (총 명운)

이름 풀이

우리 선생님께서는 역학을 공부하고 쌍꺼풀을 하시면서 부드러워지셨다고 하는 말을 들었습니다. (오래전부터 아셨던 분에 의하면)
그래도 사주 국이 크시고 신강하신 덕에 맹렬한 오행의 극을 능히 이겨 나가시며 계속 새로운 창조를 위하여 연구하고 계시는 것 같습니다.
뒤에 계시는 한중수 선생님과 같이 자신의 이름들을 바꿀 생각은 전혀 없다고 하셨습니다. 후인들에게서 정말 존경 받으실 것입니다.
그렇다고 아무나 그런 것이 아니라 사주국이 신강으로 받쳐줄 때는 강인한 노력과 험난한 세월 속에서도 이겨낼 수 있다는 것입니다.
특히 정격의 총 명운은 선생님의 적극적인 평소의 생각이 잘 드러나고 있는 점이 신기하기도 합니다.

1947년 10월 29일 子時

시	일	월	년
甲	甲	壬	丁 乾
子	子	子	亥

1대운

| 음오행 | 토 | 수 | 토 |

예제 31

이름	윤	광	원
	尹₄	光₆	元₄
음양	음	음	음
삼재오행	토	수	수

사격		
원격	10획 공허격	(초년 15세 전후)
형격	10획 공허격	(중년 35세 전후)
이격	8획 개물격	(말년 55세 전후)
정격	14획 이산격	(총 명운)

| 음오행 | 토 | 목 | 토 |

이름 풀이

본인은 열심히 이리 뛰고 저리 뛰고 다녀도 결과는 깨뜨리러 다니는 것입니다.

조상으로부터 물려받은 가업이 있다 하나 나중에는 공허함만 가득하여 허탈감만 남는 것입니다. 누구나 그런 결과를 기다리는 사람은 없을 것입니다.

정격으로 이산격을 소유하고 있으면 어딘가 정착을 못하고 도착하면 떠나고 싶은 충동을 견디기 어려운 사람이라고 볼 수 있습니다.

이 이름은 음양을 고루 갖추지 못했고 삼재오행도 수토상전(水土相戰)을 이루었고 음운오행도 갖추지 못한 상태에서 설상가상으로 획수조차 매우 공허함을 벗어나지 못했습니다.

예제 32

이름	윤	문	일
	尹₄	文₄	一₁
음양	음	음	양
삼재오행	토	금	토

사격		
원격	5획 형성격	(초년 15세 전후)
형격	8획 개물격	(중년 35세 전후)
이격	5획 형성격	(말년 55세 전후)
정격	9획 궁박격	(총 명운)

이름 풀이

위의 이름은 정격 하나가 궁박격으로서 안타깝게 하고 있습니다.

문제는 궁박격이 어떻게 작용하느냐인데 실상 이러한 궁박격을 정격에 두면 평소에 만족할 줄 모르므로 남 보기에는 잘 되어가고 있는데 정작 본인은 만족을 못하여 이리저리 많은 계책을 쓰게 됩니다. 주위 환경도 좋고 흉하지 않아 잘 돌아가지만 자신에게 돌아오는 만족도는 언제나 궁박함을 느끼며 다시 말해 갈구하게 되어 이랬다저랬다 하는 변화가 잦게 되는 것입니다.

| 예제 33

이름	이	기	동
	李7	基11	東8
음양	양	양	음
삼재오행	금	금	수

사격		
원격	19획 고난격	(초년 15세 전후)
형격	18획 발전격	(중년 35세 전후)
이격	15획 통솔격	(말년 55세 전후)
정격	26획 영웅격	(총 명운)

개명함

이름	이	기	동
	李7	起10	東8
음양	양	음	음
삼재오행	금	금	금

사격		
원격	18획 발전격	(초년 15세 전후)
형격	17획 건창격	(중년 35세 전후)
이격	15획 통솔격	(말년 55세 전후)
정격	25획 안전격	(총 명운)

이름 풀이

실제로 이기동씨는 원명의 원격 고난격의 흉한 획수를 위하여 개명을 하였습니다. 그런데 개명하시는 선생님께서 한글 발음은 그대로 하며 간단하게 한자 한 글자를 고쳐 바르게 해 보려고 획수에 치중하시다 보니 삼재오행을 챙기지 못하셨습니다.

한 가지 기운으로 뭉쳐 있을 때는 매우 위험할 수 있기 때문에 피한다는 내용이 있습니다.

단 사주에 金이 없다면 몰라도 그 외에는 쓰지 못합니다.

사실 金이 없어도 이렇게 몰아서 쓴다는 것은 살상의 기운으로 돌변할 수 있으므로 매우 위험하다는 것을 말씀드립니다.

이분은 개그맨으로 모르는 사람이 없을 정도로 유명하였습니다.

1980년 신군부가 들어서면서 삼청 교육대도 갔다 오신 분입니다. 사업을 시작과 실패로 어려워진 가운데 간경화로 돌아가셨습니다.

※ 원명과 개명을 살펴본 결과 오히려 원명이 낫다는 생각이 들었습니다.

왜냐하면 원명의 삼재오행은 상생으로 되어있으며 설령 초년에 고난격이 들어있어도 지나간 시절이고 또 있다 하더라도 삼재오행에 비중을 두는 것이 더 중요하다는 말입니다.

예제 34

이름	이	기	붕
	李 7	起 10	鵬 19
음양	양	음	양
삼재오행	금	금	수

사격		
원격	29획 성공격	(초년 15세 전후)
형격	17획 건창격	(중년 35세 전후)
이격	26획 영웅격	(말년 55세 전후)
정격	36획 영걸격	(총 명운)

이름 풀이

좋은 예문으로 생각하고 선택하였습니다.
이름을 잘 지어 좋은 예문이 아니라 좋은 이름으로 생각하고 이 분의 말로가 납득이 가지 않는 분을 위하여서입니다.
음양의 균형도 문제가 없고 삼재오행 또한 상생으로 배열되어 있습니다.
사격 또한 흉격의 획수가 보이지 않으니 완벽한 작명이라 생각하시는 분도 계시겠지만 문제는 영웅격과 영걸격에 있습니다.
정격의 영걸격은 언제나 자신감이 넘치고 항상 남들 앞에서 지휘하고자 하는 날고뛰는 천재적인 재능은 영웅격을 만나면서 절제가 되지 않아 걷잡을 수 없이 충천하여 끝을 모르게 되었습니다. 권력을 잡는 영웅적인 이름이 좋은 이름이 아니라는 사실을 말씀드리고 싶습니다.

※ 庚辰 괴강의 특성이 日과 時에 중첩되어 계속 부추기기만 하고 또한 멈추게 하는 극작용이 없는데 막강한 영웅격과 영걸격을 만나 휘말리게 되었습니다.

1896년 12월 20일 辰時

시	일	월	년
庚	庚	辛	丙 乾
辰	辰	丑	申

4대운

| 음오행 | 토 | 목 | 수 |

| 예제 35

이름	이	범	석
	李7	範15	奭15
음양	양	양	양
삼재오행	금	목	수

사격	
원격	30획 부몽격 (초년 15세 전후)
형격	22획 중절격 (중년 35세 전후)
이격	22획 중절격 (말년 55세 전후)
정격	37획 인덕격 (총 명운)

이름 풀이

이범석 외무부 장관은 버마 사태때 돌아가신 분입니다.

| 음오행 | 토 수 금 |

이름이 음양도 갖추어져 있지 않았고 삼재오행의 배합도 金木상쟁으로 이루어져 있고 획수 또한 너무 절망적입니다. 그러나 정격의 인덕격을 보면 언제나 인간적인 덕성을 중요시한 품격을 갖추신 분이라는 것을 알 수 있습니다.

| 예제 36

이름	이	병	철
	李7	秉8	喆12
음양	양	음	음
삼재오행	금	토	수

사격	
원격	20획 허망격 (초년 15세 전후)
형격	15획 통솔격 (중년 35세 전후)
이격	19획 고난격 (말년 55세 전후)
정격	27획 중단격 (총 명운)

이름 풀이

삼재오행의 배열은 土剋水의 관계이지만 金이 있어서 그나마 소통이 된다고 봅니다. 그러나 전반적으로 보았을 때, 이런 어려운 이름 갖고 어떻게 그런 대기업을 일으켰는지 많은 사람들이 의문을 풀지 못하는 이름 가운데 하나입니다. 뛰어난 정신력을 소유하신 분인 것 같습니다.

1910년 1월 3일 子時

시	일	월	년
甲	戊	戊	庚	乾
子	申	寅	戌

8대운

| 음오행 | 토 수 금 |

이름 풀이

그래서 저는 꼭 사주를 참작해서 이름을 풀고 작명하시라고 말씀드립니다.

사주에서 40년 대운이 들어오고 있습니다.

기업을 일으킨다는 것은 일이 저절로 굴러 들어오는 것이 아닙니다. 즉 밤도 낮도 없이 쫓아다니며 사람들에게 시달리고 돈에 애태우며 전전긍긍 밤을 지새운 날이 아마도 수도 없을 것입니다. 언제나 마음속엔 '안 되면 어떻게 하나'를 늘 생각하고 있었을 것이며 언제나 기도하는 마음으로 사업에 임했을 것입니다.

허망한 이름의 고난은 바로 열심히 움직이며 노력하고 도전하는 어려움을 말하고 있으며 그런 어려움을 극복하며 성공할 수 있었던 것은 바로 사주가 받쳐 주고 있었기 때문이라 여겨집니다. 그렇다고 오늘날 작명할 때 이렇게 고난격이나 허망격을 넣어서 하라는 뜻은 아닙니다.

부모가 고생을 하며 살았다고 자식들에게도 부모와 똑같은 고생을 요구한다는 것은 무리라 여기며 이 또한 다르지 않을 것입니다.

그때는 누구나 고생하는 그런 혼란시대였으나 오늘날은 상황이 다르므로 당연히 이런 험악한 이름을 작명하면 안 될 것입니다. 시대에 따라 오늘날의 상황에서 요구되고 부합되는 이름을 작명하여야 할 것입니다.

이 이름에서 그나마 다행으로 여기는 것은 흉격이 많다 하더라도 고생하고 극복하는 의미를 담고 있을 뿐이지 이산격, 불행격이나 그리고 마장격, 파멸, 암흑이 아니기에 더 많이 이룰 수 있었다고 보입니다. 즉 고생이란 고생하는 이상의 보람을 거둘 수도 있음을 의미하고 있습니다.

※ 형격의 이산격은 김길태(金 8획, 吉 6획, 泰 9획)나 유영철(柳 9획, 永 5획, 哲 10획)을 비롯하여 문제가 많은 사람들이 거의 소유하고 있었습니다.

그런데 외교관이나 멀리 떠나 고생하는 독립군이나 심지어 외교관에게도 이산격이 있었습니다. 이분들은 거의 이격에서 이산격을 소유하고 있었습니다.

본래 이산격의 의미는 육친과 이별하는 흉한 의미를 지니고 있습니다만 더욱 두려운 것은 형격의 이산격(20대 전후)으로 그 육친의 정을 모르고 증오심이 응어리로 뭉치면 돌이킬 수 없는 범죄로 연결될 수 있다고 연구되었습니다.

또 하나 밝혀진 사실은 이러한 사람들은 원격(초년)에서 매우 총명한 사람들이 얻고 싶어 하는 통솔격이나 이름을 얻으려고 노력하는 공명격 등 자신의 두각을 나타내고 싶어 하는 기운 다음에 이산격을 가졌다는 사실이었습니다.

실전 예문

| 예제 37

이름	이	복	녀
	李 7	福 14	女 3
음양	양	음	양
삼재오행	금	목	금

사격		
원격	17획 건창격	(초년 15세 전후)
형격	21획 두령격	(중년 35세 전후)
이격	10획 공허격	(말년 55세 전후)
정격	24획 입신격	(총 명운)

이름 풀이	이 여인의 이름은 복 많은 여인이 되라는 뜻으로 지어준 이름일거라는 생각은 누구나 할 수 있을 것입니다.

음오행	토	수	화

그러나 한강에 투신자살한 사람의 이름입니다. 살기 어렵다고 하여 모두 자살하지는 않을 거라는 생각을 하면 삼재오행과 형격인 두령격이 마음에 걸립니다. 특히 여인의 경우 26수 영웅격, 36수 영걸격, 21수 두령격을 놓지 말라는 것은 최후의 순간을 생각해보면 당연하다는 생각이 들었습니다.

또한 이분은 음운오행마저 土 水 火로 이어져 이름이 더욱 험악해져 버렸습니다.

| 예제 38

이름	이	복	출
	李7	福14	出5
음양	양	음	양
삼재오행	금	목	수

사격	원격	19획 고난격 (초년 15세 전후)
	형격	21획 두령격 (중년 35세 전후)
	이격	12획 박약격 (말년 55세 전후)
	정격	26획 영웅격 　(총 명운)

음오행	토	수	금

이름 풀이

부모님께서 낳으실 때 복 많이 타고 나라고 복출이라 이름을 지어주신 것 같습니다. 그러나 오늘날 작명 한자를 살펴보면 福(복 복)이나 出(날 출)은 이름자에 쓰이지 않는 한자입니다. 삼재오행의 배합이 금목상전(金木相戰)으로 나열되어 있습니다.

주간 한국 73년도 7월 1일자에 게재된 이복출씨는 흉악범으로써 일가족 다섯 명을 살해한 살인범이라 합니다. 설령 두령격이나 영웅격을 좋은 吉格 획수라고 생각하시는 분을 위하여 잠시 설명을 드립니다.

이분은 여성은 아닙니다만 여성에게 두령격과 영웅격을 쓸 때는 다른 조합을 살펴보아야 하겠습니다. 그리고 남성도 두령격과 영웅격이 함께 있으면 거침없는 성정이 살상의 기운으로 분출될 수 있는 위험한 기운의 획수에 속합니다.

즉 칼을 들고 있는 사람과 같다는 말씀입니다. 정의의 법이 될 수 있고 애매한 사람을 헤치는 무기도 될 수 있는 것입니다.

예제 39

이름	이	상	재
	李₇	商₁₁	在₆
음양	양	양	음
삼재오행	금	금	금

사격		
원격	17획 건창격	(초년 15세 전후)
형격	18획 발전격	(중년 35세 전후)
이격	13획 지모격	(말년 55세 전후)
정격	24획 입신격	(총 명운)

이름 풀이

과거에 낙방하시고 민족을 위해 힘써 주셨습니다.

※ 신경을 많이 써서 지으신 이름이라는 것을 알 수 있었습니다.

그러나 사주에 金이 많은데 삼재 오행 배열이 金으로 되어 가는 곳마다 자갈밭이었음을 알 수 있을 것 같습니다. 1927년 78세에 돌아가셨습니다. 본명은 이계호 선생님입니다. 아래 풀이를 실었습니다.

1850년 10월 26일 酉時

시	일	월	년
癸	甲	丁	庚 乾
酉	申	亥	戌

음오행	토 금 금

이름	이	계	호
	李₇	季₈	皓₁₂
음양	양	음	음
삼재오행	토	목	토

사격		
원격	20획 허망격	(초년 15세 전후)
형격	15획 통솔격	(중년 35세 전후)
이격	19획 고난격	(말년 55세 전후)
정격	27획 중단격	(총 명운)

| 예제 40 |

이름	이	성	수
	李7	成7	樹16
음양	양	양	음
삼재오행	금	화	화

사격	원격	23획 공명격 (초년 15세 전후)
	형격	14획 이산격 (중년 35세 전후)
	이격	23획 공명격((말년 55세 전후)
	정격	30획 부몽격 (총 명운)

| 이름 풀이 | 삼재오행의 화금상쟁(火金相爭)의 치열한 상극 작용과 형격의 이산격은 아무리 공명격이 있다 하나 공명을 얻고자 하는 좋은 작용을 하지 못한 예입니다. 그러므로 삼재오행이 매우 중요합니다. 다음 획수의 조화를 맞추어야 할 것입니다.
실제로 이분은 스스로 자살한 흉악범이라 합니다. |

| 음오행 | 토 | 금 | 금 |

| 예제 41 |

이름	이	승	만
	李7	承8	晩11
음양	양	음	양
삼재오행	금	토	수

사격	원격	19획 고난격 (초년 15세 전후)
	형격	15획 통솔격 (중년 35세 전후)
	이격	18획 발전격 (말년 55세 전후)
	정격	26획 영웅격 (총 명운)

| 이름 풀이 | 위 이름에서 오행의 배치가 원만하지 못한데다, 19획의 고난격은 초년의 실상을 말하고 있고, 정격의 영웅격은 삶 자체의 전반적인 과정과 본인이 지향하는 의욕을 말하고 있습니다.
정격의 영웅격은 영웅적으로 살고자 하는 자신의 의지가 담겨 있습니다. 그러나 영웅격의 삶은 너무나 파란만장한 고난이 따라오기 때문에 작명에서는 영웅격을 피하여 작명하고 있습니다.
영웅격은 1등이 아니면 꺼림직하고 대장을 못하면 서운하게 여기는 일면을 갖고 있습니다. |

1875년 3월 26일 寅時

시	일	월	년
甲	癸	庚	乙	乾
寅	亥	辰	亥

10대운

| 음오행 | 토 | 금 | 수 |

예제 42

이름	이	완	용
	李7	完7	用5
음양	양	양	양
삼재오행	금	화	목

사격		
원격	12획 박약격	(초년 15세 전후)
형격	14획 이산격	(중년 35세 전후)
이격	12획 박약격	(말년 55세 전후)
정격	19획 고난격	(총 명운)

1858년 6월 7일 酉時

시	일	월	년
丁	辛	己	戊 乾
酉	亥	未	午

8대운

| 음오행 | 토 | 토 | 토 |

이름 풀이

역사의 인물 중 이완용을 모르시는 분은 없을 겁니다. 그런데 정말 알 수 없는 것이 이분의 사주와 이름입니다.

사주와는 반대로 이분의 이름은 음양도 양으로 치우쳐 있고, 오행도 金火상쟁으로 흉한 배합이 이루어졌고, 이름 가운데 하나 좋은 부분이 없습니다. 이렇듯 완벽하게 흉한 이름도 드물 것입니다. 사주는 좋은데 흉한 이름은 어쩌면 겉보기에 잘 살아가는 모습 이면엔 이름처럼 흉한 모험적인 삶을 살아가고 있다는 의미를 발견할 수 있었습니다. 실제로 지금 이완용씨의 이름은 어떻게 알려져 있습니까? 아마 세월이 아무리 흘러도 만회되긴 어려울 것 같습니다.

이완용씨는 이석준의 아들로 태어났지만 생가를 떠나 이호준씨에게 양자로 들어갔고 승승장구하여 귀족 칭호가 존재하지 않은 우리나라에서 처음이자 마지막으로 백작의 귀족 칭호를 받기도 하였습니다. 또 독립투사 이재명씨로부터 칼침을 맞은 사실이 역사적으로 남아 있습니다.

| 예제 43 |

이름	임	영	신
	任 6	永 5	信 9
음양	음	양	양
삼재오행	금	목	화

사격		
원격	14획 이산격	(초년 15세 전후)
형격	11획 신성격	(중년 35세 전후)
이격	15획 통솔격	(말년 55세 전후)
정격	20획 공허격	(총 명운)

1899년 11월 20일 子時

시	일	월	년
甲	甲	丙	己 坤
子	子	子	亥

| 음오행 | 토 | 토 | 금 |

이름 풀이

위 사람은 정말 대단한 에너지를 타고난 여성입니다. 그러나 이름을 살펴보면 먼저 삼재 오행의 배합이 흉격입니다.

그리고 사격 중 원격과 정격이 흉격이 되어 사주의 지나친 세력을 흉하게 조장하게 되었습니다.

실제로 작명에서 제가 가장 우려하는 바가 바로 이런 경우의 작명입니다.

사주에 많은 水의 기운이 나쁘던 나쁘지 않던 이름에다 또 물 水를 넣어 동합의 水기운이 더욱 가중되어 나타나게 할 때 드리는 우려의 말씀입니다. 그리고 똑같은 이산격을 비롯한 흉격의 수리들이 사주 바탕에 따라 다르게 나타나므로 이름만 갖고 운운한다는 것은 부분만 갖고 이론을 펼치는 것입니다. 그런 맥락에서 음양과 삼재오행과 사격을 원만하게 맞추어 부른다면 사주의 흉한 작용을 조금이라도 완화시켜 줄 수 있는데 희망을 두고 있는 것입니다.

사주 자체가 신강 사주일 때는 오행의 凶尅작용이 세파와 싸우며 치열한 전투적인 삶을 살게 된다는 것을 알 수 있다고 말씀 드렸습니다.

이분은 전 중앙대 총장까지 지내신 뛰어나신 분인데 다른 문제점보다는 육친을 이루지 못한 부분입니다. 작명에서 이산격이 나오면 육친의 관계가 순조롭지 못하다고 해석을 하고 있는데 이분 역시 남편이 없었고 자식도 없었습니다.

다른 흉한 이름을 가진 사람들의 사주를 알 수 없어서 소개를 못하게 되는 것을 안타까워 하고 있습니다. 귀격(貴格)의 신강사주일 때와 귀살(鬼殺)이 중중한 신약사주나 그리고 괴강이나 백호가 겹쳐 지나친 사주일 때는 이름의 작은 흉극도 크게 나타나는 여지가 많아진다는 것을 알 수 있었습니다.

제 생각으로 永(길 영-5획)을 映(비칠 영-9획)으로 고쳤으면 하는 아쉬움을 갖게 되었습니다.

예제 44

이름	장	면
	張11	勉9
음양	양	양
삼재오행	목	수 수

사격		
원격	9획 궁박격	(초년 15세 전후)
형격	20획 허망격	(중년 35세 전후)
이격	20획 허망격	(말년 55세 전후)
정격	20획 허망격	(총 명운)

1899년 8월 26일 巳時

시	일	월	년	
癸	辛	癸	己	乾
巳	丑	酉	亥	

7대운

음오행	금	수

이름 풀이

성 하나, 이름 한 개의 글자 이름입니다. 이런 경우에는 성 획수보다 이름 획수가 많아야 안정감이 있는 이름이 된다고 말씀드린 적이 있습니다.

음양의 기운이 양으로 치우친 가운데 삼재 오행의 배열은 잘되었다고 할 수 있지만 획수 사격이 너무 허망하여 말이 제대로 나오지 않습니다.

만약 사주가 陰 팔통이라 이름은 양으로 되어 있어도 괜찮지 않으냐는 분이 계시다면, 이름은 사주가 어떠하든 음양의 균형을 이루어야 된다고 말씀드릴 수 있습니다.

힘쓸 면(勉)이란 글자를 이름자로 많이 쓰긴 합니다만 한 개의 이름에 쓰일 때는 너무 외로운 글자가 되는 것이 아쉽습니다. 실제로 힘만 쓰다 마는 것 같아서입니다. '힘쓸 면'을 쓸 때는 두 개의 이름 글자일 때 한 개로 선택하시는 것이 좋을 것입니다.

예제 45

이름	장	병	준
	張11	柄9	俊9
음양	양	양	양
삼재오행	목	수	금

사격		
원격	18획 발전격	(초년 15세 전후)
형격	20획 허망격	(중년 35세 전후)
이격	20획 허망격	(말년 55세 전후)
정격	29획 성공격	(총 명운)

이름 풀이

독립운동가의 이름입니다. 가족에 대한 정보는 없었습니다.

| 음오행 | 금 | 수 | 금 |

삼재오행의 상생작용은 金生水 水生木으로 최대 길 격으로 배열되어 있고 또 음운오행도 金 水 金으로 길 격 배치를 이루었습니다. 단 사격중 형격과 이격이 허망격으로 되어 있습니다. 이분은 1893년에 태어나 독립운동을 하면서 1919년(27세정도)에 체포되어 3년간 옥고를 치렀고 또 군자금 문제로 또 3년 선고를 받은 기록이 남아 있었습니다.

44세 정도의 나이에 중국 상해로 망명하신 기록이 있습니다. 정격은 평소에 마음먹은 희망담긴 바람이 될 것입니다. 80세에 돌아가셨습니다.

이름대로 성공적으로 살다 가신 분이라 할 수 있겠습니다.

예제 46

이름	장	영	자
	張11	玲10	子3
음양	양	음	양
삼재오행	목	목	화

사격		
원격	13획 지모격	(초년 15세 전후)
형격	21획 두령격	(중년 35세 전후)
이격	14획 이산격	(말년 55세 전후)
정격	24획 입신격	(총 명운)

음오행	금	토	금

이름 풀이

이분은 언제나 타고난 두뇌의 지모를 다하여 입신하고자 몹시도 거침없이 살은 분이라는 것을 알 만한 사람은 다 아시는 분입니다.

음양을 갖추어 사랑하는 사람도 있었습니다. 더불어 木 木 火의 순조로운 삼재오행 배치의 은덕으로 생명에는 지장이 없을 것입니다.

이분은 이산격의 영향으로 어디에 있든지 간에 육친과는 떨어져 두령 같은 역할을 하며 살아갈 것은 쉽게 알 수 있습니다. 이렇듯 여성을 고독하게 만드는 강력한 기운을 소유한 두령격을, 여성의 이름에는 넣지 않으려는 이유가 여기에 있는 것입니다.

예제 47

이름	장	지	환
	張11	志7	煥13
음양	양	양	양
삼재오행	목	금	수

사격		
원격	20획 허망격	(초년 15세 전후)
형격	18획 발전격	(중년 35세 전후)
이격	24획 입신격	(말년 55세 전후)
정격	31획 융창격	(총 명운)

음오행	금	금	토

이름 풀이

음양의 균형이 맞지 않은 사람의 보편적인 특징은 자신의 성정을 조절하기 어렵다고 보며, 특히 남성이 양으로 치우쳐 졌을 땐 분출되어 뻗어나가는 양의 기운이 균형을 잃어버립니다. 그리고 자신 스스로 무언가 해나갈려고 추진하는 일들이 하면 안 되는 것을 억지로 하려하는 모순 속에서 쫓기듯 급하게 서두르게 되는 것입니다.

삼재오행의 金剋木 작용이 바로 그런 면을 나타내고 있다고 봅니다. 정격의 융창격은 이사람의 마음속에 무언가 크게 한 건하여 융창한 삶을 살려고 하였다는 것을 알 수 있습니다. 이 사람은 1965년 위폐범으로 사형을 당했다고 합니다.

예제 48

이름	전	옥	수
	全₆	玉₅	秀₇
음양	음	양	양
삼재오행	금	목	목

사격		
원격	12획 박약격	(초년 15세 전후)
형격	11획 신성격	(중년 35세 전후)
이격	13획 지모격	(말년 55세 전후)
정격	18획 통솔격	(총 명운)

이름 풀이

삼재오행의 배합을 참조하여 보면 金木이 상전(相戰)할 때는 수명이 짧아질 우려가 있다고 하였습니다. 실제로 이분은 여관도 활발하게 경영하고 열심히 살았지만 동거남으로부터 피살되었다고 합니다.

음오행	금	토	금

예제 49

이름	정	주	영
	鄭₁₉	周₈	永₅
음양	양	음	양
삼재오행	수	금	화

사격		
원격	13획 지모격	(초년 15세 전후)
형격	27획 중단격	(중년 35세 전후)
이격	24획 입신격	(말년 55세 전후)
정격	32획 요행격	(총 명운)

이름 풀이

전 현대그룹 회장님이십니다. 삼재 오행으로 최악의 火金相爭과 水火相爭을 이루고 있습니다. 그래도 사격의 획수 길흉을 보면 이 병철 회장님과는 달리 바탕을 좀 갖추고 계시다고 볼 수 있습니다. 사주에서도 이병철 회장님처럼 40년 대운이 들어옵니다.

1915년 10월 19일 丑時

시	일	월	년	
丁	庚	丁	乙	乾
丑	申	亥	卯	

7대운

음오행	금	금	토

자동차와 철강은 금과 화의 치열한 작용이며, 선박은 금과 수 그리고 화의 치열한 작용으로 봅니다. 사주의 바탕이 좋아 운이 잘 갈 때는 극복의 대상을 취하기 위하여 분투 노력하는 양상이 되는 것입니다. 그러나 우리가 마주하는 의뢰인은 이러한 정주영 회장님이나 이병철 회장님 같은 분들은 드뭅니다. 그렇다고 그렇게 되지 말란 법은 없으므로 사주를 보면서 풀어 나가야 함을 거듭 말씀 드립니다.

예제 50

이름	조	규	민
	趙14	圭6	敏11
음양	음	음	양
삼재오행	토	수	금

사격		
원격	17획 건창격	(초년 15세 전후)
형격	20획 허망격	(중년 35세 전후)
이격	25획 안전격	(말년 55세 전후)
정격	31획 융창격	(총 명운)

이름 풀이

조규민은 삼재오행의 수토상전(水土相戰)과 음 오행의 금목상전(金木相戰)의 말을 안 할 수 없고 형격의 허망격을 만나 흉을 피할 수 없었습니다.

중학교 시절 흉악범에게 피살당했다고 합니다. 항상 삼재오행이 먼저이고 다음 획수와 음 오행의 순서대로 맞추어 나간다면 어려움이 없이 작명을 할 수 있을 것입니다.

| 음오행 | 금 | 목 | 수 |

예제 51

이름	조	순	희
	趙14	順12	姬9
음양	음	음	양
삼재오행	토	토	목

사격		
원격	21획 두령격	(초년 15세 전후)
형격	26획 영웅격	(중년 35세 전후)
이격	23획 공명격	(말년 55세 전후)
정격	35획 평범격	(총 명운)

이름 풀이

평범한 이름자로서 생각 또한 평범한 여성으로 살아가고 싶지만 여건이 그렇게 조성되지 않을 것으로 보입니다.

여성에게는 특별히 피해가는 두령격과 영웅격을 갖추고 있으니 혼자 되기 십상이며 누구도 따를 자가 없는 것입니다. 한때는 잘나가는 여성으로 돋보이기도 하지만, 속내는 언제나 혼자되는 외로움을 면하기는 어려울 것입니다.

| 음오행 | 금 | 금 | 토 |

| 예제 52

이름	조	중	훈
	趙14	重9	勳16
음양	음	양	음
삼재오행	토	화	토

사격		
원격	25획 안전격	(초년 15세 전후)
형격	23획 공명격	(중년 35세 전후)
이격	30획 부몽격	(말년 55세 전후)
정격	39획 안락격	(총 명운)

이름 풀이

우리나라 재벌로 한진그룹 총수의 이름입니다. 조화를 이룬 음양의 균형과 삼재오행의 길격 배열 그리고 음 오행까지 잘 맞추어진 이름입니다.

설령 사격 중 이격의 부몽격을 염려하시는 분이 계시리라 생각하고 도움 말씀을 드려보면

1920년 2월 11일 未時

시	일	월	년	
丁	丁	己	庚	乾
未	亥	卯	申	

| 음오행 | 금 | 금 | 토 |

음양과 오행의 상생 길격 배치로 인하여 그렇게 우려하지 않아도 될 것입니다. 음운오행도 金 金 土의 배열로 아주 이상적인 이름입니다.

삼재오행이 사주의 오행 중 土와 火가 보완되어 더욱 길이 되었다고 말씀드릴 수도 있겠습니다.

| 예제 53

이름	채	명	신
	蔡17	明8	新13
음양	양	음	양
삼재오행	금	토	목

사격	
원격	21획 두령격 (초년 15세 전후)
형격	25획 안전격 (중년 35세 전후)
이격	30획 부몽격 (말년 55세 전후)
정격	38획 복록격 (총 명운)

이름 풀이

30획 부몽격을 참고 하면 부몽격은 죽기직전에 살아나는 위기를 말하고 있습니다.

채명신 장군은 원래 주월 사령관으로서 월남전에 참관하신 분입니다.

죽음의 사선을 넘나들며 극적으로 살아오신 분입니다.

사주 이야기는 하지 않겠습니다만 시상편관격(時上偏官格) 사주에 걸 맞는 이름이라고 보고, 특히 辛金에 밝을 明은 태양과 같은 의미로 생각해도 좋을 것 같습니다.

1920년 2월 11일 未時

시	일	월	년
丁	辛	甲	甲 乾
酉	卯	戌	寅

| 음오행 | 금 | 수 | 금 |

예제 54

이름	최	시	형
	崔11	時10	亨7
음양	양	음	양
삼재오행	목	목	금

사격		
원격	17획 건창격	(초년 15세 전후)
형격	21획 두령격	(중년 35세 전후)
이격	18획 발전격	(말년 55세 전후)
정격	28획 파란격	(총 명운)

이름 풀이

근대 말 천도교 2대 교주입니다.
삼재오행의 금목상쟁(金木相爭)의 배열과 형격의 두령격 그리고 정격의 파란격은 최시형 교주가 파란만장한 인생을 살다간 바로 그 삶을 보여주고 있다는 생각이 들었습니다.

1826년 3월 21일 午時

시	일	월	년	
丙	壬	壬	丙	乾
午	寅	辰	戌	

| 음오행 | 금 | 금 | 토 |

예제 55

이름	최	영	오
	崔11	永5	吾7
음양	양	양	양
삼재오행	목	토	목

사격		
원격	12획 박약격	(초년 15세 전후)
형격	16획 덕망격	(중년 35세 전후)
이격	18획 발전격	(말년 55세 전후)
정격	23획 공명격	(총 명운)

이름 풀이

木 土 木의 삼재오행 풀이 설명란을 참조바랍니다. 심리가 항상 샌드위치 되어 졸여져 있는 형국입니다. 음양의 균형도 陽 한쪽으로 치우쳐 이루지 못했고, 더구나 이름자에는 잘 쓰이지 않는 나 오(吾)를 썼습니다. 이럴 때는 획수의 격을 갖추어도 숨작용을 이루지 못합니다. 최영오는 군대에 있을 때 상사가 자기 애인의 편지를 먼저 뜯어보았다고 총으로 쏴 죽였고 그 죄로 사형을 당하였다고 합니다.

| 음오행 | 금 | 토 | 토 |

예제 56

이름	최	혜	숙
	崔11	惠12	淑12
음양	양	음	음
삼재오행	목	화	화

사격		
원격	24획 입신격	(초년 15세 전후)
형격	23획 공명격	(중년 35세 전후)
이격	23획 공명격	(말년 55세 전후)
정격	35획 평범격	(총 명운)

이름 풀이

이 여성은 모 대학의 교육학부장을 지낸 분으로서 대길격의 조합으로 이루어진 이름입니다. 음양의 균형과 木火통명으로 이루어진 오행의 배치와 그리고 지성을 갖춘 여성으로서 부족함이 없는 사격 형성은 누구나 부르고 들어도 부담 없는 흐뭇한 이름자가 되었습니다. 특히 여성 이름의 평범격은 의미 이상 높이 평가하고 있는 길격의 획수 리입니다.

이렇게만 이름을 지을 수 있어도 무슨 걱정이겠습니까.

| 음오행 | 금 | 토 | 금 |

예제 57

이름	태	광	오
	太4	光6	五5
음양	음	음	양
삼재오행	토	수	목

사격		
원격	11획 신성격	(초년 15세 전후)
형격	10획 공허격	(중년 35세 전후)
이격	9획 궁박격	(말년 55세 전후)
정격	15획 통솔격	(총 명운)

이름 풀이

길흉이 반반이라 할 수 있는 만큼 무언가 스스로 열심히 살고 또 남 좋은 일도 많이 했지만 인정받기보다 해를 당하는 경우도 많은 배합입니다.
일시적으로 부모의 덕으로 남부럽지 않은 생활을 하였다 하여도 실패로 돌아가니 안타까운 이름입니다.

| 음오행 | 화 | 목 | 토 |

예제 58

이름	한	중	수
	韓17	重9	洙10
음양	양	양	음
삼재오행	금	토	수

사격		
원격	19획 고난격	(초년 15세 전후)
형격	26획 영웅격	(중년 35세 전후)
이격	27획 중단격	(말년 55세 전후)
정격	36획 영걸격	(총 명운)

1936년 12월 23일 丑時

시	일	월	년	
辛	壬	辛	丙	乾
丑	戌	丑	子	

음오행	토	금	금

이름 풀이

선생님의 함자를 예문을 들게 되어 죄송하다는 말씀부터 드립니다.

우리 한중수 선생님께서는 작명가로 명성이 높으신 분인데 자신의 이름이 매우 흉하다는 것을 모르실리 없으십니다.

이름의 위력을 몰라서가 아니라 어디 한번 나쁜 이름 가지고 어떻게 나쁘고 어디까지 나쁜지 한번 몸소 체험해 보시겠다고 하셨습니다.

선생님의 체형은 木형으로서 眞木 체형에 속하십니다.

그래서인지 잘 견뎌 나가고 계시며 십 년 전부터 다리를 떨으시며 걸음이 좀 불편하셨고, 지금도 혈관 막힘으로 인하여 움직임이 불편하시지만 막강한 정신력으로 잘 이겨나가고 계십니다.

이름과 사주를 풀면 사주와 이름이 같이 간다는 사실을 살인상생격의 사주로 태어나신 선생님을 생각해보면 다시 한번 입증이 되었습니다. 건강하게 오래오래 살아 계시길 두 손 모아 기원합니다.

살아 계신 분이라 예문으로 선택하지 않았지만 辛格浩님의 이름과 비슷하는 생각이 들었습니다.

예제 59

이름	함	석	헌
	咸9	錫16	憲16
음양	양	음	음
삼재오행	수	토	화

사격	
원격	32획 요행격 (초년 15세 전후)
형격	25획 안전격 (중년 35세 전후)
이격	25획 안전격 (말년 55세 전후)
정격	41획 대지격 (총 명운)

1901년 3월 13일 寅時

시	일	월	년
丙	己	壬	辛 乾
寅	卯	辰	丑

음오행	토 금 토

이름 풀이

이 이름은 삼재오행은 고려하지 않고 획수 중심으로 지어진 이름이라는 것을 알 수 있습니다. 우리는 이름을 풀어보면 사주와 함께 간다는 말을 늘 하고 있습니다.

이 말은 사주가 나쁘면 이름도 나쁘고 사주가 좋으면 이름도 좋다는 의미일 것입니다.

이름 중 삼재오행이 수토상전(水土相戰), 수화상전(水火相戰)을 이룰 때는 어려운 세상의 파도를 타며 치열하게 자신의 주장을 하며 살았다고 볼 수 있습니다. 또한 그런 와중에 인정받을 수도 있었을 것이며, 사회로 향한 그런 적극적인 참여로 인하여 존경도 받을 수 있었다고 생각합니다.

※ 이름이 나쁘니까 모든 것이 나쁘다는 결론을 내 버리면 다른 문제에 부딪쳤을 때 해결의 실마리를 찾을 수 없습니다. 그래서 『작명연의』에서는 이름이 중요하지만 사주를 배제한 독립적인 존재로 판단의 잣대를 삼는다는 것은 바탕 없이 기둥만 세울 수 없는 것처럼 있을 수 없는 일이라고 말씀드립니다.

앞에 사주를 모르는 예문들 중 흉하게 살다간 삶은 이름만이 나빠서가 아니라, 바탕이 되는 사주도 나쁜 흉운으로 향해가고 있었을 것입니다.

| 예제 60

이름	허	정
	許11	正5
음양	양	양
삼재오행	목	토 토

사격		
원격	5획 형성격	(초년 15세 전후)
형격	16획 덕망격	(중년 35세 전후)
이격	16획 덕망격	(말년 55세 전후)
정격	16격 덕망격	(총 명운)

이름 풀이

설령 획수는 맞추었다 하나 덕망격이 주재하는 이 이름은 힘이 느껴지지 않습니다.

덕망격이란 원래 힘이 있는 성공격이나 공명격 등과 함께 있을 때 빛나게 되는 것이며, 거듭 중복될 때는 남자라면 여색을 밝히는 경향이 나타납니다.

木 土로 이루어진 삼재오행은 괜찮다고 하지만 음양의 배합을 이루지 못했고, 성의 획수보다 이름 획수가 작아서 안정적이지 못합니다.

실제로 이분은 어릴 때 부모를 이별하고 떠돌이 생활을 많이 하였으며, 복잡한 여성 관계에 인덕도 없는 삶을 살았다고 합니다.

※ 두 개의 글자로 된 이름보다 한 개의 글자로 된 이름은 명리의 지장간을 적게 쓰는 것처럼 그만큼 약소하고 빈약한 면을 갖고 있습니다.

【부록 1】

이름의 오행

 **[부록 1]**

이름의 오행

여기에 적힌 **풀이**와 **주석**은 중국과 우리나라에 전해오는 구절들을 참고로 하여 필자가 내용을 편집한 것이다. 원문을 찾고 싶었지만 중국의 고전에도 나와 있는 것이 없었다. **참고**에 적힌 한문은 아마도 현대의 중국 성명학자가 나름대로 해설한 내용인 것 같다.

정리하면 맨 위 **풀이** 부분은 한중수 선생님의 의견을 바탕으로 필자가 정리한 것이고, **주석** 부분은 필자가 오행의 상극을 가지고 길흉을 판단한 근거를 제시한 것이다. 이것은 처음 원리를 밝히는 것으로, 공부하는 분들께 참고가 되리라 생각된다. **참고**는 자료를 찾다가 인터넷에서 얻은 것인데, 저자를 알 수 없어 번역은 생략하고 독자분들이 판단하도록 싣기만 했다. 필자와 견해가 다른 부분도 있긴 하지만 점수(-30점에서 90점까지 있다)도 참고하면 풍부한 이름짓기가 가능할 것이다.

삼재오행풀이에도 나름의 원칙이 있다.

중심이 되는 삼재는 인재가 된다. 인재를 자신으로 보기 때문이다. 목화토금수 오행의 기본성정을 바탕으로 하여 삼재를 풀어간다면 설명이 쉽게 이해될 것이다. 성명에 있어서 삼재의 의미는 다음과 같다.

천(天)재	하늘, 조상, 음덕, 보이지 않는 기운, 시작, 초년
인(人)재	사람, 자신, 노력, 의지, 과정, 중년
지(地)재	땅, 후원의 힘, 자손, 보이는 물상, 배우자, 결과, 말년

삼재는 천재를 초년, 인재를 중년, 지재를 말년으로 보기 때문에, 원형이정 사격의 시기와 결부시키지 않는다.

다음은 총 125가지 중 길한 경우 총 49가지이다. 보통까지 합치면 59가지의 삼재배열은 이름에 쓸 수 있다.

길한 경우 (○)	① 천재가 인재를 생하고 인재가 지재를 순차적으로 생하는 경우	예) 목화토 토금수 수목화 화토금 금수목
	② 천재·지재가 인재를 생하는 경우	예) 목화목 화토화 토금토 금수금 수목수
	③ 천재가 인재·지재를 생하는 경우	예) 목화화 화토토 토금금 금수수 수목목
	④ 천재·인재가 지재를 생하는 경우	예) 목목화 화화토 토토금 금금수 수수목
	⑤ 인재·지재가 천재를 생하는 경우	예) 목수수 화목목 토화화 금토토 수금금
	⑥ 인재가 천재·지재를 생하는 경우	예) 화목화 토화토 금토금 수금수 목수목
	⑦ 지재가 인재를 생하고 인재가 천재를 역방향으로 생하는 경우	예) 목수금 화목수 토화목 금토화 수금토
	⑧ 지재가 천재·인재를 생하는 경우	예) 목목수 화화목 토토화 금금토 수수금
	⑨ 다음은 목토의 관계로 길한 경우이다. 인재가 木 지재가 土일 경우는 땅 위에 나무가 서 있는 형상으로 좋게 보고, 인재가 土 지재가 木일 경우는 땅 속에 묻힌 나무로 형체를 이루지 못하므로 나쁘게 본다.	예) 목목목 목목토 목토화 화목토 토목목 토목화 토토토 금토목 수목토
보통 (△)	생과 극이 함께 있는 경우로 총 10가지이다.	예) 목토토 목토금 화토목 화토수 토토목 토수금 금화토 금토수 금수토 수토금

천재는 초년과 부모 조상 보이지 않은 기운이라 했으니, 천재가 인재를 생해 주어야 인생의 전반기를 잘 보낼 것이다. 또한 인재가 지재를 생하면 인생 후반기가 좋게 되며, 반대로 지재가 인재를 생한다면 자식이 본인을 생하는 것이나 역행하는 것으로 그보다 덜 좋게 여겼다. 생과 극이 동시에 있는 경우라도 보통과 흉으로 나눈 것은 이것에 근거한 것이다. 길한 경우의 순서와 반대로 지재가 인재를, 인재가 천재를 하극상으로 극하는 것을 가장 나쁘게 본다.

(1) 木에 해당하는 성씨 (태극수 1을 더한 끝수가 1, 2가 되는 획수)

- 10획 성씨 : 高고 桂계 唐당 馬마 徐서 孫손 芮예 袁원 殷은 曹조 秦진 夏하 洪홍
- 11획 성씨 : 康강 國국 班반 梁양 魚어 張장 崔최 許허
- 20획 성씨 : 羅라 鮮于선우 嚴엄
- 31획 성씨 : 諸葛제갈

1
木 木 木
목 목 목
○

풀이 순리에 맞게 말하고 행동하며, 생각이 건전하고 인내심이 많다. 겉으로는 부드럽고 안으로는 강하다. 공직에서 일하는 것이 잘 맞는데, 총명한 일처리로 칭찬 받는다. 이 배합은 나무가 우거진 산림의 형상이다. 나무가 크면 바람도 거세듯이 어진 사람을 질투하여 풍파가 생길 수 있으므로 남을 배려하는 마음을 가져야 한다.

주석 ※ 삼재가 같은 오행으로 형성되어 한결같은 마음을 가지고 있다. 木은 仁을 주관하므로 다른 오행과는 달리 부드러움으로 해석하여야 한다.

참고 成功順利伸展, 希望圓滿達成, 基礎安定, 得能向上發展, 家門昌隆, 身心健全, 保得長壽幸福, 若巧遇(連珠局)者更加三倍以上之福力, 但此爲參天巨木大森林之象, 須知樹大招風, 須提防他人之妒賢而多招風波之中傷. 【大吉昌/ +90점】

2
木 木 火
목 목 화
○

풀이 성정이 거짓 없고 들뜨지 않으며 진실하다. 총명하지만 좀 예민하고 날카로워 사람을 받아들이는 마음은 넓지 못하다. 사랑하고 미워하는 감정이 편중된다. 하는 일마다 뜻대로 되니 목적을 쉽게 달성한다. 몸과 마음이 건강하고 태평하며, 부귀를 누리며 장수할 것이다.

주석 ※ 삼재의 오행이 위에서 아래를 생하는 것은 자연의 순리에 맞으므로 천재와 인재가 합심하여 지재를 생해주는 배열이다.

참고 成功順利伸展, 無障礙而向上發達, 基礎境遇亦安泰, 事事順利, 興盛隆

昌, 終生得幸福繁榮, 身心健泰, 保得長壽幸福.【大吉昌/ +90점】

3
木 木 土
목 목 토
○

풀이 성격이 진실하며 인내심이 강하다. 또한 사람들에게 친절하다. 겉은 부드럽지만 안은 강한 외유내강형이다. 기반이 튼튼하여 평안하고, 신용을 잘 지켜 성공할 것이다. 기백 있는 모습으로 명예와 재물을 모으며, 행복하게 오래 산다. 단, 과욕을 부리고 원칙을 깨뜨리면 흉을 부르게 되며, 죗값을 받게 된다.

주석 ※ 인재에 해당하는 木이 地재에 해당하는 땅에 우뚝 서 있다. 여기서는 木剋土로 보기보다는 나무가 땅을 뚫고 성장하는 모습을 상상하면 된다. 그러므로 길격으로 본다.

참고 人格之木立於地格土之上, 順應天地自然之妙配, 莫作木剋土論, 此局兆, 乃必安泰自在, 境遇堅固穩當, 如立盤石之安泰一般, 能成功發達, 容易達成目的, 名利雙收, 順利發展, 幸福長壽, 但切戒貪污, 否則招凶以受瀆職犯法之罪懲.【大吉昌/ +90점】

4
木 木 金
목 목 금
×

풀이 한 곳만 바라보는 탓에 견문이 좁고 고집이 세다. 재물을 가볍게 여긴다. 사람을 대할 때 의리를 중시하지만 사교성은 부족하다. 운이 좋아도 방해 세력이 있어 이리저리 옮겨 다니니 평안하기 어렵다. 손아래 사람으로 인해 재물의 손실을 입을 수 있다. 심적 고통이 크며 뇌와 흉부의 질병을 조심하여야 한다.

주석 ※ 지재가 천재와 인재를 극하는 金剋木이니 하극상의 작용으로 흉하다고 본다. 金은 살상의 무기가 될 수 있다. 따라서 예리한 물건에 피해를 보거나 수술할 우려가 있다.

참고 雖因苦心奮鬥而有成功運, 但基礎運劣, 故伸張無力, 又境遇多變, 常受迫害, 難得平安, 屢受下屬威脅, 爲部下而致損失, 勞煩, 失敗等, 心情苦悶. (但若人格與他人格之陰陽異性 : 則其凶 減輕些.)【凶多吉少/ −15점】

5

풀이 감수성과 이해력이 풍부하다. 온화하고 건전하며 착실한 성격이라 가정이 평안하다. 삼재의 수리 중 지재의 수리가 흉하면 일시적으로 성

| 木 木 水 |
| 목 목 수 |
| ○ |

주석 　공하더라도 실패하기 쉽다. 마음대로 행동하다가는 번민에 빠지고 삶의 의욕을 잃게 되니 조심해야 한다.

※ 성공할 수 있는 좋은 운이다. 단 천재가 지재를 순조롭게 생하는 것보다 격이 떨어지는데, 이것은 지재가 인, 천재를 생하므로 본인이 집안을 일으키는 형세라 매우 힘에 부치기 때문이다.

참고 　成功運很不錯, 足可順調發展, 配置大吉. 但只怕人格數或地格數爲凶數, 則：最末終歸漸漸的失意, 流亡, 失敗, 煩悶, 刑傷, 病弱, 被藥所殺, 或招致流浪或放浪, 揮霍之兆. (但若人格與地格之陰陽異性：則其凶減輕些.)【吉多於凶. 40점】

6
木 火 木
목 화 목
○

풀이　감성이 예민하여 기쁨과 노여움이 수시로 교차한다. 또한 감정이 한쪽으로 치우쳐 있다. 행동이 민첩하다. 위아래 사람에게 모두 도움을 받아 순조롭게 발전한다. 자손이 번창하고 장수하는 운세다. 수리가 흉할 때는 화재나 화상이 생길 수 있으니 조심하라.

주석　※ 천재와 지재가 인재를 생하고 있다. 부족한 기운을 주위에서 보충해주니 길격의 배합으로 본다.

참고　得上下之惠助, 順調成功發展, 基礎穩固(但若有凶數則須提防火災或燙傷之類), 境遇安泰, 地位, 財産俱皆安全. 子孫繁榮, 心身健和, 無憂自在, 幸福長壽.【大吉昌. 90점】但限若人格23數 地格21數者：則甚好淫, 卻甚好淫, 卻無節制.

7
木 火 火
목 화 화
○

풀이　성질은 급하지만 감수성이 풍부하며, 감정의 기복이 심하다. 처음은 고생할 수 있다. 순조롭게 성공하더라도 오래 지속할 수 있는 힘이 부족하다. 주색을 삼가하고 끊지 않으면 실패를 불러오게 된다. 화재나 뜨거운 물에 데지 않도록 주의하라.

주석　※ 천재가 인·지재를 생하는 木生火의 순리적인 배합으로 조상의 음덕을 입고 있다. 화의 기운이 왕성해지니 피해를 입을 수도 있다.

참고　起初難免有孤革奮鬥之感, 但鬥志激昂, 終排除困難, 達到順調, 成功發達, 尤能得上位之惠肋而更伸張發展. 但似乎之其持久, 耐久力, 以致雖是

成敗交加頻見, 總之大體還算安然, 但須防火災或燙傷之災.【中吉. 80점】
人地格皆23數 : 甚好淫.

8
木 火 土
목 화 토
○

풀이 성품이 온화하고 선량하다. 사교성이 좋고 원만하며 열정적이다. 감수성과 눈치가 빨라 윗사람에게 사랑을 받아 순조로이 발전하고 성공한다. 몸과 마음이 안정되어 부귀를 누리며 건강하게 오래 살 것이다.

주석 ※ 위에서부터 아래를 생하는 순리적인 이치로 木生火 火生土의 배합을 이루었다. 단 천재와 지재의 木剋土는 극하는 가운데 공존하는 아름다운 관계로 본다.

참고 基礎堅實, 心身安泰, 奴上位之引進而順調成功發展, 能享得幸福, 長壽, 圓滿.【大吉昌. 90점】

9
木 火 金
목 화 금
×

풀이 감정 기복이 심해 사랑과 증오가 극에 달한다. 허영심이 많고 풍류에 약해 노는 것을 좋아한다. 첫인상은 조용하고 편안하게 보이지만 내면은 그렇지 못하다. 아랫사람이나 자식이 괴롭히니 노력해도 공이 없다. 호흡기 질환을 조심하여야 한다.

주석 ※ 木生火 즉 인재가 천재의 도움을 받아 막강한 힘으로 지재를 극하고, 극을 받은 지재는 천재를 극하는(金剋木) 순리를 거스르는 배열이다. 매우 어렵게 꼬이는 상황을 맞는 흉한 배열이다.

참고 雖因勤奮而達順調成功, 外見安穩, 內實不然, 基礎不安定致家庭違和, 且受部下之迫害, 徒勞無功, 終於逐漸崩潰, 而致失敗.【凶多於吉. -15점】

10
木 火 水
목 화 수
×

풀이 성정이 강하고 이기는 것을 좋아한다. 일시적인 성공을 이루더라도 의외의 재난에 재산을 잃는다. 신경과민을 조심하고 마음을 다스리는 공부를 하라.

주석 ※ 木生火로 천재의 도움을 받는 왕성한 인재는, 지재로부터의 극을 무서워하지 않다. 그러므로 치열하게 水와 火가 싸우는 형국을 이루고 있어 지재인 水가 천재인 木을 생한다 하나 역부족일 뿐이다.

| 참고 | 水火相剋, 其危早驗. 基礎極端之不安定, (尤其人格數與地格數之相差數：若正是(六數)之名, 其凶加倍！)恐遇意外災禍, 有凶變, 急死, 意外不測, 甚至喪失生命, 財産, 危機四伏之短壽兆.【大凶/ －30점】

11
木土木
목토목
×

풀이 | 신기한 것을 좋아해 특이한 것을 보면 마음이 동하니 한가지로 성공하기 어렵다. 직장도 자주 바꾸고 삶의 터전도 자주 옮기니 외로운 운명이다. 정신착란, 신경쇠약, 폐질환, 위장병 등을 조심하여야 한다.

주석 | ※ 인재가 천재와 지재의 사이에서 극을 받아 꼼짝을 못하는 형국으로, 부모와 자식이 함께 고통을 주고 있다. 일을 시작할 수 없으니 결과도 기대하기 어렵다.

참고 | 境遇不良, 住居多移, 環境不安定, 職業受挫, 成爲孤獨. 基礎運：崩破. 成功運：毀壞. 運命被抑壓, 不可能成功, 永無法伸展. 不但易犯嚴重腸胃病, 且短壽易死之兆.【大凶/ －30점】

12
木土火
목토화
○

풀이 | 보수적이고 담은 작으나 사람을 대할 때는 정성과 진실을 다한다. 깊고 너그러운 덕이 있다. 기본 운이 좋으므로 성공한다. 성공 후 권력에 의한 강압을 받으나 잘 지킬 수 있다. 재해를 피하여 평안을 얻을 것이다.

주석 | ※ 천재에 해당하는 木은 火生土로 지재의 도움을 받은 풍요로운 땅 위에 木이 땅을 뚫고 성장하는 배열이다.

참고 | 基礎運吉而能達有限之成就, 但因成功運受到壓制, 故成功之後便難再伸展了, 宜養(仁德雅量), 可逃災害而得平安.【中吉/ ＋80점】

13
木土土
목토토
△

풀이 | 성품이 온화하고 착실한 편이다. 불평불만을 가지면 가정불화를 불러온다. 어진 덕을 기르고 도리를 알면 행운의 기회를 잡게 되어 성공한다. 대체적으로 건강하여 행복할 것이고, 상당한 성취를 이룰 것이다. 성공운이 권력에 의하여 속박을 받아 단절될까 두렵다. 가벼운 호흡기 질환, 장부 질환이 생긴다.

| 주석 | ※ 木尅土는 아름답다 하지만 인재와 지재가 같은 土로 가중되어 천재인 木 기운이 힘에 부치는 배열이다. |

| 참고 | 雖易產生不平, 不滿之念, 招致家庭不和, 但幸因知機, 而養成(仁德雅量) 而能亨通安祥, 總之大體平順幸福, 而必有相當之成就, 只因成功運受到 壓制, 故成功之後, 恐難再伸展.【吉/ +65점】 |

14 木土金 / 목토금 △

| 풀이 | 성정이 세심하고 소극적이어서 활달하지 않고 시키는 일도 잘 따르지 않는다. 남이 불편해도 자신만 편하면 된다고 생각한다. 성공하려면 쉼 없이 노력해야 하는데 압박을 견디지 못하니 성공하기 어렵다. 주색을 주의해야 하고, 위장병을 조심하라. 큰 욕심을 버리면 어려움을 면할 수 있다. 재난의 화는 일어나지 않는다. |

| 주석 | ※ 인재에 속하는 土의 기운이 천재로부터 두들겨 맞고(木尅土), 또 지재를 생해 주어야 하니 허약해지기 십상이다. 천재와 인재의 木尅土는 하늘이 인간을 지배하는 상으로 자연의 이치이고, 인재와 지재의 土生金은 부모가 자손을 위해 헌신하는 모양이요, 지재가 천재를 극하는 하극상의 金尅木은 조상이 필요 없다고 부정하는 상이다. |

| 참고 | 基礎運佳而成功運劣, 雖無大發展, 但亦安定, 溫飽無慮, 但成功運被壓迫 以致不能再伸張發達, 故好發牢騷, 幸而德量好, 小過難免, 但不致成禍 厄.【吉多於凶/ +40점】 |

15 木土水 / 목토수 ×

| 풀이 | 보수적이고 담이 작지만 사람에겐 성실함을 다한다. 교제가 활발하지 못하고 이르는 곳마다 만족하지 못하니 성공하기 어렵다. 극을 많이 당해 수명이 짧을 조짐이 있으니, 몸과 마음이 쉽게 피로해져 뇌일혈이나 심장마비, 뜻하지 않은 재난을 조심해야 한다. |

| 주석 | ※ 木尅土는 나무가 토양의 기반으로 성장하는 관계이나, 이렇게 土尅水로 이어지면 양상은 달라진다. 인재에 해당하는 土는 가운데 끼어 극을 받고 수를 생해주므로 기운이 빠져 흉하다. 나무라기만 하는 조상과 불량한 자식 사이에서 괴로운 부모의 입장이다. |

| 참고 | 基礎運崩敗, 成功運亦毀壞, 命運勢劣, 被壓不伸, 容易遭遇轉劣或凶厄, 急難, 變死, 危機四伏, 短壽之兆, 生命難保, 幸若人格數是15數 或35數者: 雖最優良, 僅可保免致短壽, 但身心會易過勞.【大凶/ －30점】

16
목 금 목
木 金 木
×

| 풀이 | 말이 적고 침묵하는 스타일이며, 표정으로 생각을 알기 어렵다. 사람들과의 교제가 넓지 못하여 발전하기 어렵다. 허영기가 있어 부자처럼 보이지만 사실은 가난하고 가정도 불행하다. 생각이나 판단을 잘못하여 재난이 닥치며 뇌신경의 손상이 생길 우려가 있다.

| 주석 | ※ 인재에 속하는 金이 천재와 지재를 동시에 金尅木으로 제압하려 하는 것은, 남을 믿지 않고 모든 것을 독단적으로 처리해서 될 일도 엉망이 되는 것이다.

| 참고 | 外表似安定, 內實不然, 困難重重以疊捲而來, 永不休止, 境遇困苦, 身心過勞, 甚難以成功, 卽使勉强成功也很快再敗, 易惹禍端而變爲短壽, 或損腦筋, 變成思想偏歧不正, 或多遭危身災險, 家庭亦多不幸諸災.【大凶/ －30점】

17
목 금 화
木 金 火
×

| 풀이 | 세상물정에 어두워 스스로 삶을 포기할 수도 있다. 운세가 별로이며 마음과 몸도 안정되어 있지 못하다. 신경쇠약이나 호흡기 질환, 우울증, 자살이 염려된다. 단명할 수 있으니, 항상 마음을 편안히 가져라.

| 주석 | ※ 지재를 인재를, 인재는 천재를 극하여, 하극상이 극도에 이르렀다. 도와줄 사람은 없는데 서로 상처를 내어 살아가기 어렵다.

| 참고 | 絕對不安定, 多遇小人之暗害, 身心過勞, 基礎運崩敗, 成功運毀壞, 不能成功, 卽使勉强成功亦旋卽再敗, 或損腦筋, 變成思想偏倚不正, 或多遭危身災險, 甚至發狂, 自殺, 變死諸禍端, 此乃短壽之兆.【大凶/ －30점】

18
목 금 토
木 金 土
×

| 풀이 | 말수가 적고 침묵으로 일관하지만, 마음속은 불만이 가득하다. 비록 성공운은 없어도 꾸준히 노력한다면 어느 정도 발전한다. 몸과 마음의 지나친 피로로 병이 생길 수 있다.

주석 ※ 土生金으로 지재의 도움을 받아 힘이 느껴지는 金은 인재에 속한다. 조상을 상징하는 천재를 원망하며 열악한 음덕을 만회하려 기를 쓰고 노력한다. 천재를 제압하는 것은 순리적이지 못하므로 지나친 에너지 소모로 자신이 상할 수 있다.

참고 因肯努力而獲得相當程度之成功, 境遇安定, 但成功運劣, 所以難再發展, 精神亦多磨勞苦.【凶多於吉/ －15점】

19 木金金 / 목금금 ×

풀이 재주가 많고 지혜가 높지만, 자기 고집만 내세우니 사람들과 친하지 못해 외롭다. 때문에 성공의 기회를 만나기 어렵다. 말수가 적다. 가정에 파란이 많다. 뇌가 상할까 염려된다.

주석 ※ 인재·지재가 金으로서 金尅木하며 천재를 제압하려 든다는 것은 조상을 부정하는 형국이 되어 순리에 어긋나므로 일을 시작조차 하기 어렵다. 약한 나무를 도끼로 자잘하게 베니 쓸모가 없어진다.

참고 過於堅剛而被人排斥, 陷於不和, 孤獨, 身心過勞, 容易遭難, 失敗, 傷害腦以致思想偏倚不正, 家庭破亂, 除非意志堅剛不拔而終可成功, 否則其成功運至劣, 難於展志成業, 易惹禍端而變爲短壽.【大凶/ －30점】

20 木金水 / 목금수 ×

풀이 말수가 적고 감정이 잘 드러내지 않는다. 마음이 항상 불안하고 곤란과 재액이 거듭되는 탓에 성공하기 어렵다. 아무리 노력해도 공은 없고 급변하는 정세에 대응하지 못해 슬픈 운명을 맞게 된다. 비록 좋은 획수로 성공하고 안정을 이루어도 오래가지 못한다.

주석 ※ 인재의 金은 金尅木을 하면서 조상과 다투고, 동시에 金生水를 하여 자손을 길러야 하는 이중고에서 벗어나지 못한다. 지재가 천재를 생하는 水生木을 길하게 볼 수도 있지만, 덕은 위에서 아래로 흐르는 것이 순리이다. 아무리 자손이 金生水 받아 가문을 위하여 水生木을 해도 자신인 金이 조상과 자손 사이에서 힘이 빠진다.

참고 雖努力勤奮, 但徒勞少得, 常有煩惱不安, 終因身心過勞而一再失敗, 陷於急變, 沒落, 遭難, 變死之悲運, 雖慶喜人格與地格俱吉數, 而有一時之安定成功, 但爲時不久.【大凶/ －30점】

| 21
木 水 木
목 수 목
○ | 풀이 | 성격이 온후하고 자상하며 윗사람을 존경하고 아랫사람에겐 사랑을 베푼다. 나날이 좋은 일들을 불러들이니 재난은 사라지고 이익이 생긴다. 수리가 흉하면 갑자기 실패하거나 병이 든다. 수리가 흉하지 않다면 실패를 딛고 다시 재기할 수 있다. |

주석 : ※ 이런 배열은 인재의 오행 水 자체가 능력을 부여받아 태어난 경우가 많다. 그러므로 조상과 자손을 위하여 자신의 능력을 충분히 발휘할 수 있다.

참고 : 得境遇安全, 能逃災厄, 成功運佳, 順利成功發展, 配置良好, 但只怕人, 地兩格, 若有凶數者：家庭變成諸多不幸, 因之導致失敗之慮, 若無凶數, 則可免憂也.【大吉昌/ ＋90점】

| 22
木 水 火
목 수 화
× | 풀이 | 민감하고 신경질적이다. 타인의 허물에 집착하고 처자식을 이겨서 가정이 불행하다. 작은 일은 순조롭게 성공도 한다. 水剋火 작용으로 병이 나거나 갑작스런 재난이 닥칠 수 있다. |

주석 : ※ 인재에 해당하는 水가 언제나 애 먹이는 자손과의 불화를 겪으며 부족한 조상을 섬기려 하니 힘이 빠지는 형국이다. 오행의 상극 작용 중 水剋火가 가장 크다.

참고 : 一時博得名利, 因基礎不穩, 水火急變, 最終也凶, 易生病難, 急禍, 剋妻與家庭之不幸, 若人格數與地格數：相差了六數, 乃犯六冲之短命兆, 有大凶厄或變死之慮.【凶多於吉/ －15점】

| 23
木 水 土
목 수 토
× | 풀이 | 태도가 거만하여 다른 사람의 입장을 헤아리지 못한다. 겉으로는 안정된 모습이나 안으로는 복잡하다. 성공하여도 일시적이어서 실패로 돌아가게 된다. 한 곳에 정착하지 못하고 떠돌아다닌다. 뜻하지 않은 재난이나 재앙을 만날 수 있다. |

주석 : ※ 자신이라 할 수 있는 水가 하극상하는 土剋水의 장애를 만나 힘을 펴지 못한 상태에서 천재를 생하려 하니 힘이 빠지고 깨져 온전하지 못하다.

참고 : 一時雖可得成功, 但會漸漸的崩潰而歸於失敗, 表面安定, 內有急禍, 心情

煩悶不安, 容易生突發之急變災難, 甚至發生料想不到之災危或禍端.【凶多於吉/ －15점】

24
木 水 金
목 수 금
○

풀이 착실하며 인내심이 많고 친절한 성격이다. 밖으로 부드럽고 안으로 강하여 근본이 튼튼하고 편안하다. 신용으로 일을 하니 여러 사람이 도와 성공할 수 있다.

주석 ※ 지재로부터 인재, 천재가 生으로 연결되어 있다. 이는 길한 배합임은 분명하나 천재, 인재, 지재 순으로 생하는 것보다는 못하다. 몰락한 집안을 자신이 일으켜 세우는 형국이므로, 조상의 유업을 물려받아 집안을 다스리는 것보다는 험난하기 때문이다.

참고 基礎安定, 成功運佳, 財利名譽俱得並大發展之勢, 健康, 長壽, 幸福之兆, 唯若人格或地格若凶數, 恐因好大, 喜功, 行事亦易招敗, 若無凶數, 則可免憂慮.【大吉昌/ ＋90점】

25
木 水 水
목 수 수
○

풀이 고생 끝에 낙이 오는 운이다. 순리적인 성공을 이루어 크게 발전할 것이다. 지재나 인재의 수리가 흉하다면 병약할까 두렵고 혹 삶의 거주지를 잃어버리고 떠돌아다닐까 염려된다. 수리가 흉하지 않다면 걱정과 근심을 면할 수 있을 것이다. 재물과 이익을 중요하게 여기는 사람이므로 다소 이기적이고 인색한 면도 있다.

주석 ※ 인재와 지재가 합심하여 집안을 일으키는 형국으로서 매우 착실하고 근면하며 소박한 성정의 소유자이다. 자신이 계획한 그대로 되지 않을 땐 조상의 도움이 없으므로 매우 상심이 클 것이다.

참고 前運雖苦而後運甘甜, 能順利成功並大發展, 爲富豪, 享長壽安寧, 但人格, 地格若凶數恐有病弱或流亡失所之慮, 若無凶數, 則可免憂慮.【大吉/ ＋90점】

(2) 火에 해당하는 성씨 (성 획수에 태극수 1을 더한 끝수가 3, 4가 되는 획수)

- 2획수 성씨 : 乃내 卜복 丁정
- 3획수 성씨 : 弓궁 大대 千천
- 12획수 성씨 : 閔민 邵소 荀순 彭팽 黃황
- 13획수 성씨 : 賈가 琴금 睦목 司空사공 楊양 廉염
- 22획수 성씨 : 權권 邊변 蘇소

1
火 木 木
화 목 목
○

풀이 : 외유내강형이며, 이기는 것을 좋아한다. 기초가 탄탄해 모든 일이 평안하며 귀인의 도움을 받는다. 목적을 빠르게 달성하며, 복된 삶을 오랫동안 누린다.

주석 : ※ 火는 木과 성장의 속도가 다른데, 木은 나무로 자라는데 시간이 오래 걸린다면 불은 순식간에 일어나는 신속함이 있다. 인재와 지재가 힘을 합해 하루아침에 조상을 빛내는 배열이다. 그러나 화기운이 지나치게 강해지므로 재난이 생기므로 조심하여야 한다.

참고 : 基礎安泰, 貴人相助, 向上發展, 易迅速達成目的, 而得大成功發展, 享洪福又長壽.【大吉昌/ +90점】

2
火 木 火
화 목 화
○

풀이 : 이기기를 좋아하나 대담한 사람은 못 된다. 노력만 하면 쉽게 목적을 달성한다. 마음먹은 대로 이루어지니 형통함을 얻어 마음과 몸이 건강하고 부귀영화를 누리며 장수한다. 그러나 火의 기운이 너무 지나치므로 화재나 뜨거운 것을 조심해야 한다.

주석 : ※ 인재에 속하는 木은 자신이 된다. 자신은 조상도 섬기고 자손도 훌륭하게 길러낼 수 있는 능력을 갖고 있다. 그러므로 모든 일을 잘 처리한다. 자신이 모든 것을 해내야 하는 부담으로 건강을 해칠 수 있다.

참고 : 由努力至成功, 向上發展, 諸志易成, 百事安泰, 身心健康, 得享長壽富榮, 但因火力過大, 提防火災或燙傷之險, 若無凶數, 則可免憂慮.【大吉昌/ +

90점】

3 火木土
화목토
○

풀이 이기는 것을 좋아하고 사람 사귀기를 좋아한다. 그러나 주색도 좋아하여 여인들과의 관계가 복잡해져 피해를 입을 수 있다. 이를 삼가고 몸을 닦으면 모든 일이 길하게 될 것이며, 노력하고 전진하면 성공할 것이니 부귀해진다. 몸과 마음이 건전하면 오래 장수할 것이다.

주석 ※ 木剋土라 하여 인재와 지재의 관계가 반드시 나쁘다고 보지 말아야 한다. 인재에 해당하는 木은 천재를 생함과 동시에 지재를 잘 다스리는 역할을 한다.

참고 基礎堅固, 毫無變動, 如立盤石之上發展, 達成目的, 向上進取, 努力奮鬥, 容易成功富貴, 順利發展, 安泰健身長壽.【大吉昌/ ＋90점】

4 火木金
화목금
×

풀이 신경이 지나치게 예민하다. 끈기가 부족해 일을 밀고 나가지도 못하니 시작은 있어도 끝이 없다. 일시적으로 성공할 수 있어도 방해 세력이 많아 몸과 마음이 지나치게 피로하다. 또한 교통사고의 우려가 있고, 예리한 물건에 상해를 입지 않도록 조심해야 한다. 뇌나 흉부에 질병이 생길 수 있다.

주석 ※ 인재에 속하는 木이 지재로부터 金剋木을 당하면서, 木生火하여 조상을 모셔야 하는 책임이 무겁다. 다치고 깨진 몸으로 집안을 먹여 살려야 하니 성하기 어렵다.

참고 可以發展成功, 但境遇不安定, 易轉變移動, 受下部之迫害殊多, 身心過勞, 多變化終於轉敗, 且須防有交通事故之危險, 另一方面也須提防被武器殺傷或外傷大流血之慮.【凶多於吉/ －15점】

5 火木水
화목수
○

풀이 부지런하여 성공한다. 명성과 재물이 생기는 배열이지만 인재나 지재의 수리가 흉하면 가정이 불안해진다. 천재와 지재가 물과 불인지라 서로 이기려 하니 좋은 경치가 오래가지 않는 것과 같다.

주석 ※ 수리가 흉하지 않아야 한다. 水生木 木生火로 아래로부터 위를 생해 올라가므로 일단은 길하다. 하지만 위에서 아래로 생하며 내려가는 것보다는 험난하다. 또한 길한 가운데 지재가 천재를 水剋火로 치받고 있으므로 두려움이 숨어 있다.

참고 因勤勉而成功發展, 名成利就之吉兆無疑. (但只怕人格, 地格爲凶數, 則易生家庭之雜亂, 再加以天地格水火相剋, 會恐好景不長, 必有失敗之一天).【中吉/ +65점】

6 木火火 / 목화화 ○

풀이 대인관계가 원만하니 자신의 주위로 좋은 사람이 모여들어 일이 잘된다. 좋은 배를 타고 순풍을 만나니 튼튼한 기틀로 마련된 재물에 안정되어 몸과 마음이 건강하고 온전하다. 수리가 흉한 사람은 역시 화재나 뜨거운 물에 데는 일이 없도록 방비하고, 이성을 매우 좋아하여 음란할 수 있으니 반드시 절제하라.

주석 ※ 조상과 자신이 하나인 가운데 지재가 천재와 인재를 생하는 木生火의 배열은 자손이 순할 것이다. 그러나 수리가 흉하다면 따뜻하고 유익한 火의 기운이 화마(火魔)로 변할 우려가 있다.

참고 境遇鞏固有下屬之助, 地位財産, 俱爲安全, 排除諸障礙, 凡事如意, 盛運隆昌榮譽, 助者或共事者亦得一帆風順而成功發展. (但若有凶數者, 亦須提防火災或燙傷之事) 但人格23數, 地格21數備全者, 而他格有凶數者: 很可能好淫無節制.【大吉昌. +90점】

7 火火火 / 화화화 ×

풀이 용맹하고 과감하고 열정도 있으나 인내심이 부족하다. 잘되다가 운이 꺾이는 것은 기초가 튼튼하지 못한데다 경솔하고 뜻을 잃기 때문이다. 火가 많으면 재난이 일어나는 이치를 알아야 할 것이며 더욱 화재나 뜨거운 물질을 취급할 때 조심하여야 한다. 음란함을 탐하지 않도록 절제가 필요하다.

주석 ※ 火로 배열된 삼재를 길하다 하시는 분도 있으나, 확 타올랐다가 꺼져버리는 것이 불의 속성이라 장기간 유지하기 어려우므로 흉하게 해석하였다.

참고 一時盛運, 而可成功發展之吉兆, 但因根基薄弱, 孤軍奮鬥, 缺乏耐久力以

致好景不長, 故若輕浮疏忽便招致失敗, 戒之, 但須知火多成災之理, 尤須提防火災或燙傷之事, 但若人格與地格皆屬23數者, 他格有凶數則: 貪淫好慾而無節制.【中吉/ +80점】

8 火火土 화화토 ○

풀이 성정이 따스하고 너그럽다. 스스로 수양하는 마음을 가지면 생각보다 일이 잘 풀리는 좋은 배합이다. 수리가 흉하면 겉으로는 좋게 보여도 내면은 그렇지 못하다. 비록 성공하여도 일시적이며 사기에 휘말린다. 수리가 흉하지 않다면 대체적으로 행복하게 오래 살 것이다.

주석 ※ 천재와 인재가 같은 오행으로 지재를 생하니 순조롭다. 수리가 흉하지 않다면 걱정이 없을 것이나, 일단 火는 뜨거운 살상의 기운을 갖고 있으므로 항상 조심하여야 한다.

참고 吉祥順遂, 成功發展之吉兆, 但若人格, 地格有凶數, 易生不良誘導, 終陷於災難悲運, 被人陷害連累等, 甚至有財敗人離之慮, 若人地二格無凶數, 則大體是長壽幸福的.【大吉昌/ +90점】

9 火火金 화화금 ×

풀이 성미가 급하다. 겉치레를 좋아하며 풍류를 즐긴다. 처음에는 조용해 보이나 실은 그렇지 못하다. 항상 아랫사람에게 피해를 입는다. 두 개의 火 기운에 한 개의 金 기운은 원수에게 피해를 입거나 피살을 당하거나 혹 화재를 만나거나 하는 일들이 생길 수 있다.

주석 ※ 천재와 인재가 힘을 합하여 약한 金을 녹이려 무지막지하게 덤비니 순식간에 일그러지는 형상이 된다. 용광로에 쇠를 넣고 단련시키려면 불이 필요하긴 하지만, 지나치게 강한 火는 金이 용도를 잃게 만든다.

참고 一時雖可得成功, 但外見安穩而內實不然, 爲人過分風流好淫而又常受不良之部下陷害, 以致身心過勞, 終至失敗或夫妻激烈不睦, 雙火剋一金, 很可能與人結怨仇而發生禍端殺人或被殺, 或遭火災, 乃雙死之短壽兆.【大凶/ -30점】

10

풀이 성미가 급하며 신경질적이다. 작은 일에 지나치게 신경 쓰며 불안정한 인생을 산다. 일시적으로 성공해도 오랫동안 유지하기 어렵다. 물(水)

| 火火水
화화수
× | 주석 | 이나 불의 재난을 만날 수 있다.

※ 한 방울의 물이 뜨거운 열기에 바싹 마른 것을 형상한 적수오건(滴水熬乾)의 상태이다. 水剋火를 생각하며 실상에 어두운 지재가 턱없이 덤벼들다 봉변을 당하여 속절없이 사라져가는 형세이다. |

참고 風流淫穢之極, 而又非常不安定之命運, 易生意外之凶變或遭水灼襲, 卽使一時僥倖而成功, 但亦不能持久, 終陷於危禍, 受意外災難而破財或喪生, 變死之機遇特多之凶兆, 此乃發生不測突變而致死之兆.【大凶／ －30점】

11 火土木 화토목 △

풀이 온후하며 도량이 넓고 사람을 대할 때도 정성을 다한다. 윗사람의 사랑과 보호를 받고 혹 조상의 은덕이 있기는 하나 오래가긴 어렵다. 흙은 위에서 나무는 아래에서 서로 이기려 하다 무너져 패하는 운으로 많은 흉변을 만난다. 급성위장병이나 뇌일혈, 심장마비가 염려되고, 의외의 봉변이 생길 수도 있다.

주석 ※ 火生土를 하며 천재가 인재를 돕는다 하나 지재로부터 받는 木剋土는 자연의 이치에 어긋나므로 하극상을 피할 수 없다. 이때 지재가 천재를 생하는 것은(木生火) 아무런 의미가 없다. 부모를 어기면서 그 위의 조상을 생각한다는 것과 같기 때문이다.

참고 雖得尊長(或上司)之愛護提拔, 或祖先之餘德, 而必可成功發展, 但基礎是(土在上而木在下)之相剋而含有崩敗運, 故境遇多凶變, 財帛易散, 成敗頻見, 身份也因之時貴, 時賤.【吉多於凶／ ＋40점】

12 火土火 화토화 ○

풀이 됨됨이가 크며 따뜻하고 부드러워 사람을 대할 때 정성을 다한다. 윗사람에게 천거되고 府下의 힘도 얻는다. 바탕이 튼튼하고 태평스러워 강한 기운으로 여러 방면에서 발전을 이룬다.

주석 ※ 천재와 지재가 힘을 합하여 인재를 도우니 이는 하늘과 땅이 자신을 도움과 같다. 火火土가 길하다 하나 火土火가 더 길한 것은 무서운 火의 기운이 함께 있는 것보다 사이를 두고 떨어져 있어 안정적이기 때문이다.

| 참고 | 能安定, 可逃災害, 部下得力合作, 能成功, 由尊長之愛護提拔或父祖餘德所蔭益, 得隆昌而大發展.【大吉昌/ +90점】

13
火 土 土
화 토 토
○

| 풀이 | 스스로 부족함이 없도록 노력하고 사람들과 화목하게 지낸다. 조상의 음덕이 있어 윗사람의 사랑과 보호를 받는다. 대단한 성공은 아니나 건강하게 오래 살면서 기쁜 경사를 맞으며 행복할 것이다.

| 주석 | ※ 천재가 인재와 지재를 생하는 火生土는 조상의 유업이 자자손손 이어지는 아름다운 배열이다. 참으로 안정적이다.

| 참고 | 有父祖餘德所蔭益, 或由長輩愛護栽培, 易向上發展, 境遇安泰, 雖無驚人成就, 但可平順而逐漸伸展, 欣慶幸福長壽之兆.【大吉昌/ +90점】

14
火 土 金
화 토 금
○

| 풀이 | 대인관계가 원만하고 신용이 있다. 조상의 은덕으로 경사가 있는데 장자라면 더 좋게 된다. 오행이 위에서 아래로 흐르며 순리적으로 서로 상생하므로 재물이 모이고 사업이 흥성하여 명예도 얻는다. 중년 이후에는 주색에 빠질 수 있으니, 건강하게 오래 살려면 스스로 절제하는 것도 필요하다.

| 주석 | ※ 천재가 인재를 생하고 인재가 지재를 생하는 이치는 물이 흐르듯 순조롭다. 여기서 천재가 지재를 극하는 火剋金은 자손들이 조상을 높이 받들며 어려워하는 모습으로 볼 수 있다.

| 참고 | 得部下擁載, 及長輩引進, 而得成功發展(五行順相生, 從上生下, 配置良好), 易得財利, 名譽, 事業隆昌, 長壽少病之兆.【大吉昌/ +90점】

15
火 土 水
화 토 수
△

| 풀이 | 수단과 방법은 잘 쓰나 진심이 없다. 윗사람의 사랑과 보호를 받으나 실패를 면하기는 어렵다. 토대가 약하니 젊었을 때 노후를 대비하지 않으면 고생하게 된다. 급성 위장병이나 뇌일혈, 심장마비 등을 조심하라.

| 주석 | ※ 천재의 도움을 받은 인재는 지재를 잘 다스리지 못하여 장애가 생긴다. 火生土로 土가 탄탄해졌으나 土剋水를 하여 흘러가는 물길을

가로막고 있는 배열이 되었다.

참고 雖有長輩的愛護提拔, 或父祖之餘德蔭益, 而可成功於中年或壯年, 但基礎運劣, 須防靑年或晩年期之急變沒落或遭受病苦, 破財, 失敗或因色情事被殺等之不安定, 凶運頻來之兆.【吉多於凶/ +40점】

16
火 金 木
화 금 목
×

풀이 민감하고 의심이 많다. 의기소침하여 겉으로 보기엔 안정적이나 속내는 그렇지 못하다. 압박받는 운명으로 곤란을 겪은 뒤에야 성취하니, 스스로 삼가고 몸을 보호하지 않으면 열심히 일을 해도 이룸이 없다. 가족간의 화합이 시급하다.

주석 ※ 火剋金으로 두들겨 맞고 金剋木으로 두들겨 패야 하니 고달픔이 극에 달했다. 조상에게 받는 스트레스가 큰데 처자식마저 속을 썩이고 있다.

참고 命運完全被抑壓, 基礎運亦劣, 常常勞而無功, 極困難伸展其成就, 若不謹愼, 則致顚覆, 易招失意及失配偶, 或遭遇殘廢之禍患, 甚至發狂殺人或變死, 乃短壽又凶死之兆矣.【大凶/ -30점】

17
火 金 火
화 금 화
×

풀이 자량이 부족하여 말과 행동을 삼가지 못한다. 자신의 수준을 모르니 성공하기 어렵다. 이기는 것을 좋아하여 시비를 초래하고, 행동이 거칠어 감옥에 갇히는 일이 생긴다. 정신착란증이나 신경쇠약, 호흡기 질환을 조심하라. 마음을 다스리는 공부를 하면 단명은 면할 수 있다.

주석 ※ 가운데서 양쪽의 火剋金을 받으니 제 모습을 갖출 수 있으랴? 죽어라 일이 꼬이는 경우에 해당된다.

참고 命運完全被壓制而不能伸展, 基礎不穩, 傷腦傷肺, 絶對的不安定, 亦不能成功, 晩年更凶, 易遭火災, 甚至發狂或遭遇殘廢, 變死之厄難, 必定短壽凶死之兆矣. 平生：貪色, 好勝, 爭鬪殺伐而惹禍, 致陷遭牢獄者也不少.【大凶/ -30점】

18

풀이 잘난 척하고 의심이 많으며 남의 결점을 퍼뜨리다 자주 시비를 일으킨

| 火 金 土 |
| 화 금 토 |
| ✕ |

주석 ※ 지재의 도움을 받아 천재와 맞서고 있는 배열이다. 천재는 하늘이요 조상이요 부모로서 본인보다 윗사람인데 도움은커녕 火剋金으로 속박을 하니 윗사람 덕이 없다. 윗사람의 도움 없이 살아간다는 것은 매우 팍팍하며, 천재와 맞서기 때문에 본인도 상하게 되는 것이다.

참고 境遇雖安定, 受一時之福蔭而獲得安定之生活, 但成功運因被壓制, 不能有所伸張, 常有煩惱與困難, 身心過勞, 易生腦疾, 肺疾或遭難之慮, 晚年不佳之兆.【吉凶爭衡/ +40점】

19
| 火 金 金 |
| 화 금 금 |
| ✕ |

풀이 분수를 모르고 세게만 나가니 비난을 받는다. 주변과 화목하지 못해 고독하므로 불평만 늘어난다. 어려움을 만나 자식을 잃어버릴 수도 있고, 목숨이 짧아질 조짐도 있다. 폐가 나빠지지 않도록 주의하여야 한다.

주석 ※ 부족한 火기운이 火剋金을 하여 왕성한 金을 다스리려 하나 힘에 부쳐 꺼지기 직전이다. 인재와 지재인 金끼리 부딪치면 소리가 나므로 좋은 사이가 아니다. 무슨 일이든 엄두가 안 나 시작을 하지 못한다.

참고 過分堅決魯頑剛強, 以致遭受批難, 不和, 陷於孤獨, 易生不平, 不和, 不滿, 怨嘆等. 成功運被抑壓, 且易變爲遭難以及失子, 孤獨, 不遇等. 容易因不測之突變而短壽喪生之兆.【大凶/ -30점】

20
| 火 金 水 |
| 화 금 수 |
| ✕ |

풀이 감수성이 예민하고 의심이 많다. 성공하기 어려우며 몰락의 조짐마저 있다. 재난이 많아 성공운이라 해도 억압을 받고, 자기도 모르는 사이에 남의 범죄에 연관되어 어려움을 겪는다. 예측할 수 없는 흉한 변화가 갑자기 일어나 죽을 수도 있다. 부딪치거나 맞아 다쳐 피를 볼까 염려된다.

주석 ※ 인재에 해당하는 金은, 천재로부터 火剋金 당하는 동시에 金生水를 하여 지재를 먹여 살려야 하니, 자신이 혹사당하는 운명적 배합이다. 표면적으로 一生一剋이나 지재인 水가 천재 火를 극하고 있어 나쁘게 본다.

참고 非但不能成功, 且有急變沒落之兆, 陷於懷才不遇, 破亂凶禍極多, 平生意志不能有所伸張, 成功運也完全被壓制, 容易因被人連累而遭難, 突生不測凶變而喪生, 死於少人知之處.【大凶/ －30점】

21 火水木 화수목 ×

풀이 의기소침하고 남의 말을 잘 듣지 않으니 불량스럽다. 유지하기는 어려우나 우연히 성공하는 사람도 있기는 하다. 생각지 못한 재난으로 평온하지 못하고 불행할 것이다.

주석 ※ 인재에 속하는 水가 천재를 水剋火로 이기려 하고, 동시에 지재를 水生木하니 부담이 가중되어 버텨내기가 어려운 배합이다. 또 여기에서 지재가 천재를 木生火하여 생하는데, 이것은 천재인 조상과 인재인 자신의 사이가 나쁜데 아들이 가문을 위하여 木生火 한다는 것으로 훗날에나 가능한 일이라 현재는 기대하기 어렵다.

참고 雖有一時的成功, 但因成功運被壓制, 而不能有所伸張, 且大多易生困苦, 亂雜, 窮困, 且有招致急禍或遭難之慮, 含有急變不祥之兆.【凶多於吉/ －15점】

22 火水火 화수화 ×

풀이 책임감은 있으나 윗사람의 명령을 따르지 않는다. 예민하고 날카로운 성격이고 신경질적이라 안정적이지 못하다. 갑작스런 변화로 가족과 헤어지는 재난이 있고, 장수하기 어렵다. 뇌일혈이나 심장마비 그리고 뜻하지 않은 재난을 당할 수 있다.

주석 ※ 인재가 천재와 지재의 사이에 끼어서 동시에 양쪽을 水剋火 한다는 것은 본인이 살기 위하여 몸부림치고 있는 상태이다. 죽을힘을 다해도 견뎌내기 어려우니 이러한 배열의 삼재는 피하는 것이 좋다.

참고 三才皆破, 亂雜困窮, 容易在室外或途中而遭難, 有急禍, 無形之心病甚重, 容易爲感情或愛情事而遭難, 大災, 大禍頻襲, 如風中殘燭, 隨時可滅之兆, 絶對的不安全, 不但身體越虛弱, 且會發生不測之突變, 而喪生或發狂或自殺, 乃短壽之兆.【大凶/ －30점】

23 火水土 화 수 토 ×	풀이	자만심에 빠져 윗사람의 지시를 잘 따르지 않는다. 겉으로는 안정되게 보이나 속으로는 불안하다. 돌발적인 재난으로 몰락하거나 질병으로 인하여 수명이 짧아질 수 있다.
	주석	※ 밑에서 위를 극하는 이러한 배열은(土剋水 水剋火) 법보다 주먹이 가까운 삶을 산다. 극이 많다는 것은 안정되기 힘들고 건강에도 치명적이다.
	참고	三才皆破, 卽使表面安定, 亦內藏不安, 亂雜困苦煩悶, 基礎運崩敗而成功運又被抑壓, 不能伸張, 不但招致境遇沒落, 又有病弱短命及遭難變死之兆, 爲短壽之凶數配置.【大凶/ －30점】

24 火水金 화 수 금 ×	풀이	책임감은 있으나 윗사람을 따르는 복종심은 부족하다. 일시적으로 성공해도 막혀 버리니 불평불만이 많다. 갑작스런 재난으로 급격한 변화가 생기고 가정이 평온하지 못하고 병이 나서 어려워진다.
	주석	※ 金生水로 인재가 지재의 도움을 입고, 水剋火로 천재와 맞서서 대항하는 배열이다.
	참고	能有一時之成功, 但成功運被壓制而不能伸張, 時常不平, 不滿, 亂雜苦悶煩惱, 災禍繁多, 難以平安, 須提防處事, 否則會有突然之急禍凶變.【大凶/ －30점】

25 火水水 화 수 수 ×	풀이	자존심만 세고 협동심이 부족하다. 자신만의 이익을 추구하므로 일시적인 성공을 이룰지라도 어려웠던 처음으로 돌아가게 된다. 간혹 성공하는 사람도 있으나 욕심이 지나치면 목숨마저 위태로울까 염려가 된다.
	주석	※ 인재와 지재가 같은 오행으로 천재를 水剋火하며 위협하고 있다. 물론 인재도 중요하지만 천재가 이렇게 위협을 받고 있다면 존재 자체의 뿌리가 흔들리는 것으로 쓰러지는 것은 시간문제이다.
	참고	有一時之投機成功, 但絕對不能伸張, 終歸亂雜困苦, 孤獨, 有病難, 凶變, 急禍, 危命之慮.【大凶/ －30점】

(3) 土에 해당하는 성씨 (성씨 획수에 태극수 1을 더한 끝수가 5, 6이 되는 획수)

- 4획 성씨 : 孔공 毛모 文문 方방 卞변 夫부 王왕 元원 尹윤 太태 片편
- 5획 성씨 : 丘구 白백 史사 石석 申신 玉옥 田전 皮피 玄현
- 14획 성씨 : 裵배 西門서문 愼신 連연 趙조
- 15획 성씨 : 葛갈 慶경 郭곽 魯로 董동 劉류
- 25획 성씨 : 獨孤독고

※ 4획 성씨 중 王왕씨의 부수는 구슬옥으로 5획이지만, 원래 획수가 4획이므로 4획으로 본다. 뜻도 달라서 옥은 구슬을 꿰어 연결한 형상을 글자로 만든 것이고, 왕은 도끼로 생사여탈권의 위엄을 형상한 글자이다.

1
土 木 木
토 목 목
○

풀이 성공운의 배치는 별로지만 수리가 좋으면 좋은 일이 많이 생길 수 있다. 겉은 부드러워 보이나 자기주장이 강해 다른 사람의 말을 잘 듣지 않는 편이다. 기초가 튼튼하고 귀인의 도움도 있어 발전하는데, 사업이 안정되기까지는 시간이 걸린다. 옷과 음식이 충족되고 행복하게 오래 살 것이다. 질병이 생겨도 빠르게 치유된다.

주석 ※ 木과 土는 다른 상극관계와 다르게 나무가 땅을 기반으로 성장하는 것으로 보아야 한다. 인재와 지재가 천재를 木剋土하며 이기려 하는 것은 순리는 아니지만, 성장의 밑거름이 되므로 길하게 본다.

참고 基礎安泰, 得貴人助力, 而在困難之中得平安發展, 但成功運之配置不良, 難於伸張, 故然只是外強中乾而已, 雖苦悶煩惱殊多, 但大體可得平安, 衣食充足, 幸福有壽, 人地兩格, 無凶數, 則身體健康, 疾病少有, 有病吃藥即可速癒.【中吉/ +80점】

2
土 木 火
토 목 화
○

풀이 적극적으로 노력하는 사람이다. 자기의 일에는 부지런하고 열심히 하니, 조금 늦을지라도 끝내 성공을 한다. 성공하는 과정은 쉽지 않아 적지 않은 곤란과 고통에 시달릴 것이다. 건강한 편이어서 병에 걸려도 빠르게 쾌차한다.

주석 ※ 인재가 천재를 극하는 木剋土에 해당한다. 그러나 천재가 인재를 지배하는 木剋土만은 못한다. 조상의 덕은 적으나 자신이 열심히 노력하여 지재를 생하고 천재를 책임지는 상황이다. 인재의 도움을 받는 지재는 천재를 火生土로 생각할 줄 아는 배열이다.

참고 勤勉做事, 無厄安泰, 終獲成功之吉兆無疑, 雖然成功較遲些, 但平安發展, 改善境遇, 家門興隆, 但過程中亦有不少困苦煩惱. 如果人, 地兩格無凶數, 則無病, 若有病吃藥可速癒.【中吉/ +80점】

3 土木土 토목토 ×

풀이 성공운의 배치가 좋지 못하다. 고집이 있어 세속적으로 어울리기 어렵다. 견해가 정확하고 기초가 견고하다. 재능을 마음껏 발휘하지 못하여 언제나 운이 없음을 한탄한다. 일시적으로 성공은 할 수 있으나 노력한 만큼 성과가 나타나지 않아 불만이 생긴다.

주석 ※ 천재와 지재를 인재가 동시에 木剋土 하는 것은 독불장군이다. 자신의 기세만 믿고 무조건 지배하고 나아가려 하는 배열로, 지나친 공격으로 자신이 상하는 것이다.

참고 基礎堅固安定, 但有懷才不遇之嘆, 若轉換角度而活用智慧, 可得一時之成功, 但因成功運配置不良, 故亦難伸展, 有成功較遲及希望遲達之兆, 交通上提防土, 石, 器械殞落之傷.【凶多於吉/ -15점】

4 土木金 토목금 ×

풀이 오락을 즐겨 안락함에 빠지며 다른 사람의 말을 잘 듣지 않는다. 형편이 좋지 않아 자주 옮겨 다니며, 아랫사람의 배반으로 마음고생이 심하다. 좋지 못한 운이 계속되어도 성공하고픈 희망을 버리지 못한다. 날카로운 물건을 주의하라. 수술하거나 생명을 잃을 조짐도 있다.

주석 ※ 지재가 인재를 金剋木하고 인재가 천재를 木剋土하니 모든 일이 순리적이지 못하다. 지제로부터 역행으로 극을 해가는 이름은 목숨 걸고 노력하는 타입이다. 한 가지도 저절로 되는 것이 없을뿐더러, 잘되려고 하는 노력이 오히려 자신을 더 힘들게 하고 있다.

참고 三才皆破, 境遇多變, 常有移動, 苦心徒勞, 部下反逆, 遭受迫害, 不能平安, 凶運頻來, 不知所止, 少有成功之希望, 有被武器殺傷或被器械外傷而

短壽喪生之兆.【大凶/ －30점】

5 土木水
토목수
×

풀이 사람 됨됨이가 정직하고 의지와 기개가 있는 사람이다. 겉으로는 좋아 보여도 속으론 그렇지 못하여 성공하기 어렵다. 일시적으로 성공해도 재산을 없애거나 어려움이 생기고 마침내는 망하게 된다.

주석 ※ 지재의 생을 받고 있는 인재가 자신의 왕성한 힘을 믿고 겁 없이 천재와 맞서 힘겨루기를 하는 양상이다. 지재와 인재가 힘을 합하여 대드는 꼴을 천재는 결코 용서하지 않다. 그러므로 천재가 안간힘을 다하여 지재를 土剋水하며 풍파가 생긴다.

참고 雖有一時之成功順利, 但外見吉祥, 內實不然, 難於伸張發展, 有許多苦惱, 且易流轉破亂, 或因凶變而破産或遭難之慮.【凶多於吉/ －15점】

6 土火木
토화목
○

풀이 삼재의 배열이 참으로 아름답다. 적극적인 성품으로 명예와 재물의 이익이 함께 따르니 힘쓰지 않아도 쉽게 발전하여 성공한다. 몸과 마음이 무사하여 걱정이 없으며, 장수할 수 있는 배치를 얻은 셈이다. 부부가 화목하고 부모와 자손이 서로를 생각하며 행복한 상태이다.

주석 ※ 아래에서 위를 木生火 火生土로 생해 나간다. 모양새가 더없이 화목하다. 지재와 인재가 힘을 합하여 천재를 떠받들고 있는 양상이므로 지재가 천재를 극하는 木剋土는 생각하지 않아도 된다.

참고 三才甚佳勝, 境遇安固, 能得下屬之助力, 易成功發展, 地位及財産安全, 事事如意, 名成利就, 幸福長壽之兆.【大吉昌/ ＋90점】

7 土火火
토화화
○

풀이 북돋아주면 용맹하게 떨쳐 일어나 승부를 가르는 승부근성이 있다. 혹 종교에 빠지는 경향이 있다. 여자일 경우 명랑하지만 인내력이 부족하다. 만약 인도하고 도와주는 사람이 있다면 성공한다. 사주에 火를 필요로 하는 사람이라면 크게 길하다. 만약 수리가 흉하다면 사람의 협조를 받지 못해서 고군분투하다 성공하지 못한다.

주석 ※ 이러한 배열의 구조는 매사 어려운 일이 없다. 부족한 천재를 인재와 지재가 하나로 뭉쳐 받들어 모시는 배합이다. 화 기운이 너무 세어 토가 메마른 상으로 보기도 한다.

참고 一鼓作氣, 勇猛奮鬥, 運勢浩盛, 容易成功達到目的, 功名成就, 若原命喜火之人, 妙能以此之名更加兩倍以上之輝煌成就, 然若凶數則欠人助, 以自力奮鬥也, 易招孤苦失意, 令人可惜.【大吉昌/ +90점】

8 토火토 土火土 ○

풀이 적극적이며 노력하는 성품이다. 사람을 대할 때 정성을 다한다. 근본 바탕이 굳고 알차서 몸과 마음이 편안하고 태평스럽다. 바라는 모든 소망을 뜻과 같이 공을 세워 성취할 것이다. 성공 후의 발전도 신마(천년을 산다는 등에 뿔이 있는 동물)를 타고 나르듯이 출세한다.

주석 ※ 인재에 속하는 火가 천재와 지재를 동시에 火生土로 生해주는 배열이다. 인재에 해당하는 오행의 본인은 매우 뛰어난 능력을 가지고 있다.

참고 三才配置至爲優勝, 基礎堅實, 希望如意, 求謀容易達成目的, 功名成就, 成功後之發展如飛黃騰達, 得上位之人所器, 受下屬所擁護, 大幸福之長壽兆.【大吉昌/ +90점】

9 土火金 토화금 ×

풀이 성공운은 있으나 성정이 급하여 일을 할 때 생각 없이 급하게 추진한다. 조용하고 편안해 보이지만 속을 들여다보면 그렇지 못하다. 가정이 불안하고 몸과 마음이 지나치게 피로하다. 아랫사람의 배반으로 어려움을 겪고, 마음고생으로 병이 생긴다.

주석 ※ 인재가 천재를 생하면서 동시에 지재를 火剋金으로 극하고 있다. 능력없는 부모를 편안히 모시면서, 자식은 매섭게 가르치고 있는 상이다. 이러한 상황은 인재에 속하는 본인이 힘겨워 이겨내기 매우 어렵다.

참고 成功運佳, 希望目的及財富名譽均可達成, 唯因基礎運劣, 而招致家庭內之苦惱或不幸, 且身心過勞, 可能導致生病, 其下屬多爭妒, 使用此之人會因下屬而苦不堪言.【吉多於凶/ +40점】

10
土火水
토 화 수
×

풀이 일시적인 성공을 거두더라도 水와 火가 몹시 맹렬하게 싸우니 편안치 못하다. 기백이 약하고 신경이 지나치게 예민하며 예상치 못한 일에 무너지기 쉽다. 심하면 재산을 모두 잃고 목숨까지 위태롭다. 뇌일혈이나 심장마비 그리고 의외의 사고를 조심해야 할 것이다.

주석 ※ 인재는 천재를 생함과 동시에 지재의 剋을 받고 있다. 그러므로 인재에 해당하는 火가 힘든 상황이다. 천재가 지재를 土剋水하니 얽혀서 더 힘들게 되었다.

참고 雖可獲得一時之成功, 但因基礎運太劣, 尤其水火相剋最爲激烈而早應, 故容易意外的在外遭難或發生突發之不測災變, 而受害喪失財産或生命, 乃絶對不安定之短壽兆.【大凶/ －30점】

11
土土木
토 토 목
△

풀이 매우 정직하여 조금이라도 의심나는 점이 있으면 관계가 단절되므로 쉽게 친하고 쉽게 헤어진다. 스스로 대단하다고 생각하지만 정서가 불안하여 이동이 잦다. 늦게 성공하는 사람도 있다. 행운 혜택이 비교적 커 흉이 변하여 길이 되기도 한다. 위장병이나 신경쇠약에 걸리지 않도록 주의하라.

주석 ※ 木과 土는 火金水와 달리 보아야 한다. 지재가 천재와 인재를 木剋土를 하며 이기려고 하극상을 하고 있지만 천재와 인재가 워낙 튼튼하므로 이를 견뎌낼 수 있다. 그러나 늘 목극토의 불안은 존재한다.

참고 成功較遲, 但必可成功發展, 不過因其基礎不穩, 而容易變化或移動, 或多成多敗或有胃腸病之慮, 幸而福澤較大, 而足以化凶爲呈祥.【中吉/ ＋65점】

12
土土火
토 토 화
○

풀이 정직하게 노력하는 사람이다. 여자는 부자이며 인기가 있다. 해로운 것도 물리쳐서 벗어나며 어려워도 옳게 나아가니 행복을 얻을 것이나 비교적 늦게 성공한다. 행복과 장수할 수 있는 이름이다.

주석 ※ 지재가 천재와 인재를 생하는 배열이다. 쉽게 말해서 인재(자신)가 지재(자식)를 잘 두어 가문이 일어나는 형국이다. 대지 위에 훈훈한 바람이 불어오니 풍요로워질 것이다.

| 참고 | 基礎穩固安泰, 且能逃過災害, 免於禍患, 而又可排除萬難及得享名利雙收之隆昌運, 並獲意外的成功發展, 乃幸福長壽之吉名.【大吉昌/ +90점】

13
土 土 土
토 토 토
○

풀이 : 융통성이 부족하나 대체적으로 평범한 행복을 누린다. 성공은 토의 특성상 행복이 비교적 늦다. 한 걸음 한 걸음 굳게 나아가니 나이가 들어도 씩씩하게 자신의 일을 해나갈 것이다. 사주 구조가 연주격일 때는 더욱 좋다.

주석 : ※ 土는 믿음을 주재하는 오행이다. 반짝반짝 빛나는 순발력은 부족하지만 두텁고 후중하므로 나이가 들수록 재물과 지혜가 풍성해진다.

참고 : 氣運, 財運皆堅固平安, 大體平順幸福, 障礙少而且均能處理解決, 成功運佳, 雖成功較遲, 但可達到希望目的, 並可續漸伸張發展. 如果人格, 地格, 外格 : 若是26或36數者, 雖然雅量廣大但多數不重視貞操, 若果能夠成爲連珠格局更佳.【大吉昌/ +90점】

14
土 土 金
토 토 금
○

풀이 : 순조로운 바람에 나아가는 돛단배처럼 형편이나 사정이 안전하고 태평스럽다. 몸과 마음이 건강하고 온전하여 바라는 목적을 달성할 것이나, 비교적 늦게 성공한다. 해로운 재난을 피하고 근심스런 우환은 면할 것이다. 음주와 이성관계를 주의하여야 한다.

주석 : ※ 천재와 인재가 힘을 합쳐 지재를 생해주니 아름다운 배열이다. 단 모든 일이 순조로울 때 찾아오는 이성간의 색난은 조심하여야 한다.

참고 : 境遇安泰, 身心健全, 希望目的達成, 能逃過災害而免禍患, 安定成功, 優秀伸張發展, 一帆風順之三才佳配.【大吉昌/ +90점】

15
土 土 水
토 토 수
×

풀이 : 젊을 때 힘들게 고생한다. 근본이 약하기 때문에 성공하여도 일시적이다. 갑작스런 변화로 재난을 만날 위험이 있다. 뇌일혈이나 심장마비 그리고 위장병, 자살, 갑작스런 사고를 주의하여야 한다.

주석 : ※ 천재와 지재가 있는 힘을 다하여 土剋水하며 지재를 가로막고 있으니 하염없이 깨지는 배열이다. 하나의 오행이 완벽하게 깨져서 전체의

균형이 무너지기 때문에 흉하게 본다.

참고 青年運多勞苦, 於中年雖可成功於一時, 但因基礎運不穩, 恐將再招致崩潰失敗之命運, 也有的變成破財或急變凶禍之危.【凶多於吉/ －15점】

16
土 金 木
토 금 목
×

풀이 의기소침하며 의심이 많고, 행동이 민첩하다. 겉으로 보기엔 안정적이나 속은 그렇지 못하다. 윗사람의 은혜로 발탁되어 일을 성공시켜도 일시적이다. 소심함을 극복하고 분수에 맞는 생활을 하는 것이 좋다.

주석 ※ 천재의 생을 받은 인재는 있는 힘을 다하여 木을 꺾어 작살내니 지재가 온전하게 유지될 수 없다. 죽을힘을 다하여 지재가 천재를 극하는 것은 허공을 치며 휘두르는 형세로 조금 남은 힘마저 남김없이 소모시키는 배열이다.

참고 勞心不絶, 基礎不穩, 須防意外之遭難或惹禍端, 外見安定, 內實不然. 雖可得長者或上位之提拔或惠澤, 而成功發展於一時, 但若不很小心, 則恐怕是終有顛覆之慮.【凶多於吉/ －15점】

17
土 金 火
토 금 화
×

풀이 젊어서는 윗사람의 혜택을 입고 인재로 양성되어 성공하나 일시적이다. 스스로 헤쳐 나가는 능력이 부족하여 어려움을 느끼면 바로 자포자기한다. 화재나 교통사고를 조심하라. 자녀로 인한 가정불화가 예상되니 관심을 가지고 대화하는 것이 좋다. 폐질환이나 호흡장애, 뇌질환을 주의해야 한다.

주석 ※ 무섭게 덤벼드는 火剋金의 상황을 金은 천재의 도움을 받아 굳건하게 버티긴 하지만, 그 가운데 일어나는 풍파는 감당해 나가기 어려울 정도로 치열한 화금상쟁(火金相爭)의 배열을 이루고 있다.

참고 雖有長輩或上司之惠澤栽培, 而可獲得成功發展於一時, 但因基礎運甚劣, 須提防火災, 且其境遇絶對不安定, 尤其交通上, 容易遭難. 家庭也多破亂之凶象, 而且極容易因得罪人而遭受武器殺傷之危.【凶多於吉/ －15점】

18

풀이 삼재오행의 배열이 아름다우니 기초운이 튼튼하다. 위로는 충성하고

| 土 金 土 |
| 토 금 토 |
| ○ |

아래로는 사랑하는 태도로 부드럽고 진실하여 언제나 마음이 기쁘고 평안한 사람이다. 부모덕이 있고 자손들도 번창하며 몸과 마음이 항상 안정되며 사업도 성공한다.

주석 ※ 천재와 지재가 인재를 생하는 길한 배열 중에서도 매우 우수한 배열이다. 자신의 능력으로 베푸는 것도 아름답지만, 주변의 도움을 성장하면 훨씬 순조롭다.

참고 三才配置甚佳, 基礎運堅固, 境遇安泰, 喜下屬忠心扶助, 得長輩或上司之惠澤引進, 努力奮鬥, 可輕易得成功, 及伸張發展, 很幸福安全之佳名.【大吉昌/ +90점】

19
| 土 金 金 |
| 토 금 금 |
| ○ |

풀이 기초운은 보통이나 성공운은 매우 좋다. 장점을 알아봐주는 상사를 만나 발탁되고 인재로 뽑혀 크게 발전할 수 있는 우수한 배열이다. 단 부지런함과 노력이 필요하다. 사람들과의 모임을 화평하게 이끌어가므로 크게 성공할 것이며, 수리가 흉하지 않다면 질병 없이 장수한다.

주석 ※ 기운의 흐름이 위에서 아래로 흐르는 것은 만물의 정해진 이치이다. 이로써 천재로부터 내려오는 土生金의 덕은 평탄한 배열로 복을 받는다. 그러나 인재와 지재가 같은 금이므로 라이벌과의 경쟁은 피할 수 없다.

참고 基礎運雖平吉但成功運卻甚佳, 能得上司或長輩之提拔而得大發展, 優秀之良配, 但要勤勉, 再加上說話及處事均力求和平穩健, 而切莫得罪人(不可孤高, 自大, 剛硬, 好勝, 出風頭等皆忌之, 若得罪人須誠心道歉), 始方能得大成功及發展. 人格地格數, 若無凶, 身心健而無病.【大吉昌/ +90점】

20
| 土 金 水 |
| 토 금 수 |
| ○ |

풀이 매우 우수한 배치로서 크게 길하다. 윗사람의 혜택을 입고 아랫사람도 키우니 서로 도와 성공할 수 있다. 다만 자만심을 버리고 마음을 경계하며 고쳐나갈 필요는 있다. 가정이 평안하고 건강하여 장수를 누린다. 다만 수리가 흉하면 급작스런 재난으로 몰락을 면하기 어려우며 예상 밖의 위험이 생기기도 한다.

| 주석 | ※ 순리적인 상생의 흐름은 만물을 윤택하게 하는 근원이다. 土生金 金生水는 만물을 적셔주고 윤택하게 하면서 거두어들이는 결실이라 더욱 값진 오행의 배열이 된다. 여기서 천재가 지재를 극하는 土剋水의 의미는 하늘이 땅을 지배하는 물상의 이치와 같으므로 흉한 의미와는 별개로 하늘과 땅의 조화로움으로 생각해야 한다.

| 참고 | 若三才皆吉數, 則能得上司惠澤及下屬之助, 只要戒除自大狂, 乃必得輝煌之成功, 並伸張發展, 而有優越之成就, 即爲大吉之優良配置.【大吉/ ＋90점】但若人格或地格有凶數者, 恐難免於急變沒落及招致遭難或意外傷之危險.

21
土 水 木
토 수 목
✕

| 풀이 | 성격이 부드럽고 진실하며 침착하다. 지혜와 책략이 있다. 하지만 삼재의 배치가 원만하지 못하다. 마음을 표현하는데 서툴고 활동력이 부족하여 실력이 있어도 인정받기 어렵다. 나를 도와줄 귀인이 없는 것이 안타깝다. 큰 재난으로 갑작스런 변화나 교통사고의 변이 있을 수 있다.

| 주석 | ※ 천재로부터 土剋水 받는 상태에서 水生木해야 한다는 것은 연속적인 힘든 고난의 상황에서 벗어나지 못한다는 것을 보여주고 있다. 더불어 水生木을 받아 왕성해진 木이 천재를 향해 木剋土를 한다는 것은 오만하고 방자해져 하늘 높은 줄 모르는 것과 같다.

| 참고 | 即使有實力, 亦難被承認及欣賞, 徒勞無功, 心力交瘁, 又遭嘲笑, 身心過勞而陷於病弱或突發之災禍, 或交通災變, 三才配置甚劣, 難獲成功, 甚至因奇禍而變成短壽之兆.【凶多於吉/ －15점】

22
土 水 火
토 수 화
✕

| 풀이 | 삼재의 배치가 매우 흉하다. 감수성이 예민하고 신경질이 잦다. 재능과 도모하는 지략은 있으나 행동력이 부족하다. 또 실력은 있으나 인정받지 못하니 노력만큼 성공하기 어렵다. 가정이 화목하지 못하고 인덕이 없는 편이다. 갑작스런 큰 재난으로 재물이 깨어지거나 단명할 우려가 있다. 지극히 불행하다.

| 주석 | ※ 土剋水로 천재가 인재를 극하고 水剋火로 인재가 지재를 극하는

배열은 참으로 흉한 배열에 속한다.

참고　三才配置甚凶, 至劣, 不能成功, 懷才不遇, 殊多破亂變動, 尅死配偶或變爲離婚, 家庭難有恩愛幸福, 而且絶對不安定, 有突發急變之不測凶災, 極端不幸, 恐破財或喪生之慮, 此乃短命凶死之兆.【大凶/ －30점】

23　土水土　토수토　×

풀이　삼재오행이 최고로 무너진 배합이다. 재능과 책략은 있으나 활동력이 부족하다. 이끌어 주는 사람도 뒷받침해 줄 사람도 없어 고생만 하고 이룬 것이 없다. 부모나 자녀와는 연이 박하니 부부 사이를 돈독하게 유지하도록 노력하는 것이 좋다. 갑작스런 재난이 올 수 있는 배열이다. 뇌일혈이나 심장마비를 조심하라.

주석　※ 최고로 두려운 배열이다. 왜냐하면 통하지 못하기 때문이다. 천재와 지재가 동시에 인재를 土尅水하며 水를 가두어 버리므로 아무것도 이룰 수 없게 만든다.

참고　人格被上下雙夾攻, 最壞之三才配置, 境遇不安定, 而有多變之兆, 徒勞而無功, 易受人累, 常陷於不安中, 不能成功亦無法伸張, 且有突發之不測凶災或禍端或急症, 導致破産或喪生之短壽兆特濃.【大凶/ －30점】

24　土水金　토수금　×

풀이　부모덕은 별로이나 주변 사람들이 도움을 많이 준다. 하지만 자만심이 있고 남에게 잔소리하는 스타일이라 아랫사람을 혹독하게 대한다. 부지런히 힘쓰고 주변의 도움으로 일시적이나마 큰 성공을 거두지만 점차 쇠퇴한다. 교통사고의 재난이나 피로누적으로 질병이 생긴다.

주석　※ 인재가 천재로부터 받는 土尅水의 극작용을, 지재가 생해주는 金生水로 견디어 나가는 모양이나 좋은 배열은 아니다. 물은 흘러야 가치가 있는데, 土에 의해 흐름이 막혀 버렸다.

참고　基礎運吉, 境遇可稍安定, 因勤勉而有一時之大成功, 但成功運劣, 以致不能有所伸張發展, 且恐有再敗之兆, 若人格或地格有凶數者, 恐交通生禍或陷於體弱病難, 或急功招敗, 或凶變遭難, 禍端危害之慮.【吉凶相抵/ ＋40점】

25
土 水 水
토 수 수
×

풀이 마음이 수시로 바뀐다. 큰 재주는 있지만 운이 없다. 그래서 노력해도 공이 없어 잠시 발전은 하지만 오래가지 못한다. 본성이 성실하지 못하여 남을 속여서 금품과 여색을 취하는 것을 기뻐하고 즐긴다. 가정은 깨어지고, 범법행위로 인하여 형벌을 면할 수 없다. 몸을 다치거나 천재지변 또는 타인으로부터 몸을 상할 수 있다.

주석 ※ 천재가 인재와 지재를 압박하는 순조롭지 못한 배열이다. 예를 들어 조상은 조상(천재)이라 승복하지 못하고, 본인(인재)과 자식(지재)은 자신들이 맞고 조상이 틀렸다며 버티는 형국이다. 이럴 때는 어느 한쪽이 깨어지는 결과를 가져온다. 보통 천재(조상)가 깨진다. 그러므로 조상의 돌봄을 얻지 못한다.

☆ 어느 한쪽이 확실하게 깨어지면 전체적인 균형이 흔들려 기울어지므로, 결국 나머지도 성한 것이 없게 되는 것이다.

참고 雖然有很勉强的一時之小成, 但不能伸張發展, 卽使暫時成功, 也容易再陷落失敗, 破亂變動殊多, 流離失所, 本性不誠實, 喜好詐騙財色, 以致犯了刑罰, 又有水災病難, 家庭之困苦不幸等, 因急變大災而陷於孤立貧悲.
【大凶/ －30점】

(4) 金에 해당하는 성씨 (성 획수에 태극수 1을 더한 끝수가 7, 8이 되는 획수)

- 6획 성씨 : 吉길 牟모 朴박 安안 印인 任임 全전 朱주
- 7획 성씨 : 杜두 成성 宋송 辛신 呂려 延연 吳오 李이 池지 車차
- 16획 성씨 : 盧노 都도 潘반 龍용 陸륙 錢전 皇甫황보
- 17획 성씨 : 蔡채 韓한

1
金 木 木
금 목 목
×

풀이 두 개의 木(목)이 협력하여 한 개의 金(금)을 막고 있다. 열심히 노력하는 외유내강형으로서 겉으로는 부드럽고 속으로는 강하다. 의심이 많고 느낌이 잘 맞으며 대인관계에서 까다로운 경향이 있다. 바탕이 튼튼해 편안하고 태평하며 도와주는 사람도 있지만 크게 성공하긴 어렵다. 중장년에는 교통사고를 조심하여야 하고 자동차로 인한 재난이나 예리한 물건을 주의하라.

주석 ※ 金剋木의 살벌함을 지재가 인재를 도와 맞서고 있는 배열이다. 어느 하나가 일찌감치 깨어지지 못하므로 되는 듯하면서도 결과적으로 성공하지 못한다. 특히 金剋木의 잘리고 찔리고 상하여 몸이 성치 못할까 두렵다.

참고 雙木協力抗一金 : 基礎安泰, 得人相助, 而達成功安逸, 但成功之後, 不能向上伸張發展, 只能勉強維持原狀. 但在中, 壯年期間 : 須提防交通事故, 車禍或被金屬之物所傷致危, 甚至遭遇半身不遂而殘廢.【凶多於吉/ －15점】

2
金 木 火
금 목 화
×

풀이 기초운은 약한 木이 火가 되어 金을 막아주는 것이다. 의심이 많고 예민하고 불평불만이 많아 크게 성공하긴 어렵다. 일시적인 성공이 가능하나 오래가지 못한다. 장년기에는 교통사고나 자동차의 재난을 방비하여야 하고 혹 금속으로 된 기구에 의한 상처로 위험해질까 염려스럽

기도 하다. 정신발작이나 폐질환, 갑작스러운 변으로 인해 목숨이 짧아지지 않게 주의해야 한다.

주석 ※ 금목상전(金木傷戰)은 대체적으로 다치고 상하여 피를 흘리는 배열이다. 인재는 두려운 金을 피하고자 지재인 火를 생하여 앞세우려하나 임시방편에 불과하다.

참고 弱木化火以抗金：基礎運之境遇, 無事安泰而可成功於一時, 但成功運被壓制, 不能有所伸張. 中, 壯年期間：須提防交通事故, 車禍, 或被金屬之器所傷致危之慮, 西方乃此格之煞方, 少去爲妙.【凶多於吉/ －15점】

3 金木土 / 金木土 ×

풀이 주변의 도움이 없기 때문에 의심이 많고 특히 윗사람 모시는 일을 잘 하지 못한다. 운이 따라주지 않아 불만이 많다. 힘들게 노력해서 일시적인 성공은 할 수 있으나 넓게 펼쳐나가며 발전하기는 어렵다. 몸과 마음이 지나치게 피로하고, 신경쇠약을 조심하여야 한다. 중장년기에는 교통사고를 조심하라.

주석 ※ 인재는 지재를 의지하여 金을 피하고자 하는 배열이다. 언제나 金剋木의 두려움에서 벗어나기 어렵다. 金剋木은 언제나 金 기운의 살상을 염려하며 주의해야 한다.

참고 木向下彌展而避免與金相抗, 因此可無交戰而獲得安然, 力求和平而少災遇之危, 基礎運剋勤安泰無事, 而可成功於一時, 境遇安定, 但難於伸張發展, 易患生身心過勞, 神經衰弱等病難, 或陷於懷才不遇之逆境. 中, 壯年期間亦須提防交通事故.【凶多於吉/ －15점】

4 金木金 / 金木金 ×

풀이 두 개의 금이 약하디 약한 목을 자르고 쳐들어가는 모양으로 고통을 받는 배열이다. 의심이 많고 예민하여 눈치 역시 빠르다. 변화가 잦아 이사를 자주 하며, 어디에 있어도 화목할 수가 없다. 교통사고나 금속 기구에 의해 다칠 수 있다. 사방에서 조여오니 신경쇠약이나 정신발작 같은 뇌에 관한 질환, 그리고 폐질환, 근골 통증을 조심하여야 한다.

주석 ※ 금이란 기운은 자르고 찌르는 살상의 기운을 갖고 있다. 그러한 기운들 사이에 있는 인재(木)는 살아남기 어렵다.

참고 雙金如鉗形夾攻而斬斷弱木, 最苦, 而容易發生交通事故或受金器所傷最危之三才凶配置. 境遇橫逆多變, 迫害殊多, 破亂多霉, 常感不平, 不滿之事或有常受欺壓之苦, 精神殘痛, 多成多敗, 飽受折磨, 有突發不測之遭難變死之短壽兆.【大凶/ －30점】

5 金木水 / 금목수 ✕

풀이 감수성이 예민하나 인내력이 커 남을 위해 희생하는 성격이다. 일시적으로 성공하지만 실패로 돌아가니 앉아있는 자리가 안전하지 못하다. 성공운에 있을 때도 권력에 의한 속박을 당하며, 생각대로 일이 풀리지 않는다. 금속에 의한 치명적인 부상을 입거나, 불치병이 생길 수 있으니 평소에 건강관리를 잘하여야 한다.

주석 ※ 아슬아슬한 순간들이 끊임없이 이어지는 형국의 배열이다. 인재에 속하는 木은 水生木으로 지재의 도움을 받아도 잔인한 金의 기운을 피하는 게 쉽지 않을 것이며, 이러한 스트레스로 인한 지병을 조심하여야 한다. 삼재는 인재가 중심이 된다.

참고 頗有一時之成就而博得名利, 但因成功運被壓制, 不能有所伸張發展, 恐易再陷落流亡, 失敗, 逆境, 流浪或遭電擊所傷, 武器殺傷, 甚至變爲短壽或染有難治之頑疾, 尤其防車禍.【凶多於吉/ －15점】

6 金火木 / 금화목 ✕

풀이 진실하고 정성스러우나 좋고 싫음을 지나치게 표현한다. 여인은 태도가 부드럽다. 아랫사람의 도움은 있으나 뜻을 펼치기에는 능력이 부족하고 결과가 만족스럽지 못하다. 성공운이라도 권력이나 폭력으로부터 속박을 당한다. 폐질환이나 뇌에 이상이 와 단명할 수 있으며, 갑작스런 재난을 조심하여야 한다.

주석 ※ 지재인 木의 도움을 받고 있는 인재 火는 천재인 金과 火剋金을 하며 대적하고 있는 배열이다. 그러므로 언제나 불만으로 인하여 편안할 날이 없다. 그로 인해 몸이 상할 수 있으니 평소에 관리가 필요하다.

참고 得下屬之助, 基礎安定, 地位及財産皆頗堅固, 但因成功運被壓制, 乃難於

伸張, 而生出不滿, 不平之結果, 易傷害腦或有肺呼吸器病, 甚至有凶變遭難或自殺, 火災等不祥之慮.【凶多於吉/ －15점】

7
金火火
금화화
×

풀이 두 개의 火가 협력하여 한 개의 金을 공격하여 이기려 하고 있다. 일시적으로 성공하더라도 인내심이 부족하여 끝내 실패하게 된다. 자만심을 주의하고 분수에 넘치는 겉치레를 삼가라. 구설로 인한 재난을 조심하여야 하고 혹 화재나 뇌염의 우려가 있다. 또 폐질환이나 정신착란 같은 뇌의 이상, 갑작스런 변을 조심하여야 한다.

주석 ※ 인재와 지재에 속하는 두 개의 火가 한 개의 金을 공격하고 있다. 이러니 어찌 金이 성한 모습으로 남아 있겠는가? 하늘을 거역하며 업신여기니 하늘에 도움을 기대할 수 없는 형상이다.

참고 雙火協力攻剋一金 : 因勤勉多聞而在中年或壯年得能以盛運成功, 但除非毅力堅強耐久, 否則難於有很大之上伸發展, 尤須提防言語惹禍或火災或腦炎之災害. 但喜 : 人, 地兩格, 至少有其一屬23數則較有把握可速成就.【吉凶爭衡/ ＋40점】

8
金火土
금화토
△

풀이 스스로 튼튼하다고 자만하지만, 인내력이 부족하므로 큰 성공은 기대하기 어렵다. 열심히 노력하지만 공이 없고 먼저는 일어나다 나중에 실패를 겪으며 몸과 마음고생이 심하다. 폐질환, 정신착란 등의 뇌의 이상을 조심하여야 한다.

주석 ※ 인재에 해당하는 火가 있는 힘을 다하여 火剋金을 하면서 火生土를 하여 지재를 생해야 하는 이중고에 놓여 있다. 이런 긴박한 상황에서 지탱해야 하는 인재 火는 꺼질듯이 시달린다.

참고 基礎堅實, 境遇可稍得安定, 而有一時之成功, 但除非毅力堅強耐久, 否則難於有很大之上伸發展, 身心勞苦, 故而易生腦, 肺疾等病.【吉凶互抵. ＋40점】

9

풀이 기초운과 성공운이 한결같지 못해, 발전하기 어려운 배열이다. 잘났다고 자만하는 것은 고생을 자초한다. 여자는 화려한 치장과 풍류를 즐

金 火 金
금 화 금
×

긴다. 이익을 다투는 송사의 조짐이 있으니 항상 신중하게 생각하고 주변을 돌아보라. 인생의 중반기에 의외의 재난으로 단명할 수 있다. 부상을 입거나 신경쇠약, 폐질환, 불치병의 우려가 있다.

주석 ※ 혼자서 독불장군처럼 천재와 지재를 동시에 火剋金하며 다스리려 하는 배열이다. 이는 인재의 입장에서 천재와 지재가 마음에 흡족하지 못하기 때문이다. 그래서 겪는 풍파는 성공으로 이어지기 어렵고 또한 과도한 에너지 소모로 건강에 이상이 올 수 있다.

참고 基礎運及成功運均劣, 絶對不能成功, 更談不上發展, 易導致身心過勞, 神經衰弱及病難, 短壽等凶兆. 於青年, 中年期間慘遭受斷肢殘體意外之災, 患肺病, 剋配偶, 家庭及部下之間多爭執, 甚至發狂或變死.【大凶/ －30점】

10
金 火 水
금 화 수
×

풀이 아랫사람은 나를 괴롭히고 나는 윗사람을 따르지 않으니 서로 방해만 하는 배치이다. 품위 있고 아름다우나 자기주장이 지나쳐 성공하긴 어렵다. 뜻밖의 재난으로 재산과 생명을 잃어버릴 우려가 있다. 뇌일혈, 익사사고 등을 조심하라.

주석 ※ 지재가 인재를 극하고 인재가 천재를 극하는 완전히 하극상인 삶으로 처음부터 꼬이고 다치는 배열이다. 따라서 몸을 온전하게 보전하기가 어렵다.

참고 至劣之配置, 絶對不安定, 基礎崩敗, 成功不能, 上伸困難, 必有意外急變, 易遭觸電所傷, 或被殺或遭火災及不測之危身, 危命諸災, 喪失生命或財産, 及腦溢血, 發狂, 跌跤, 溺水短壽之不祥事.【大凶/ －30점】

11
金 土 木
금 토 목
○

풀이 씩씩한 기상과 꿋꿋한 절개를 가지고 있어 사람들에게 굽히지 않는다. 윗사람으로부터 보호와 조력을 받아 부와 귀를 이룬다. 수리가 흉하면 유소년기에 많은 변화를 겪으므로 조심해야 한다. 위장 질환이 의심되며, 떨어지는 물건에 다칠 우려가 있다.

주석 ※ 木土나 土木의 배열은 역시 木土의 순서로 되어 있어야 안정적이다. 土는 중화의 기운으로 천재인 金을 생하고, 지재인 木이 성장하는 바탕이 된다. 인재는 土는 천재가 지재를 극하는(金剋木) 가운데서 목을 보호하며 중재하고 있다.

참고 欣慶果能成功順調, 容易發展達到目的, 亦能成富, 成貴, 唯在幼少年期之境遇不穩安而較多變化, 若爲凶數尤其以幼少年期間, 恐有胃腸疾患及遭崩塌或墜落物所傷之慮.【中吉/ +80점】

12
金 土 火
금 토 화
○

풀이 명예와 이익이 함께 높아지는 꽤 큰 성공을 이룬다. 모든 일이 순리적으로 풀려 나가므로 크게 길하다. 평생 험한 일이 별로 없고 비교적 건강하다. 수리가 흉하면 아름다운 운이 오래가지 못할 것이나 그렇지 않다면 근심과 걱정을 면할 수 있다.

주석 ※ 천재로부터 인재, 지재를 생하며 순행하는 관계보다는 어렵다. 지재인 화가 火生土 土生金으로 생하니 똑똑하고 출중한 자녀가 가문을 일으켜 빛내는 배열이다.

참고 可獲得意外之大成功, 名利雙收, 且得大發展, 諸事順利隆昌, 大吉大利. 但數理若凶則恐好景不長. 若無凶數, 則可免憂慮.【大吉昌/ +90점】

13
金 土 土
금 토 토
○

풀이 남보다 잘하려고 노력하며 이기는 것을 좋아한다. 순조롭게 명예와 재물의 이익이 함께 따른다. 돛단배에 순한 바람이 불듯 하는 일마다 복이 되고 만 가지 일이 편안하다. 매우 건강하며 장수한다. 수리가 흉하여도 큰 재난은 면할 수 있다.

주석 ※ 인재와 지재가 하나가 되어 천재를 섬기는 가풍(家風)이 매우 돈독한 관계의 배열이다. 이렇게 나열된 삼재는 매우 유순하며 부드러운 힘을 갖고 있다.

참고 易達目的, 輕易成功, 名利雙收, 一帆風順, 福泰鴻量, 萬事安寧, 順利發展, 生涯境遇安泰, 卽使數理有凶也, 可免於災禍.【大吉昌/ +90점】

14
金 土 金

풀이 성격이 원만하여 주변 사람들과 타협을 잘하니 바라는 바를 쉽게 달성한다. 명예를 중시하고 신용도 있다. 일처리를 순리적으로 하니 명예

금 토 금
○

와 운수가 모자람이 없고 크게 발전하여 성공할 것이다. 큰 질병이 없으니 장수할 것이고, 가정도 화목하고 자손에게 경사가 있다.

주석 ※ 중화의 기운을 가진 土가 가운데 인재에 자리하여 두루두루 잘 보살피며 생하여 주는 土生金의 배열이다. 참으로 순조로운 관계이다.

참고 基礎穩固, 希望易達, 順利成功發展, 名譽與福份俱俱充足, 隆昌威儀, 大成功, 大餘慶, 繁華榮隆.【大吉昌/ +90점】

15
金 土 水
금 토 수
✕

풀이 진심으로 대하지 않아 가볍다는 인상을 준다. 농담하고 희롱하는 것을 즐기다 흉이 되니 쓸데없는 관심을 자재해야 한다. 기초운이 부족하고 성공운에 와서도 견제가 심하다. 갑작스런 재난을 만나거나 혹 재물의 손실도 적지 않을 것이다.

주석 ※ 土木의 토는 성장의 밑거름이 되나, 土水의 토는 물의 흐름을 흙이 막고 있으므로 잘나가다 막히는 배열이다. 인재가 천재를 생해주고 지재를 극하니 피곤하다.

참고 靑年多勞, 切莫悲觀則勞終有成, 與人合夥須善處理, 更勝獨營. 於中年或壯年可得成功, 名利雙收, 並得大發展之慶, 可惜因基礎運劣, 使成功運受牽制, 故突發之災遇或損失也不少.【吉多於凶/ +40점】

16
金 金 木
금 금 목
✕

풀이 지나치게 굳세어 다른 사람을 힘들게 한다. 겉으로는 좋아 보여도 속은 그렇지 못하다. 행동을 조심하지 않으면 위험해지고, 예기치 못한 재난을 당한다. 부지런히 움직여 성공해도 일시적이다. 화목한 가정을 이루기 어렵고, 간장 질환과 교통사고, 정신분열증을 조심해야 한다.

주석 ※ 천재와 인재 두 개의 金이 약하고 약한 木을 가만두려 하지 않는다. 한 개의 오행이 철저하게 깨어지면 균형이 무너져 전체적으로 흔들리게 된다. 역시 살상의 기운을 면하기 어렵다.

참고 雖因勤奮可得一時之成功發展, 但很不安定, 若不慎則隨時均有顚覆之險, 另亦有不則之危禍以致殘廢, 或遭難或剋妻, 另須嚴防交通事故.【大凶/ −30점】

17 金金火 금금화 ×	풀이	과강하고 편협한 성품이라 자기 고집대로 밀고 나가니 성공해도 어려운 재난이 생긴다. 일이 풀리지 않으면 자포자기하고 방황하거나 다른 사람에게 화풀이를 한다. 뇌일혈이나 폐질환, 과로를 조심하여야 하며, 단명할 수 있으니 항상 건강에 유의하라.
	주석	※ 이러한 구조의 공통적인 특징은 매우 씩씩해서 어떤 어려움도 극복해 나가는 의지가 강하다는 것이다. 그러나 하나의 오행이 찌그러지면 한순간에 의욕도 꺾이니 고난의 길을 가게 된다.
	참고	雖因勤奮可得一時之成功發展, 但絶對的不安定, 雜亂災禍與變動殊多, 必定早因不測之危禍或遭難 或外傷或交通事故, 或被人殺害或發狂殺人, 而引致短壽凶終.【大凶/ －30점】

18 金金土 금금토 ○	풀이	몸과 마음이 건강하고 원만하여 어렵지 않게 성공하며 목적을 달성한다. 운세도 순조롭다. 마음이 작은데 성정이 굳세기만 하면 예기치 않은 재난이 생길 수 있으니 조심하여야 한다.
	주석	※ 길한 배열인데도, 뒤에 흉한 면을 말한 것은 천, 인, 지 삼재의 배열이 金金土이기 때문이다. 金土金이나 金土土는 살상의 기운을 가진 금이 서로 떨어져 있거나 약하기 때문에 흉함이 덜 하지만, 함께 있을 때는 부딪힐 위험성이 높기 때문이다.
	참고	容易成功, 達到目的, 境遇安固, 身心健全, 名利雙收, 威權顯達, 運勢昌隆.【大吉昌/ ＋90점】

19 金金金 금금금 ×	풀이	길흉을 말하기 어려운데, 배합이 되는 수리가 길하다면 길하게 판단해도 된다. 수리가 흉하면 조금 이룸이 있다. 사주가 연주국으로 되어 있거나, 辰土가 있거나, 金이 희용신이면 좋게 작용한다. 金이 지나치게 강경하여 조화를 이루지 못하니 화평을 잃어버리고 다투게 된다. 아내와 남편이 화목하지 못하고 어려움을 만난다. 모두가 어지럽고 복잡하여 상서롭지 못하니 신중히 사용해야 한다.
	주석	※ 사주 구조에 따라 길하게 작용할 수도 있으나 필자의 견해로는 한 곳으로 치우친 오행은 길흉이 강하게 나타나므로 쓰지 말아야 한다.

좋다 하더라도 살상은 피해야 하므로 金으로 배열된 구조를 길한 면만 보고 쓴다는 것은 옳지 않다. 그러므로 水水水나 火火火, 金金金의 기운은 두려운 의미를 배제할 수 없다.

참고 　此兆：難論吉凶, 若配吉數則判爲吉, 則可視爲【80점】. 若有凶數卽變成小吉而已而視作【65分而已】. 但限於幸逢連珠局或先天生辰四柱之喜用神是金或獨愛金者, 用此局則大呈祥, 亦可得【80점】之慶. 但以外之情況, 莫用此局, 因金之超過鋼硬不化, 誘化頑剛失和之爭端或自陷孤獨, 遭難, 亂雜諸不祥, 切莫輕用之.【65점】

20 金金水
　　　금금수
　　　○

풀이　유순해 보이나 자기주장을 굽히지 않고 한곳만 보는 집중력이 있다. 굳건한 의지와 굳센 힘으로 어려움을 이겨내어 성공한다. 마음과 몸이 모두 건전하다. 만약 辰년에 태어났고 사주에 金水가 喜한 사람은 명예를 얻는다. 수리가 흉하면 성공이 일시적이며, 급격한 변화로 점차 몰락한다.

주석　※ 천재와 인재가 힘을 합하여 金生水하며 지재를 생하고 있으니 아름답다. 그러나 金과 金 사이엔 시끄러운 다툼이 언제나 잠재되어 있다.

참고　以堅志毅力, 剋服艱難, 達成功擴展, 身心皆健, 若生辰之原命喜金水者, 得此名獲【+90점】. 但人, 地兩格其一是凶者, 則雖也能成功發展於一時, 但終因急變而逐漸的沒落崩敗或失和, 孤立或遭遇危身災險.【中吉／ +80점】

21 金水木
　　　금수목
　　　○

풀이　태도가 부드럽고 너그러우며 재능과 책략이 있다. 조상의 음덕을 이어받아 편안히 발전할 수 있으니 일마다 성공한다. 건강하여 장수한다. 수리가 흉하면 가정적으로는 행복하지 못하고 질병이 생길 우려도 있다.

주석　※ 천재, 인재, 지재 순으로 생하는 배열이 되어, 설령 본인이 잘못된 길을 가더라도 윗사람의 은덕으로 바로잡을 수 있다.

참고　境遇安全, 長輩惠澤, 承受父祖之餘德, 前輩之提拔, 而可獲得意外之成功發達. 但數理若凶, 或許陷於病弱.【大吉昌／ +90점】

22 金水火 / 금수화 ✕

풀이 노력을 많이 하지만 의심이 많고 예민하며 신경질적인 성격이다. 윗사람이 이끌어주거나 조상의 은덕으로 의외의 성공을 거둘 수 있지만 일시적이다. 가족간에 뜻이 맞지 않아 조용하고 편안하기 어렵다. 뜻밖의 재난으로 흉하게 죽을 수 있으니 몸조심하라.

주석 ※ 천재의 도움을 받은 인재 水가 자신감이 넘치는 힘으로 지재 火를 꺼버리니 이겼다는 생각에 앞서 스스로 자멸해 가는 배열이다.

참고 有長輩意外之助或上司之引進或父祖之餘德, 而可獲得一時之成功發展, 但三勝, 三敗, 勝敗浮沈特多, 難以安穩. 且有剋妻子, 及突發急變凶死之大災禍危身. 【凶多於吉／ －15점】

23 金水土 / 금수토 △

풀이 오랜 동료나 윗사람의 협조를 얻는다. 자신도 부지런히 힘써 더하니 중장년에는 어느 정도의 성공을 거둔다. 사업에 기복이 있어 망하고 일어나기를 여러 번 하니 매우 피곤하다. 비록 극하는 관계이지만 꼭 흉하지만은 않다.

주석 ※ 앞서 金土水와의 관계와 비슷하지만 다른 면이 있다면 인재와 지재가 水 土의 관계에 있다는 것이다. 물은 땅에 고여 있어야 활용할 수 있는데, 땅 아래에 있다면 퍼 올려야 하는 수고로움이 있다.

참고 得長輩或上司之惠助, 再加上自身之勤勉, 而於中年或壯年可獲得相當之發展, 但因基礎運劣之故, 於成功之後, 又會有很多次之再成敗, 生涯多勞, 難亨安逸, 幸而水在土上, 池塘之家, 亦順天然之景故, 雖是相剋, 凶意則微. 【吉多於凶／ ＋40점】

24 金水金 / 금수금 ○

풀이 밝고 쾌활하며 변화에 능통하다. 조상의 음덕으로 의외의 도움을 받는다. 토대가 튼튼하고 재물의 근원이 풍부하여 성공할 수 있다. 권위, 명망, 지위를 모두 갖추어 높고 크고 넓게 일어나는 가장 우수한 배치이다.

주석 ※ 천재와 지재가 함께 인재를 생하니, 부족함 없이 자신의 목표를 달성할 수 있는 대길한 배열이다.

참고 基礎穩固安然, 財源廣進, 又有父祖之蔭益及上司之提拔, 易得意外之助力, 而可獲得大成功, 大發展, 名利豐收. 威權, 名望, 地位俱皆興隆寬宏殊勝之配置.【大吉昌/ +90점】

25
金 水 水
금 수 수
○

풀이 밝고 쾌활하며 이해득실에 밝다. 또 조상의 음덕이 있다. 덕망이 뛰어난 사람과 인재를 얻어 더 높이 발전한다. 사주 명식에 水나 木이 길한 역할을 한다면 더욱 아름다운 사람이다. 수리가 흉하면 성공하는 것마다 패하며 노년에는 고독하게 된다. 또 어려서 물에 빠지는 재난을 만나거나 살아가면서 여러 번의 죽을 고비를 만날 수 있다. 음주와 이성을 주의하여야 하고 예리한 물건을 조심하라.

주석 ※ 삼재의 배열이 좋아도 획수는 길격으로 맞추어야 한다. 그래야 길한 관계를 안정적으로 유지한다. 삼재의 배열이 좋은데 획수가 나쁘다거나 배열이 흉한데 획수가 좋은 것은 늘 조심해야 한다.

참고 承父祖之餘德, 得長者之栽培, 或用人得當, 得大成功及發展, 原命若喜水木者更佳【90점】. 若凶數者：成又轉敗, 陷於離亂變動, 至晚年終歸孤獨失敗, 又早年有落水災遇, 生涯九死一生之命格. 又須戒色, 以防色變及刀殺之危.【中吉/ +80점】

(5) 水에 해당하는 성씨 (성 획수에 태극수 1을 더한 끝수가 9, 0이 되는 획수)

- 8획 성씨 : 具구 金김 奇기 孟맹 明명 奉봉 尙상 昔석 林림 周주 沈심 卓탁
- 9획 성씨 : 姜강 南남 宣선 施시 禹우 兪유 柳류 秋추 表표 河하 咸함
- 18획 성씨 : 簡간 魏위
- 19획 성씨 : 南宮남궁 薛설 鄭정

1
水 木 木
수 목 목
○

풀이 겉은 부드럽고 내면은 강한 외유내강의 성격이다. 삶의 바탕이 튼튼하여 편안하며 윗사람의 혜택과 도움을 받아 발전한다. 대인관계가 원만하고 몸과 마음이 건강하여 장수한다. 좋은 부모를 만난 격이며 가족간에 화목하다.

주석 ※ 조상의 음덕은 자손에게 돌아가는 것이 정해진 이치이므로 천재가 인재와 지재를 생하는 지극히 순조로운 배열이다. 하지만 획수리가 맞지 않으면 길한 면이 사라진다.

참고 基礎安泰, 長輩惠助, 排除萬難, 而順利成功及發展, 繁榮隆昌, 人緣殊勝, 利蔭六親.【大吉昌/ +90점】

2
水 木 火
수 목 화
○

풀이 자신은 윗사람의 은혜를 입고 그것을 잘 가꾸어 자손에게 물려주니 세상에 이름이 드러난다. 물려받은 재산으로 성공하지만 그 과정에 힘든 어려움이 많다. 건강한 편이다. 배열이 좋아도 수리가 흉하면 실패하는데 수리가 흉하지 않다면 걱정할 필요는 없다.

주석 ※ 지극히 순리적인 배열이다. 여기서도 천재가 지재를 극하는데 이는 있을 수 있는 당연한 관계이므로 염려하지 않아도 된다.

참고 可得平安榮華之幸運, 及能受父祖餘德或財力所蔭益, 達到成功與大發展, 但其過程伏有許多艱難, 最怕人格與地格若凶數, 終歸失敗, 若無凶數, 則可免憂.【大吉/ +90점】

| 3 水木土 수목토 ○ | 풀이 | 성품이 온화하고 태도가 공손하다. 꾀와 계교가 뛰어나다. 물을 흠뻑 머금은 초목처럼 힘차며 아름답다. 성공하여 평안하고 태평하나 중년 이후에는 행동을 신중히 하라. |

주석: ※ 인재와 지재가 木剋土의 관계에 있다 하나 木과 土가 서로 이기려고 싸우는 것이 아니라 땅위에 우뚝 서 있는 튼튼한 나무를 말한다. 대지 또한 수분이 있는 자양지토(滋養之土)로서 나무의 입장에서는 이보다 더 좋은 조건은 없을 것이다.

참고: 基礎運乃木在上而土在下, 順應天地自然之配置(不作木土相剋論), 猶若立於磐石之上, 相得益彰而毫無凶變, 境遇安全而順利之安泰成功, 並隆昌發達. 【大吉昌/ ＋90점】

| 4 水木金 수목금 × | 풀이 | 성정은 부드러우나 신경과민이다. 비록 성공하여 발전할 수 있지만 일시적이다. 바탕 운이 튼튼하지 못하고 또 인내력까지 부족하니 이익을 얻어도 흉으로 변한다. 배반에 의한 거듭된 실패로 건강이 상할 수 있으며, 예리한 물건을 조심해야 한다. |

주석: ※ 水生木으로 천재의 생을 받은 인재는 지재의 金에 부딪쳐 좌절된다. 金은 창이나 칼이 되어 사물을 살상하는 무기가 될 수 있으므로 木은 金 앞에서 언제나 힘을 펴지 못한다.

참고: 雖可獲得成功及發展於一時, 亨受富貴於短暫, 但因基礎運劣, 以致境遇不穩, 若忍耐力不夠, 恐遭難受傷或傷人, 且財利易生凶變, 終再失敗, 且有因他人之連累以致破財及受到武器之迫害殺傷流血之慮. 【凶多於吉/ －15점】

| 5 水木水 수목수 ○ | 풀이 | 머리가 좋고 감수성이 예민하며, 직감력이 뛰어나다. 위아래가 함께 협조하니 시작은 힘들어도 중년 이후에는 노력으로 성공한다. 병이 없고 설사 병이 나도 약만 먹으면 빨리 치유될 수 있다. 건강에는 걱정이 없으나 분에 넘치는 욕심은 화를 부른다. 수리가 흉하면 나이가 들어서 어렵게 될 수도 있다. |

주석 ※ 천재와 지재가 인재를 생하는 이러한 삼재 오행은 매우 이상적인 배열로서 길하지만 수리를 잘 맞추어 장점이 단점이 되지 않도록 하는 것이 중요하다.

참고 青年期甚勞苦, 因勤奮求上進而在中年末, 雖可很順利成功並發展隆昌長久. 但人, 地格, 有凶數者：在晚年或許會再產生艱難, 困苦, 勞心, 甚至遭致失敗之憂. 此三才局, 若數理無凶, 卽無病, 有病吃藥便可速癒.【大吉昌/ +90점】

6 水火木
**　 수화목**
×

풀이 성품이 조급하고 감수성이 예민하다. 사람들에게 정성을 다한다. 여자는 인품이 온화하고 순하다. 木이 水와 火의 싸움을 달래주지만 성공이 쉽지 않다. 갑작스런 재난이나 천재지변으로 인한 어려움을 만날까 근심이 된다. 뇌일혈이나 심장마비, 생명에 위협을 받을 수 있으니 조심하라.

주석 ※ 가장 무서운 오행의 관계가 水剋火이다. 인재에 속하는 火가 지재의 木의 도움을 받으니 水를 무서워하지 않고 맞서서 대항하는 배열이다.

참고 境遇堅固安泰, 有下屬之助力, 地位, 財產均安全, 以木解消水火之相剋, 致成功, 但若人地格有凶數, 於成功後, 難以伸展, 且有突發之災禍, 遭難等之慮, 更容易發生因愛情上而產生之不測災難, 凶變等.【中吉/ +65점】

7 水火火
**　 수화화**
×

풀이 성품이 급하고 느낌이 민감하며 정직하다. 생각 없이 행동하니 성공은 일시적이다. 인내심이 부족하여 쉽게 적을 만들고, 혼자 외롭게 힘든 싸움에 빠져서 힘들다. 불같은 성질로 한 생에 흥망이 교차된다. 가족과의 관계가 좋지 않고 단명할 수 있으니 조심하라.

주석 ※ 필자는 火金이나 金木의 흉함보다 水火의 배열을 가장 흉하게 본다. 수화는 강한 세력으로 무모하게 극을 하기 때문에 재난이 심한 것이다.

참고 一時之盛運, 如曇花一現而已, 短暫而缺乏耐久力, 容易樹敵惹禍而自陷於孤立苦鬥, 成功運甚劣, 多成多敗, 縱使成功, 旋卽再敗, 不能有所伸展, 且有火災, 水災等凶變急禍, 諸不測之災慘, 以傷人或自危或喪失配偶, 或短命夭壽之凶配置也. 如果人格或地格其一：出現23數 或14數尤糟, 不能免

於色危厄致慘之運.【大凶/ －30점】

8 水火土 / 수화토 ✕

풀이 성질이 조급하고 예민하며, 정직하지만 깊이 생각하지 못한다. 일시적으로 성공해도 돈을 모으기가 어렵다. 살아가는 데 곡절이 많고 가정이 편치 못하다. 중년 이후에는 갑작스런 변화와 고난이 파도처럼 거듭되고 예측할 수 없는 재난으로 생명이 위험할 수도 있다.

주석 ※ 인재는 천재로부터 水剋火를 당하면서 지재를 생해야 하는 이중고에 놓여 있다. 특히 인재가 중심이 되어야 하는데 전혀 중심 역할을 할 수 없으므로 흉한 명운을 피해 갈 도리가 없다.

참고 基礎運堅實而可成功於一時, 但因成功運被抑壓以致不能有所伸展, 生涯殊多艱難, 不幸, 不滿, 哀怨, 中年後又有突發急變之不測災禍而危及生命之慮.【凶多於吉/ －15점】

9 水火金 / 수화금 ✕

풀이 성품은 조급하고 예민하며 의기소침하다. 조용하고 편안해 보여도 속내는 그러하지 못한다. 안팎으로 화평하지 못하여 나아가지도 물러나지도 못한다. 윗사람의 도움이 없고 자신도 남을 도와줄 형편이 못 되니 성공하기 어렵다. 또한 처와 자식을 잃어버리는 등 나쁜 징조가 있으며 병으로 어려워질 수 있으니 조심하여야 한다.

주석 ※ 천재는 인재를 극하고 인재는 지재를 극하는 매우 흉한 배열이다.

참고 至劣之三才配置, 決不能成功, 亦不能伸展, 常受上司壓迫又屢受下屬陷害, 很不安定, 內外不和, 進退兩難, 身心過勞, 作事極端偏激招災遭難變死或發狂傷人或失配偶, 喪子等之兆.【大凶/ －30점】

10 水火水 / 수화수 ✕

풀이 삼재의 배치가 지극히 흉하다. 일마다 장애가 생기고 박해를 받는 일이 유난히 많다. 남보다 잘해서 자랑하기를 좋아하나 운이 따르지 않아 성공하지도 못한다. 뜻하지 않은 재난으로 재물이나 생명을 잃을 수 있다. 뇌일혈이나 심장마비를 조심하라.

| 주석 | ※ 천재와 지재가 가운데 있는 불씨를 水剋火로 끄려 하니 결과를 얻기는커녕 시작도 못한다. 설상가상으로 중심이 되어야 하는 인재가 존재 자체를 위협받고 있으니 불행함을 무슨 말로 다할 수 있을까? |

참고　極凶之三才配置, 百般阻礙與迫害殊多, 無形之心病甚重, 永不能成功, 亦不能伸展, 而且生涯絕對的不安定, 大不祥, 大災遇, 有意外不測之急禍凶變而喪失生命或財產, 死神常在其身邊, 有的變成發狂, 殺人或被殺, 變死等.【大凶/ －30점】

11
水 土 木
수 토 목
×

풀이 기초가 튼튼하지 못한데다 오만한 성품과 편견으로 겉치레만 요란하다. 윗사람의 말을 따르지 않아 힘들고 어려운 일들이 많아서 힘들다. 잦은 변동으로 안정적이지 못하고 한평생을 실망으로 살아간다. 무너지는 물건에 다치거나 뜻밖의 재난으로 단명할 수 있으니 조심하라. 폐질환과 위장병에 주의해야 한다.

주석 ※ 木剋土 土剋水로 木이 아래에 있고 土가 위에 있어 자연 상태에 부합되지 않아 흉하다. 물이 충분한 나무가 땅에서 자라는 水木土와 다르다.

참고 木在下而土在上：與自然狀態顚倒便是凶, 此謂(木剋土)矣, 基礎運劣, 境遇不安定, 以致變死或移動, 仍是障害多端, 困難及苦楚殊多, 成功困難, 無法發展, 失意一世, 遭崩物傷或意外不測災危以致短壽變死.【大凶/ 30점】

12
水 土 火
수 토 화
×

풀이 이기는 것을 좋아하며, 성품이 강강하다. 요란한 겉치레에 마음을 많이 쓴다. 윗사람의 뜻을 거스르니 일마다 장애가 많다. 조금 성공해도 유지하기 어렵다. 또한 이성관계에 문제의 소지가 있다. 과로하지 않도록 조심하라.

주석 ※ 지재의 도움을 받은 인재가 천재를 土剋水하는 하극상의 배열로, 천재에 해당하는 조상의 덕이 없고 또한 조상을 섬기지 않는다.

참고 基礎安定, 能逃災害, 排除障礙而達到成功. 不過卻因成功運不吉, 不能再伸展. 不能將天賦才能以完全發展, 使其成就與精華俱皆受到打折, 殊爲可惜, 又須深戒提防色難之憂.【中吉/ ＋65점】若人格或地格數理凶, 則有病,

導致頭腦神經症或心臟病.

13
水 土 土
수 토 토
×

풀이 겉치레가 요란하고 이기는 것을 좋아한다. 강하기만 하고 활발하지 못하다. 윗사람을 거스르니 어려움이 많고 삶의 만족도도 떨어진다. 노력이 헛되게 많은 장애가 생겨나니 어렵고도 어렵다. 뇌질환과 신장계통을 조심하라.

주석 ※ 천재, 인재, 지재 어디에 속하든 한 개의 오행이 확실하게 깨어질 때는 전체적인 조화를 잃어버리므로 아무리 강인한 오행이라 하더라도 제대로 존재하기가 어려워진다.

참고 境遇安定, 平順幸福, 能排除困難, 廣得人助, 而得到名利雙收之大成功, 生活安逸, 可惜因成功運不理想, 是以向上伸展產生障礙多端, 只能維持原有舊日之成就現狀而已.【中吉/ +65점】此三才局:人格地格之數理若無凶, 則健康, 無病, 快樂的.

14
水 土 金
수 토 금
△

풀이 자존심이 강하고 남의 말을 잘 듣지 않는다. 주도면밀하며 소극적이지만 기초운이 좋아서 어려움을 헤치고 성공한다. 단 성공하고부터 운이 좋지 않아 예측 못한 재난으로 널리 발전시키기는 어렵다. 만약 수리가 좋으면 걱정이 없고, 건강하게 오래 살 것이다.

주석 ※ 인재에 속하는 土는 중화의 기운으로 土生金을 하며 지재를 생하고 있다. 水土火처럼 火生土를 받아 水와 맞서서 대항하지 않는다는 것은 어려운 가운데서 살아날 구멍을 찾을 수 있는 여지가 있다. 같은 이치라 하여 木金水와 다름없다고 생각하면 안 된다. 왜냐하면 木과 金의 관계와 水와 土의 관계는 오행의 근본성정이 다르기 때문이다.

참고 基礎運佳, 故而可以安定發展, 排除萬難而成功, 但因成功運不吉, 是以難於再伸展, 或陷於不測之災難襲來之慮, 若無凶數則可免憂, 亦可康健無病.【中吉/ +65점】

15

풀이 허영기가 많고, 복종심과 책임감이 부족하다. 바탕 운이 좋지 않아 불안

| 水水土水
수토수
× | | 정한 삶을 산다. 변화에 쉽게 흔들리며, 떨어지는 물건에 다칠 수 있으니 항시 주의하라. 위장병과 눈 질환, 뇌일혈, 심장마비나 우울증으로 인한 자살의 우려가 있다. |

주석 ※ 인재에 속하는 土가 천재와 지재를 土剋水를 하고 있으니 혼자 독불장군의 모습에 불과할 뿐이다. 시간이 지날수록 흉하게 변한다.

참고 三才配置極劣, 基礎不穩, 凶運交加襲來, 而又不能向上發展, 生涯絕對不安定, 被人所棄變爲孤獨, 無賴, 遭難, 病死等兆, 又有不測之凶變災禍危身或變死之慮, 易遭墜物所傷或跌落之災.【大凶/ −30점】

16 水金木
수금목 ×

풀이 예민하고 의심이 많으며 작은 일에도 쉽게 성질을 부린다. 비록 뜻대로 성공할 수 있어도 점차 흉해서 바람에 이는 파도처럼 쉴 날이 없다. 처와 자식을 극하고 자주 변동을 겪게 되니, 조난과 외상을 주의하라.

주석 ※ 인재가 지재를 극하면서 천재를 생해주는 배열이다. 인재를 중심으로 보면 기운이 많이 설기되니 흉한 배열에 속한다.

참고 雖可順利成功發展如意, 但因基礎運不安定之故, 常有變動之凶, 浮沈多端, 風波不息, 易變成剋妻子或遭難外傷, 流血等厄之慮.【凶多於吉/ −15점】

17 水金火
수금화 ×

풀이 언행이 경망스럽고 자중하는 성격이 아니어서 다른 사람들에게 뭇매를 맞는다. 포기하지 않고 부지런하게 움직이면 성공운에 목적을 달성할 것이다. 바탕 운이 순조롭지 못하여 나이가 들수록 불안정하고 흉해진다. 폐질환과 갑작스런 변화를 조심하여야 한다.

주석 ※ 火剋金으로 지재의 극을 받은 인재는 지친 몸을 이끌고 천재를 생해야 하는 부담을 갖고 있다. 그러므로 지친 상태에서 시간이 지날수록 더욱 일어나지 못한다.

참고 雖因勤奮爭進而有成功運, 達成目的, 但因基礎運不穩, 常會再陷於不安定之境遇, 而多成多敗, 易受人迫害, 且終因過勞而招致肺疾或遭難, 凶變等.【凶多於吉/ −15점】

18
水 金 土
수 금 토
○

풀이 　총명하여 공부할수록 생각이 커지고 모든 일이 뜻대로 발전하여 목적을 달성한다. 몸과 마음이 건강하고 온전하며, 가정도 편안하고 안정될 것이다. 열심히 학문을 하면 성공한다.

주석 　※ 지재로부터 土生金 金生水로 천재를 향하여 생하니 매우 가상한 배열이다. 역생(逆生) 배열 중 제일 순탄한 명운이다.

참고 　學竟有成, 凡事如意, 順利成功, 達成目的, 名利雙收, 境遇安固, 優越發展, 享盡幸福.【大吉昌/ +90점】

19
水 金 金
수 금 금
○

풀이 　재능과 지혜가 출중하다. 성공운에 발전하나 완고한 성격으로 시비를 초래한다. 사람들과 윤택하게 어울리지 못하는 단점이 있다. 상대하기 싫은 사람과도 잘 지낼 수 있다면 좋은 운을 이어갈 수 있다. 수리가 좋으면 평안할 것이다.

주석 　※ 길한 배열이지만, 인재와 지재가 같은 금이라 마찰의 여지가 크다. 그러므로 金水金이나 金土金만큼 부드럽지 못하다.

참고 　勤苦竟成之吉兆無疑, 勤勉上進, 堅志如鐵, 個性頑剛, 不肯屈服, 具有深厚實力之才華, 憑以創造錦繡而輝煌之前程, 博得功成名就, 並得到很大伸展, 但唯憾的是與人不大融洽.【中吉/ +80점】

20
水 金 水
수 금 수
○

풀이 　온순하고 남의 것을 탐내어 취하지 않는다. 여인은 부모와 남편과 자식을 따르는 삼종지덕을 갖추었고, 마음을 바꾸지 않는다. 수리가 흉하다면 이루었다 해도 재난을 당한다.

주석 　※ 생하는 배열이긴 하지만 중심이 되는 인재의 오행인 金이 천재와 지재를 생하느라 에너지 소모가 많다. 그러므로 수리가 맞지 않을 때는 순리적인 흐름을 바랄 수 없다.

참고 　基礎運及成功運皆佳, 且身心健全, 而可穩達成功發展成富或揚名美譽. 若地格凶數則成又轉敗, 且遭溺水或水災之損.【大吉昌/ +90점】

| 21 水水木
수 수 목
○ | 풀이 | 자기 자신을 지나치게 믿는 탓에 뛰어 나가 공을 세우기를 좋아한다. 남들과 다른 방식으로 성공하는데 재변으로 패하고 망하게 된다. 질병으로 몸이 약해져 단명할 우려가 있으니 주의하여야 한다. |

주석 ※ 위에서 아래로 흐르는 水 기운은 지재의 木 기운을 풍요롭게 만들지만, 수리가 흉하면 수다목부(水多木浮)가 되어 떠돌다 변괴를 당한다.

참고 基礎運佳, 境遇安全, 而可順利成功, 成功運也不錯, 因之亦可向上伸展發達, 人格凶數, 陷於行爲不修, 品性不端, 恐過於放蕩不羈之境, 易生破亂變動或荒亡流敗之慮, 請好自爲之, 而得免於損折自福. 若無凶數便無災禍之憂.【大吉/ ＋90점】

| 22 水水火
수 수 화
× | 풀이 | 예민하며 신경질적인 성격으로 자신을 지나치게 믿는다. 어리석게 힘자랑을 하다 향락에 빠지기 쉽고, 색정이 화근이 되니 자중하라. 가정생활 역시 편치 않다. 예사롭지 않은 재난을 갑작스럽게 당하여 단명할 수 있으니 주의하여야 한다. |

주석 ※ 水水火의 배열은 넘치는 물 기운을 주체 못하는 형국이다. 스스로 절제하지 못하는 가운데 자신의 약점을 모르니 헤어나기 어렵다.

참고 行爲不修, 放蕩成性, 任性隨便, 荒淫不修, 無可救藥, 正是十足浪子型之局勢, 易生多次失敗困苦, 生涯不安定, 顚沛流離, 荒亡流敗, 風浪不息, 落魄天涯, 每因色情而生禍端災遇, 否則常遭突發不測之災禍或變死短命.【大凶/ －30점】

| 23 水水土
수 수 토
× | 풀이 | 총명하지만 잘난 체하며 오만하다. 안정되어 보이나 자신을 너무 믿고 향락에 빠져 인생에 실패한다. 좋은 운이 와도 지킬 능력이 없어 작은 발전을 이루어도 오래가지 못한다. 뇌일혈이나 심장마비, 뜻밖의 재난이 일어나니 주의하여야 한다. |

주석 ※ 土剋水의 하극상적인 반항은 무모하다. 土 기운이 水를 극하려 하나 무심한 천재와 인재의 水 기운에 밀려 떠내려갈 뿐이다.

참고 表面似乎安定, 其實境遇不穩, 終生非常苦勞, 雖可得到小成之名利與成就, 亦有小成之發展, 卻是常遭不時之災難, 或有小賊人之害, 或病難或家庭之

不幸, 或破財倒霉多端, 或不測喪生等慮.【大凶/ －30점】

24
水水金
수수금
○

풀이 자기 과신이 지나쳐 급하게 성공하려 한다. 토대가 튼튼하여 명예와 이익을 얻기는 하지만 좋은 품행을 기르지 않으면 낭패를 본다. 만약 수리가 좋으면 재난은 없는 편이다. 대체로 건강하나 그래도 병이 생기지 않도록 조심하라.

주석 ※ 水 또는 火, 金이 많다는 것은, 치우친 기운으로 단점이 드러날 가능성이 높다는 것을 뜻한다. 水水金 또한 水의 기운이 많은데다 지재가 金이라 金生水하며 생하여 좋지만, 수리가 나쁠 때는 술과 오락에 빠져 현실을 망각할 수 있다.

참고 基礎健固, 境遇安然, 勤智交輝而能博得財利名譽以及名利雙收, 大成功, 大發展之兆, 但若品行不修, 不守正道, 便會淪陷於刑牢獄之災, 若多不平不滿則與人不和, 荒亡流散或有害健康, 若無凶數便無災.【大吉/ ＋90점】

25
水水水
수수수
×

풀이 크게 성공하여 자랑하고 싶은 마음이 많다. 일시적으로 성공하지만 결국은 고독하다. 오행이 하나로 이루어진 사주로 연주국을 이룬 사람은 대길하다 할 만하다. 사주에 水가 좋은 길신이라면 더욱 좋다. 명예와 재물을 얻어 큰 발전을 이룰 것이다. 드물게 부귀와 장수를 누리는 사람도 있다.

주석 ※ 길하게 해석할 때도 있다. 토를 만나면 극을 당하고, 금을 만나면 수를 생할 것이나 길함을 분별하기가 쉽지 않다. 또한 지나친 기운은 중화에서 멀어지므로 좋은 배열이라 보지 않는다.

참고 唯獨若有連珠局者, 論爲大吉, 原命喜水尤佳. 有一時之大勢力, 大發展而得名取利, 但若品行不端, 行爲不修, 勝與敗均極端而短暫終於變成荒亡流散, 如泡沫夢幻而結果是悲運滅亡 又孤獨伶仃人生.【中吉/ ＋65점】

【부록 2】

81격의 원문과 뜻

# 【부록 2】 81격의 원문과 뜻

1. 기본격(基本格) 大吉

: 天地開泰(천지개태) - 하늘과 땅이 사귀어서 크게 열리는 운.

태극이 되고 수령이 되는 수로서 크게 길하고 상서롭다. 다만 움직이지 않고 가만히 있는 것이 길하고 움직이면 좋지 않다. 마치 동쪽에 떠오르는 태양과 같아서 크게 성공할 수 있는 운이다.

天地開泰萬事成　健全發達又威望　一生無憂極貴珍　頭領名譽得富榮
천 지 개 태 만 사 성　건 전 발 달 우 위 망　일 생 무 우 극 귀 진　두 령 명 예 득 부 영

하늘과 땅이 크게 열려서 만사가 이루어지니/ 몸과 마음이 건강하게 발달해서 위엄 있고 존경도 받네/ 일생토록 근심없고 극도로 귀해지니/ 두령이 되는 명예를 얻고 부귀와 영화를 얻네

2. 분리격(分離格) 凶

: 混沌未定(혼돈미정) - 모든 것이 혼미하여 안정되지 못한 운.

독립하겠다는 기백이 없고 나아간다든지 물러난다든지 하는 결단력을 상실하였다. 만약 마음이 안정된다 할지라도, 일생을 살아가는 힘이 약해서 가족과 흩어지기를 여러 번 한다.

混沌未定如萍動　破敗不安兼波浪　變動無常多遭難　艱難病弱又短命
혼 돈 미 정 여 평 동　파 패 불 안 겸 파 랑　변 동 무 상 다 조 난　간 난 병 약 우 단 명

혼돈스럽고 안정되지 못해서 부평초 떠다니는 것 같으니/ 가정이 무너지고 실패해서 불안한데 풍파가 일어나네/ 시시때때로 변동해서 어려움이 많으니/ 어렵게 고생하고 병약하며 목숨마저 짧다네

3. 형성격(形成格) 大吉

: 進取如意(진취여의) - 뜻과 같이 나아가 얻는 운.

활동하는 일마다 늘어나고 번영하는 수리이다. 하늘이 내리는 부귀가 있어서 대사업을 일으키며, 자손에 대한 복이 있다.

諸事如意富貴榮　智達明敏兼威名　功利壽福皆獲得　增進繁榮無限量
제 사 여 의 부 귀 영　지 달 명 민 겸 위 명　공 리 수 복 개 획 득　증 진 번 영 무 한 량

모든 일이 뜻대로 되어 부귀하고 영화로우니/ 지혜롭고 명민하며 위엄스런 명성이 있네/ 공명과 이익을 얻고 장수하는 복도 얻으니/ 일마다 늘어나고 번영하는 것을 헤아릴 수 없다네

4. 부정격(否定格) 凶

: 朔體凶變(삭체흉변) - 몸으로 인해 흉한 재앙이 생기는 운.

만 가지 일이 신체로 인해서 막히는 수리이니, 자신을 지나치게 믿어서 자멸하는 조짐이 있다. 방탕하게 된다.

破壞滅裂萬事歇　逆境病難兼夭折　破家亡身且凶變　艱難之中有孝傑
파 괴 멸 렬 만 사 헐　역 경 병 난 겸 요 절　파 가 망 신 차 흉 변　간 난 지 중 유 효 걸

깨어지고 무너지며 멸망하고 찢어져서 만사가 그쳐지니/ 역경과 병치레에 요절할 수네/ 집안이 망하고 몸을 다친데다 흉한 변고가 이르나/ 어렵고 고통스런 중에도 효자가 있다네

5. 정성격(定成格) 吉

: 福祿長壽(복록장수) - 복록을 누리고 장수할 운.

성품이 온화하고 독실하며 신체가 건강하다. 혹 타향으로 가서 성공하고 집안을 다시 일으킨다. 착한 일을 좋아하고 베풀기를 잘한다.

福祿壽全陰陽和　功名順理榮達富　家業重興福德運　衣食豊盛受敬愛
복 록 수 전 음 양 화　공 명 순 리 영 달 부　가 업 중 흥 복 덕 운　의 식 풍 성 수 경 애

복록과 천수를 누리며 부부간에 화합하니/ 공과 명성을 순리대로 해서 부귀영화를

누리네/ 가업을 다시 일으키고 복덕이 많은 운이니/ 의식이 풍성하고 존경과 사랑을 받는다네

6. 계성격(繼成格) 吉

: 有父祖之蔭(유부조지음) - 조상의 음덕이 있는 운.

하늘과 사람이 서로 돕는 운이다. 덕을 길러야 한다. 남녀 모두 색을 좋아한다. 즐거움이 지나치면 슬픔이 생겨난다는 뜻이 있으니, 의지가 굳세지 못하기 때문일 것이다.

盛運幸福注一門 天乙貴人守身邊 安穩餘慶福祿開 豊中含衰要謹愼
성 운 행 복 주 일 문   천 을 귀 인 수 신 변   안 온 여 경 복 록 개   풍 중 함 쇠 요 근 신

성대한 운과 행복이 한 집에 모이니/ 천을귀인이 신변을 지켜준 것일세/ 평온함 속에 경사가 있어서 복록이 열리니/ 풍성한 가운데 쇠퇴하는 뜻이 있으니 근신하길 바라네

7. 독립격(獨立格) 平

: 剛毅果斷(강의과단) - 굳세고 강하며 과단성이 있는 운.

전반적으로 잘 정돈된 수리이다. 의로움은 타인의 잘못을 용납하지 못하고, 용맹은 만 가지 어려움도 돌파할 수 있다. 여자가 이러한 수리가 있으면 남성의 드센 성격을 면하기 어렵다.

剛毅果斷除萬難 獨立權威又俊敏 涵養修身亦雅量 吉慶增進志氣安
강 의 과 단 제 만 난   독 립 권 위 우 준 민   함 양 수 신 역 아 량   길 경 증 진 지 기 안

굳세고 강한 과단성으로 만가지 어려움을 제거하니/ 독립심과 권위를 더한 위에 뛰어나게 영민하네/ 몸을 잘 기르고 닦으며 아량을 겸한다면/ 길한 경사가 날로 늘어나고 뜻대로 안정된다네

8. 개물격(開物格) 吉

: 意志堅强(의지견강) - 뜻이 굳고 강한 운.

근면하고 발전하는 수리이나 완고한 편이다. 만약 다른 수리가 흉하다면 혹 근심과 재앙을 만날

까 염려스럽다.

意志堅剛有始終　忍耐克己求和平　勤勉發展成大業　前難後易得成功
의 지 견 강 유 시 종　인 내 극 기 구 화 평　근 면 발 전 성 대 업　전 난 후 이 득 성 공

의지가 굳고 강하여 시작과 끝이 정확하니/ 자신의 욕심을 이겨내는 인내력으로 평화를 구하게나/ 근면하게 발전해서 큰 사업을 이룰 것이니/ 처음에는 어렵더라도 나중에 쉬워져서 성공할 것이네.

9. 궁박격(窮迫格) 凶

: 興盡凶始(흥진흉시) - 흥성함이 다하고 흉이 시작되는 운.

궁핍하고 어렵게 되는 수리이다. 여인은 몸을 파는 기생이 되거나 혹 부부의 이별이 있다.

興盡凶始入困途　有始無終別親怙　病弱短命又凶禍　克子窮迫孤寡懊
흥 진 흉 시 입 곤 도　유 시 무 종 별 친 호　병 약 단 명 우 흉 화　극 자 궁 박 고 과 오

흥성함이 다하고 흉이 시작되어 곤궁한 길로 들어서니/ 시작은 있어도 끝이 없으며 부모와 이별을 하네/ 병들고 약하며 단명하고 흉한 재난 있으니/ 자식을 이기고 핍박해서 고아되고 과부되어 한스럽네.

10. 공허격(空虛格) 凶

: 萬事終局(만사종국) - 만 가지 일이 끝판되는 운.

손해보고 소모되는 운이 가득한 수리이다. 일찍 부모를 잃는다. 여자는 쉽사리 몸을 파는 기생이 되고, 혹 남편을 극제하고 자식을 잃는다. 어려움을 만나고 형벌을 받는 액운이 있다.

日沒盈暗萬事休　家破財散又失意　病弱短命多災難　克夫克妻別親怙
일 몰 영 암 만 사 휴　가 파 재 산 우 실 의　병 약 단 명 다 재 난　극 부 극 처 별 친 호

해가 지고 어둠이 가득해서 만사가 끝났으니/ 집안이 망하고 재산이 흩어지며 실의에 빠졌네/ 병약하고 단명한데다 재난이 많으니/ 남편을 극제하고 아내를 극제하며 부모와 이별할 수네

11. 신성격(新成格) 吉

: 挽回家運(만회가운) - 집안의 운을 되돌려 일으키는 운.
　양자로 들어갈 확률이 높은 수리의 운이다.

春光成育漸茂盛　穩健着實富貴榮　挽回家運再興家　順調發展得人望
춘 광 성 육 점 무 성　온 건 착 실 부 귀 영　만 회 가 운 재 흥 가　순 조 발 전 득 인 망

봄볕에 잘 길러져서 점차 무성해지니/ 온건하고 착실해서 부귀와 영화를 누리네/ 집안의 운을 만회해서 다시 일으키니/ 순조롭게 발전해서 인망을 얻는다네

12. 박약격(薄弱格) 凶

: 意志薄弱(의지박약) - 의지가 박약한 운.
　의지가 박약하고 가정이 적막해지는 운.

中途挫折遇災難　家庭緣薄孤獨運　無理伸長不如意　守分自重保平安
중 도 좌 절 우 재 난　가 정 연 박 고 독 운　무 리 신 장 불 여 의　수 분 자 중 보 평 안

중도에서 좌절되고 재난을 만나며/ 가정의 인연이 희박해서 고독할 운이라네/ 무리하게 일을 키우면 뜻대로 안 되는 것이니/ 분수를 지키고 자중해서 평안을 지키게나

13. 지모격(智謀格) 吉

: 智略超群(지략초군) - 지모와 계략이 일반인을 뛰어넘는 운.
　다양하게 널리 배우고 재주가 많으며 인내심이 많은 수리이다. 일을 처리함에 정교하고 잘 예측해서 처리하나, 여색에 빠져 형벌을 받지 않도록 주의한다.

智慧超群多藝能　好奇過信要謹躬　善處事務能難事　功業成就得富榮
지 혜 초 군 다 예 능　호 기 과 신 요 근 궁　선 처 사 무 능 난 사　공 업 성 취 득 부 영

지혜가 일반인보다 뛰어나고 기예의 재주도 많으니/ 기이한 것을 좋아하고 자신을 너무 믿어 근신이 필요하네/ 일처리를 잘 해서 어려운 일도 잘 해결하니/ 공업을 이루어서 부귀영화를 얻는다네

14. 이산격(離散格) 大凶

: 윤락천애(淪落天涯) - 아득한 낭떠러지로 떨어지는 운.

희망을 잃고 번민하는 수리이다. 자식을 낳고 기르는 천륜의 즐거움을 얻기 어렵다. 단명하고 형벌을 받는다.

淪落天涯別親怙　家族緣薄孤獨數　失意煩悶多災厄　徒勞無功不如意
윤락천애별친호　가족연박고독수　실의번민다재액　도로무공불여의

부모와 이별해서 아득한 낭떠러지로 떨어지니/ 가족과의 인연이 없는 고독한 수리라네/ 실망하고 번민하며 재앙이 많으니/ 헛수고하고 공이 없어 뜻대로 안되네.

15. 통솔격(統率格) 吉

: 立身興家數(입신흥가수) - 자립해서 집안을 일으키는 운.

복과 수명을 같이 누리는 수리이다. 단 가난한 집안에 태어나면 부지런하고 부잣집에 태어나면 게으르다.

福壽拱照德望高　立身興家成大事　富貴繁榮有餘慶　財子壽全貴人助
복수공조덕망고　립신흥가성대사　부귀번영유여경　재자수전귀인조

복성과 수명성이 비춰주어 덕망이 높으니/ 자립해서 집안을 일으키고 큰 일을 이루네/ 부귀롭고 번영하며 착한 일을 많이 한 덕으로 자손에게까지 경사가 미치니/ 재물과 자식, 천수를 누리고 귀인의 도움을 받네

16. 덕망격(德望格) 吉

: 천을귀인수(天乙貴人數) - 길신(吉神)중 최고 길신인 천을귀인이 돕는 운.

명성과 이익이 저절로 다가오는 수리이다. 단 색정에 쉽게 빠질 수 있으니, 여인은 혼인을 늦게 하여야 한다.

貴人得助天乙扶　逢凶化吉事業遂　初困後成爲首領　不可貪色保福壽
귀인득조천을부　봉흉화길사업수　초곤후성위수령　불가탐색보복수

천을귀인의 도움과 부축을 받으니/ 흉을 만나도 길로 변하게 해서 사업을 성취하네/ 처음은 곤궁해도 나중은 성공하여 우두머리가 되나/ 여색을 탐하지 말아서 복과 수

명을 지키게나

17. 건창격(健暢格) 吉

: 돌파만난(突破萬難) - 모든 어려움을 헤치고 나아가는 운.

강함과 부드러움을 겸비한 수리이다. 다만 방탕한 기질은 주의해야 한다.

突破萬難權位高　健全暢達萬難除　剛性固執如猛虎　須事謹愼守溫和
돌 파 만 난 권 위 고　건 전 창 달 만 난 제　강 성 고 집 여 맹 호　수 사 근 신 수 온 화

만 가지 어려운 일을 헤치고 나아가니 권위가 높고/ 건전하면서도 거침없이 뻗어가니 만 가지 어려움을 제거하네/ 강한 성격과 고집은 사나운 범과 같으니/ 모름지기 윗사람은 조심조심 섬기고 아랫사람에겐 온화함을 지켜야 한다네

18. 발전격(發展格) 吉

: 박득명리(博得名利) - 명예와 이익을 널리 얻는 운.

세운 뜻은 결국 이루고 마는 수리이다. 험한 곳은 가지 마라. 일에 임할 때 세 번 반성을 한 뒤에 행동하면 만에 하나도 잘못이 없을 것이다.

智謀盡展有威望　立志必成事皆通　過剛遭難養柔德　功名成就得達榮
지 모 진 전 유 위 망　입 지 필 성 사 개 통　과 강 조 난 양 유 덕　공 명 성 취 득 달 영

지모를 모두 펼쳐서 위세와 명망이 있으니/ 뜻을 세우면 반드시 성공하여 만사가 형통되네/ 지나치게 강하면 어려움을 만나니 부드러운 덕을 길러서/ 공명을 성취하고 영달을 누리게나

19. 고난격(苦難格) 凶

: 풍운폐월(風雲蔽月) - 바람과 구름이 달을 가려 어둡게 하는 운.

재앙과 어려움이 거듭해서 다가오는 수리이다. 지혜와 능력은 큰 사업을 일으킬 만하나, 단 그 과정에서 많은 장애를 만난다.

有始無終作事難 辛苦夭折多遭艱 風雲蔽月數挫折 孤獨失子寂寞運
유 시 무 종 작 사 난 신 고 요 절 다 조 간 풍 운 폐 월 삭 좌 절 고 독 실 자 적 막 운

시작은 있으나 끝이 없어서 성공하기 어려우니/ 몹시 고생스럽고 요절하는 등 어려움을 많이 만난다네/ 바람과 구름이 달을 가리듯 좌절을 자주 겪으며/ 고독하고 자식을 잃어서 적막한 운이라네

20. 허망격(虛望格) 凶

: 비업파운(非業破運) - 사업을 등지고 파멸할 운.

거듭해서 없어지고 비어지는 수리이다. 남자는 여자를 잃게 되고 여자는 남자를 잃게 되며, 제대로 된 자녀를 두지 못해서 울며 탄식한다.

破運別親重災禍 厄難疊來不如意 一生難得安寧時 病弱短命孤寡愁
파 운 별 친 중 재 화 액 난 첩 래 불 여 의 일 생 난 득 안 녕 시 병 약 단 명 고 과 수

운이 깨어져 육친과 이별하고 재난이 거듭되니/ 액난이 거듭 와서 마음먹은 대로 되지 않네/ 일생 편안할 때를 얻기 어려우니/ 병약하고 명이 짧으며 혼자될 근심일세

21. 두령격(頭領格) 男吉 女平

: 명월광조(明月光照) - 보름달이 환하게 비추는 운.

우두머리 격으로 실질이 있고 강건한 수리이다. 홀로 자립해서 권세와 위엄을 떨치니, 만물의 형체를 이루게 하고 각자의 지위를 확립하게 하는 권세이다. 사람들로부터 존경과 우러름을 받는다.

興家立身富貴榮 明月光照權威望 男子頭領得顯達 女子克夫終獨行
흥 가 입 신 부 귀 영 명 월 광 조 권 위 망 남 자 두 령 득 현 달 여 자 극 부 종 독 행

몸을 일으키고 가문을 부흥시켜서 부귀영화를 누리니/ 보름달이 밝게 비춰주어 권위를 우러러보게 하네/ 남자는 두령격으로 현달하게 되고/ 여자는 남편을 극해서 끝에 가선 혼자 사네

22. 중절격(中折格) 凶

: 추초봉상(秋草逢霜) - 가을 풀이 찬 서리를 맞은 운.

만사가 뜻대로 되지 않는 수리이다. 함정에 빠지거나, 색정에 빠지기 쉽다.

秋草逢霜挫折運　孤愁病弱難得安　逆境多來意志薄　晚運凋落苦心身
추초봉상좌절운　고수병약난득안　역경다래의지박　만운조락고심신

가을풀이 서리를 만나 꺾이는 운이니/ 외로운 근심과 질병으로 편안함을 얻기 어렵네/ 역경이 많음에 의지까지 유약하니/ 말년 운이 떨어지는 낙엽같아 마음과 몸이 고달프네

23. 공명격(功名格) 吉

: 욱일동천(旭日東天) - 동쪽 하늘에 태양이 떠오르는 운.

발달하여 무성하게 자라는 기운을 담은 수리이다. 활발하나 감정이 예민할 근심이 있다.

旭日東天勢壯麗　功名榮達成大志　猛虎添翼勢聲强　男子首領女寡婦
욱일동천세장려　공명영달성대지　맹호첨익세성강　남자수령여과부

동쪽 하늘에 태양이 떠올라 씩씩하고 아름다운 형세이니/ 공명을 얻고 영달해서 큰 뜻을 이루었네/ 사나운 호랑이에 날개를 달아준 것같아 성세가 급하니/ 남자는 우두머리가 되겠지만 여자는 혼자될까 두렵네

24. 입신격(立身格) 吉

: 가문여경(家門餘慶) - 집안에 자손까지 미치는 기쁨이 있는 운.

열매를 풍요롭게 거두어들이는 수리이다.

子孫餘慶富貴榮　家門繁昌福無疆　財益豊富奏大功　白手成功立大慶
자손여경부귀영　가문번창복무강　재익풍부수대공　백수성공립대경

자손에게 경사가 미쳐서 부귀영달을 누리니/ 가문이 번창하고 복록이 끝이 없네/ 재물이 더욱 풍부해지고 큰 공을 이루었다 아뢰니/ 빈 손으로 성공해서 큰 경사를 이루네

25. 안전격(安全格) 吉

: 자성영민(資性英敏) - 타고난 천성이 영특하고 민첩한 운.
입을 조심하지 않으면 신용을 떨어뜨릴 수도 있다.

資性英敏有奇才　怪癖不和起障碍　獲得榮譽成大業　修身忠恕得人和
자 성 영 민 유 기 재　괴 벽 불 화 기 장 애　획 득 영 예 성 대 업　수 신 충 서 득 인 화

천성이 영특하고 민첩하며 기이한 재주가 있으나/ 괴이한 버릇으로 불협화음을 일으켜서 앞날의 장애가 되네/ 영달하고 명예를 얻으며 대업을 이루니/ 마음을 수양해서 상대를 배려하여 사람들과 화합한 결과라네

26. 영웅격(英雄格) 男平 女凶

: 변괴이기(變怪異奇) - 괴이한 변화가 많고 기이한 운.
괴이한 호걸과 위인 열사로 여색을 좋아하는 수리이다.

千變萬化如英傑　桑田碧海多曲折　騷亂艱難多波瀾　克服萬險始功成
천 변 만 화 여 영 걸　상 전 벽 해 다 곡 절　소 란 간 난 다 파 란　극 복 만 험 시 공 성

천변만화하는 것이 영웅호걸과 같으니/ 뽕나무 밭이 푸른 바다가 되듯 곡절이 많다네/ 소란스럽고 어렵고 힘들어서 파란이 많으니/ 만가지 어려움을 극복한 뒤에 비로서 공을 이루네

27. 중단격(中斷格) 平

: 불의좌절수(不意挫折數) - 뜻밖의 일로 계획이 꺾이는 운.

끝없는 욕망 때문에 성대했다가 쇠퇴했다가를 반복하는 수리이다. 이러한 수리의 사람은 대개 어린 나이에 어른스럽고 발육상태가 매우 좋다. 단 자기를 내세우는 마음이 지나치게 강하기 때문에 쉽게 비방을 받거나 공격을 받는다.

慾望無限難滿足　有始無終多艱厄　剛性過强受非難　矯正自省終富榮
욕 망 무 한 난 만 족　유 시 무 종 다 간 액　강 성 과 강 수 비 난　교 정 자 성 종 부 영

욕망이 끝이 없어 만족하기 어려우니/ 시작은 있으나 끝이 좋지 않으며 어려움이 많

네/ 강한 성정으로 지나치게 억지로 해서 비난을 받으나/ 교정하고 반성한다면 부귀영화를 얻을 것이네

28. 파란격(波瀾格) 凶

: 함입역경(陷入逆境) - 어려운 곤경에 빠져 들어가는 운.

호걸도 아니면서 호걸인 체 해서 파란을 만드는 수리이다. 타향으로 달아나서 감옥에 갇히는 욕을 당한다. 스스로 원수를 만들어서 죽임을 당하고 다칠 염려가 있다.

自豪生離終身苦　遭遇不安奈何渡　夫妻相剋家運薄　結成怨仇多辛勞
자 호 생 리 종 신 고　조 우 불 안 내 하 도　부 처 상 극 가 운 박　결 성 원 조 다 신 로

호걸스런 처사가 이별수를 만들어 종신토록 괴로우니/ 평안치 못함을 어찌 해결할거나/ 부부가 서로 극제해서 집안의 운이 희박해지고/ 원수를 만들어서 매운 고생 많구나

29. 성공격(成功格) 吉

: 욕망난족(慾望難足) - 욕망을 만족하기 어렵다.

끝없이 일을 꾀하여 공을 세우려는 수리이다. 끝없이 샘솟는 계책과 정력을 바탕으로 크게 성공한다.

慾望難足希望高　智謀成功財力豪　節制過慾性自改　龍得風雲勢運開
욕 망 난 족 희 망 고　지 모 성 공 재 력 호　절 제 과 욕 성 자 개　용 득 봉 운 세 운 개

욕망을 만족하기 어렵고 희망은 높으나/ 지혜와 계책이 성공해서 재산많은 부호라네/ 지나침 욕심을 절제해서 스스로 마음을 고치면/ 용이 바람과 구름을 얻은 듯이 운이 크게 열리리라

30. 부몽격(浮夢格) 凶

: 절처봉생(絶處逢生) - 죽기 직전에 살아나는 운.

처와 자식을 잃어버리는 고독한 수리이다. 부침이 많은 운이다.

絶處逢生多危窮　投機浮沈受災殃　處事細慮保平安　奮鬪努力可成功
절처봉생다위궁　투기부침수재앙　처사세려보평안　분투노력가성공

죽음의 문턱에서 살길을 찾으니 위태함이 많고/ 모험을 좋아해서 부침이 많으니 재앙을 받기 쉽다네/ 일을 처리함에 자세히 살핀다면 평안할 수 있으니/ 노력분투해서 성공할 수 있으리라

31. 융창격(隆昌格) 吉

: 지용득지(智勇得志) - 지혜와 용기로 원하는 바를 이루는 운.

지혜와 인애 그리고 용기의 세 덕을 모두 갖춘 수리로, 높은 명예와 부귀를 누리는 대 길의 수리이다.

智勇得志意氣衝　建立聲譽事業興　終到富貴福祿奏　為人領導高德望
지용득지의기충　건립성예사업흥　종도부귀복록주　위인령도고덕망

지혜와 용기로 뜻 이뤄 기상이 충천하니/ 명성을 얻고 사업이 흥성하네/ 부귀를 이루고 복록으로 보답받으며/ 주변을 영도하는 사람이 되어 덕망이 높아지네

32. 요행격(僥幸格) 吉

: 요행소득(僥倖所得) - 요행으로 기회를 얻어 재물을 얻는 운.

집안이 영화롭게 일어날 것이며 순리적으로 나아가면 대길할 것이다. 단 배은망덕한 행동은 하지 말아야 한다.

淵中之龍未得珠　僥倖所得貴人扶　風雲際會可昇天　善捉機會有財富
연중지룡미득주　요행소득귀인부　풍운제회가승천　선착기회유재부

못 속의 용이 아직 여의주를 얻지 못했으나/ 요행으로 귀인이 도움을 얻었네/ 바람과 구름이 갖춰질 때 승천할 수 있으니/ 기회를 잘 포착해서 부유함을 얻게되네

33. 승천격(昇天格) 男吉 女平

: 가문융창(家門隆昌) - 집안이 융성하게 일어나는 운.

동쪽 하늘에 태양이 떠오르듯이 거칠게 없는 수리이나, 너무 강하게 나가면 일을 그르칠 염려가 있고 또 호색한이 되기 쉽다. 여자는 남편을 주눅 들게 할 염려가 있다.

家門隆昌精神爽 博得名利星月朗 權威智謀兩雙全 終是天下富貴翁
가문륭창정신상 박득명리성월랑 권위지모량쌍전 종시천하부귀옹

가문은 융성하고 정신은 맑으니/ 명예와 이득을 크게 얻어 별과 달같이 밝다네/ 권위와 지략을 모두 갖추었으니/ 마침내 천하에서 부귀한 사람이 되었다네

34. 파멸격(破滅格) 大凶

: 파가망신(破家亡身) - 집안을 깨뜨리고 몸을 망치는 운.

재물과 생명이 위험한 수리이다. 정신이상이 걸리기 쉽고 형벌과 죽임을 당할 염려가 많다.

家破身亡無數喪 艱難不絶多波浪 大凶一到黃泉客 何爲用此數最凶
가파신망무수상 간난부절다파랑 대흉일도황천객 하위용차수최흉

집안은 망하고 몸도 망하며 수없이 상을 치르니/ 어려움이 끝없어 풍파가 많구나/ 흉운이 다가옴에 황천으로 가야하니/ 어찌해서 이렇게 제일 흉한 수를 썼는가?

35. 평범격(平凡格) 吉

: 온화평안(溫和平安) - 온화하고 평안한 운.

우아하게 살 수는 있으나 위엄과 권세는 없는 수리이다.

溫和平安好藝才 努力前途福將來 文筆奇才仁德高 此數最適女命兮
온화평안호예재 노력전도복장래 문필기재인덕고 차수최적여명혜

온화하고 평안하며 예능을 좋아하니/ 노력하는 앞날에 복이 다가 오누나/ 문필과 기이한 재주로 어진 덕이 높으니/ 이 수리는 여자에게 제일로 좋다네

36. 영걸시비격(英傑是非格) 凶

: 풍랑부정(風浪不靜) - 바람에 일렁이는 물결처럼 고요하지 못하는 운.

의협심 때문에 운세가 각박해지는 수리이다. 궁핍한 액운을 자주 만나고 자주 잘못된다.

俠情波瀾萬事難　風浪不靜難得安　不可自作風雲兒　須養精神與謹愼
협정파란만사난　풍랑부정난득안　불가자작풍운아　수양정신여근신

협기는 파란을 일으켜 만사가 어려우니/ 풍파에 이는 물결은 조용히 편안하기 어렵다네/ 스스로 풍운아가 되지 말게나/ 모름지기 정신을 수양하고 근신을 하시게나

37. 인덕격(人德格) 吉

: 권위현달(權威顯達) - 입신출세하여 위엄과 권세를 누리는 운.

발전하는 근본 수리이며, 찬찬하고 세밀해서 걸음마다 이익을 얻는다. 큰 덕이 있어서 공을 세운다.

權威顯達得眾望　忠實熱誠運極旺　大德奏功無難事　終得富榮樂千鐘
권위현달득중망　충실열성운극왕　대덕주공무난사　종득부영악천종

출세하여 위엄과 권세를 누림에 뭇사람이 우러러 보니/ 충실하고 열성적이어서 운세가 극도로 왕성하네/ 큰 덕이 있어서 공을 이룸에 어려운 일 없으니/ 마침내 부귀영화를 얻어 천 잔의 술을 즐기네

38. 복록격(福祿格) 吉

: 평범지수(平凡之數) - 평범하게 살아가는 운.

문예창작에 뛰어나나 현실적이지 못하고 실행력이 없는 수리이다. 단 일단 결정한 목표를 향해서 꾸준히 노력하면 성공할 수 있다.

意志薄弱無威望　長於技藝得長風　名可得而利難獲　始終努力得向上
의지박약무위망　장어기예득장풍　명가득이리난획　시종노력득향상

의지가 박약하고 위엄이 없으니/ 재주와 예능에 뛰어나고 풍류에 뛰어나네/ 명성은 얻겠지만 잇속은 얻기 어려우니/ 초지일관 노력하면 발전이 있을 걸세

39. 안락격(安樂格) 男吉 女平

: 부귀영화(富貴榮華) - 부귀영화를 누리는 운.

사업이 발달하고 귀중하게 되는 수리이다. 부귀와 장수를 누리고 자손대대로 번창한다.

攪亂一過風浪靜 雲開見月得富榮 家門隆昌福萬千 子子孫孫個個亨
교 란 일 과 풍 랑 정　 운 개 견 월 득 부 영　 가 문 륭 창 복 만 천　 자 자 손 손 개 개 형

어지러운 혼란이 지나간 뒤에 풍랑이 멎고/ 구름 걷혀 달빛 밝듯이 부귀영화를 얻게 되네/ 가문이 번창하고 복이 가득 즐겁고/ 자자손손 모두가 형통하게 된다네

40. 무상격(無常格) 凶

: 근신보안(謹愼保安) - 삼가는 것만이 몸을 안전하게 보전하는 운.

지모와 담력이 있으나 오만한 태도 때문에 비평적인 공격을 받기 쉬운 수리이다. 사람됨이 불손해서 실패에 빠지는 운이므로 교만하지 말고 근신하며 요행을 바라지 말고 차근차근 풀어나가면 풀리는 운이다.

智謀膽力好投機 缺乏德望孤哀悲 謹愼保安勿自驕 知難而退天佑至
지 모 담 력 호 투 기　 결 핍 덕 망 고 애 비　 근 신 보 안 물 자 교　 지 난 이 퇴 천 우 지

지혜로운 꾀와 담력으로 요행을 좋아하며/ 인덕이 결핍되어 외롭고 슬프게 되네/ 조심조심 삼가해서 몸을 안정시키고 교만하지 말며/ 어려움을 알고 물러나면 하늘의 도움이 이르리

41. 대공격(大功格) 吉

: 덕망고대(德望高大) - 덕이 높고 큰 운.

충실하고 사랑하는 마음이 가득한 수리로, 반드시 높은 명망을 얻게 되어 크게 길하다.

德望高大名譽振 智謀健全財源進 富貴榮華福祿至 前途洋洋得意真
덕 망 고 대 명 예 진　 지 모 건 전 재 원 진　 부 귀 영 화 복 록 지　 전 도 양 양 득 의 진

인덕이 높고 커서 명예를 떨치니/ 지혜롭고 건강해서 재물복이 있다네/ 부귀영화와 복록이 많으니/ 앞길이 탄탄해서 의기가 드높네

42. 고행격(苦行格) 凶

: 십예불성(十藝不成) - 열 가지 기예가 완벽하지 못해서 성공하지 못하는 운.

정이 많으나 의지가 약한 수리이다. 만약 전심전력해서 목표를 추구해 나가면 상당한 성공을 이루는 운이다.

十藝不成學藝真　博達藝能結果因　意志薄弱不專心　將於陷落孤獨人
십 예 불 성 학 예 진　박 달 예 능 결 과 인　의 지 박 약 불 전 심　장 어 함 락 고 독 인

열 가지 기예를 완성하지 못해서 참 기예를 배우고자 하니/ 예능에 널리 통하고자 하기 때문일세/ 의지가 박약해서 마음을 집중하지 못하니/ 장차 고독하게 살아갈 사람일세

43. 미혹격(迷惑格) 凶

: 야우지화(夜雨之花) - 꽃이 밤비에 젖어 떨어지는 운.

재앙과 해침이 중복되는 수리로, 재능을 갖추고 있어 한번은 성공한다.

夜雨之花是薄命　假虛假實總無影　失去信用無財物　終老無依踏死境
야 우 지 화 시 박 명　가 허 가 실 총 무 영　실 거 신 용 무 재 물　종 로 무 의 답 사 경

밤비에 젖는 꽃 같아 박복한 명이니/ 허식을 빌리나 실속을 빌리나 모두 소용이 없네/ 신용이 떨어져서 재물이 없어지니/ 늙어서는 의지할 곳 없어 죽을 길을 헤매네

44. 마장격(魔障格) 凶

: 수미난전(愁眉難展) - 근심에 찡그린 얼굴을 펴기 어려운 운.

비통한 슬픔이 계속해서 생기는 수리이다. 뭇사람들과 잘 지내지 못하고, 가세를 기울게 하고 재산을 탕진하는 가장 흉한 수리이다.

愁眉難展破家財　暗淡辛苦悲運來　遭難逆境無所止　配合不宜有橫死
수 미 난 전 파 가 재　암 담 신 고 비 운 래　조 난 역 경 무 소 지　배 합 불 의 유 횡 사

근심어린 얼굴을 펴기 어렵고 재물을 다 없애니/ 암담하고 고생스러워 슬픈 운이 온다네/ 어려운 역경을 만나서 머물 곳이 없으니/ 수리의 배합이 잘못되었다면 비명횡

사의 운이라네

45. 대지격(大智格) 吉

: 신생태운(新生泰運) - 새롭게 운을 크게 여는 운.

하는 일마다 쉽게 해결되는 수리이다. 순풍에 돛을 단 듯 큰 일을 성공하는 운이다.

新生泰運順行舟 排除萬難總無憂 成功繁榮四海名 榮華富貴好前途
신생태운순행주 배제만난총무우 성공번영사해명 영화부귀호전도

새로이 큰 운을 열어 순조로이 떠가는 배 같으니/ 만가지 어려움을 물리치고 모든 근심 없어라/ 성공하고 번영해서 온 세상 이름 알리니/ 영화롭고 부귀로운 좋은 앞날이로세

46. 나망격(羅網格) 凶

: 나망계신(羅網繫身) - 그물에 걸려 잡히는 운.

조상의 터를 떠나 새로이 가문을 이루는 수리이다. 다른 수리가 불길하면 형액과 질병으로 단명할 수도 있다.

羅網繫身運大凶 一生困苦受災殃 身病孤貧無可靠 難得平安逢困窮
라망계신운대흉 일생곤고수재앙 신병고빈무가고 난득평안봉곤궁

그물에 걸려 잡히니 크게 흉한 운이요/ 일생이 곤궁하며 재앙을 입네/ 몸은 병들고 외롭고 가난해도 기댈 곳이 없고/ 평안함은 얻기 어렵고 곤궁함만 만나네

47. 출세격(出世格) 吉

: 개화결자(開花結子) - 꽃이 활짝 펴서 열매를 맺는 운.

대대로 이어지는 큰 명성을 얻고 최고의 권위를 누리는 수리이다. 진출하면 원하는 것을 얻고 물러나면 분수를 지키는 등 진퇴를 자유자재로 행동한다.

開花結子衣食足　大業奏功可慶祝　一家圓滿慶有餘　子孫繁榮多快樂
개화결실의식족　대업주공가경축　일가원만경유여　자손번영다쾌락

꽃이 피고 열매를 맺어 의식이 풍요로우며/ 큰 일을 성공했다고 보고함에 경축할만 하네/ 가문이 원만해서 자손까지 경사가 미치니/ 자손이 번영하고 즐거움이 많구나

48. 유덕격(有德格) 吉

: 유덕차지(有德且智) - 덕이 있고 또한 지혜도 있는 운.

덕망 높고 존경받는 스승이 되는 수리로, 사람들이 와서 인생을 듣고 배우기를 구한다.

有德且智德望高　師表顧問得仁和　名利雙收天賦富　威望榮達世間誇
유덕차지덕망고　사표고문득인화　명리쌍수천부부　위망영달세간과

덕이 있고 지혜가 있어서 덕망이 높으며/ 스승이 되어 상담해주니 어질게 조화를 이루네/ 명예와 재물을 얻고 하늘이 준 큰 재산 또한 있으니/ 위엄있고 영달해서 세상의 자랑일세

49. 은퇴격(隱退格) 平

: 길흉난분(吉凶難分) - 길인지 흉인지 구별하기 어려운 운.

평생 중 반은 안락하고 반은 어려운 수리로, 먼저는 길하고 나중에는 어려워지므로 성공한 뒤에 은퇴하면 이치에 맞는다.

吉凶難分運歧路　三才配置好鴻圖　吉時大吉凶時凶　終老變成苦難居
길흉난분운기로　삼재배치호홍도　길시대길흉시흉　종로변성고난거

길과 흉을 구별하기 어려워 기로에 선 운이니/ 삼재(천재·인재·지재)의 배치에 따라 인생의 운이 달라지네/ 길할 때는 크게 길하고 흉할 때는 크게 흉하며/ 늙어서는 고난의 길로 변한다네

50. 불행격(不幸格) 凶

: 일성일패(一成一敗) - 한번 성공하고 한번 패하는 운.

좋고 나쁨이 서로 어긋나있는 수리이다. 성공했을 때 잘 경계해서 지켜 나가야 할 것이다. 그렇지 않으면 가정과 재물을 잃게 되는 수리이다.

一成一敗一瞬間　浮沈未定難得安　一朝富榮一朝夢　敗時始覺回復難
일 성 일 패 일 순 간　부 침 미 정 난 득 안　일 조 부 영 일 조 몽　패 시 시 각 회 복 난

한번 성공하고 한번 망함이 일순간이니/ 부침이 일정하지 않아 평안 얻기 어렵네/ 하루 아침에 부귀영화 하루 아침의 꿈이니/ 망했을 때 깨달을 때는 회복이 어렵다네

51. 춘추격(春秋格) 平

: 성패교가(成敗交加) - 성공하고 패망함이 번갈아 오는 운.

하늘이 정해주는 운대로 누리는 수리이다. 그래도 흉보다는 길이 더 많다.

盛衰交加是運期　一時聲名就分離　平生保持平安路　到老免受災禍圖
성 쇠 교 가 시 운 기　일 시 성 명 취 분 리　평 생 보 지 평 안 로　도 로 면 수 재 화 도

흥성함과 쇠퇴함이 번갈아 오는 것이 운세의 주기니/ 명성을 얻었다 해도 잃는 길로 나아가네/ 평생동안 평안한 길을 얻기를 노력한다면/ 늙어서 재앙의 길을 면할 수 있으리라

52. 총명격(聰明格) 吉

: 선견지명(先見之明) - 미리 아는 명석함이 있는 운.

자기의 꿈을 실현시키는 수리이다. 세상을 자세히 살펴 먼저 아는 현명함이 있다. 한평생 명예와 이익을 함께 얻는다.

善見機微察佳期　意志堅固好運時　功名利達福祿全　一世榮隆樂綿綿
선 견 기 미 찰 가 기　의 지 견 고 호 운 시　공 명 리 달 복 록 전　일 세 영 륭 낙 면 면

조짐을 잘 살피고 좋을 때를 살피니/ 의지가 견고하며 좋은 운이 들어오네/ 공을 세워 명예와 재물 관직까지 얻으니/ 한세상 영화가 융성하고 즐거움이 이어지네

53. 우수격(憂愁格) 平

: 심내우수(心內憂愁) - 마음속에 걱정과 근심을 갖고 있는 운.

좋은 일이 오래가지 못하는 수리이나. 다른 수리가 모두 길하다면 좋은 의미로 변할 수 있다.

前半幸福後多災　外盛內衰無人知　晚年多災蕩家盡　若逢幸運好護持
전 반 행 복 후 다 재　외 성 내 쇠 무 인 지　만 년 다 재 탕 가 진　약 봉 행 운 호 호 지

전반은 행복하고 후반은 재앙이 많으며/ 겉보기는 성대해도 속으론 쇠퇴함을 아는 사람이 없구나/ 말년에는 재앙많고 재물을 탕진하니/ 혹 행운을 만나거든 잘 붙들어 두시게나

54. 신고격(辛苦格) 凶

: 다난비운(多難悲運) - 어렵고 슬픔이 많은 운.

참혹하게 죽고 굶어죽는 수리이다. 재산이 흩어지고 가정이 깨어지며 많은 장애가 재앙으로 다가온다. 이별과 횡액이 많은 최고로 흉한 수리이다.

多難非運亦障碍　憂苦不和禍又來　橫厄刑傷終慘絶　辛苦餓死是大凶
다 난 비 운 역 장 애　우 고 불 화 화 우 래　횡 액 형 상 종 참 절　신 고 아 사 시 대 흉

어려움 많은 좋지 않은 운에 장애도 많으며/ 괴로운 근심 불화에 재앙이 또 오네/ 횡액과 형벌에 참혹한 죽음이며/ 호된 고생 끝에 굶어죽는 것이 크게 흉한 수라네

55. 불안격(不安格) 凶

: 외미내고(外美內苦) - 겉으로는 좋아보이나 속으론 고생스럽다.

물위에 떠 있어야 하는 배가 산을 오르는 수리로, 말년에는 태평해지는 운이다. 의지가 강한 사람은 좋은 운으로 돌릴 수 있다.

外美內苦時常悲　一面極盛一面衰　吉凶參半難以定　克服難關會運期
외 미 내 고 시 상 비　일 면 극 성 일 면 쇠　길 흉 참 반 난 이 정　극 복 난 관 회 운 기

겉으론 좋으나 안으론 괴로워서 항상 비관되며/ 한편으로 지극히 왕성하면 한편은 쇠퇴하네/ 길함과 흉함이 반반이어서 안정되기 어려우니/ 난관을 극복해서 좋은 운

을 기약하네

56. 빈궁격(貧窮格) 凶

: 성무인내(性無忍耐) - 참고 견디는 성품이 없는 운.
실행 능력이 모자란다.

萬事齟齬精力敗　晚運慘至破家財　日暮途遠心暗澹　進取心薄不安然
만 사 저 어 정 력 패　만 운 참 지 파 가 재　일 모 도 원 심 암 담　진 취 심 박 불 안 연

만 가지 일이 막히고 정력도 모자라니/ 말년운이 참담하고 가산을 다 잃네/ 날은 저물었는데 길은 멀어 마음이 암담하니/ 진취하고자 하는 마음이 박약해서 불안하기만 하네

57. 노력격(努力格) 平

: 선재난후형통(先災難後亨通) - 먼저 재난을 겪은 후 형통하는 운.
다른 사람에게 굽히지 않는 성격으로 어려움을 많이 겪는 수리이다. 일생 실패를 여러 번 하게 되는데 큰 재난은 전반부에 만나고, 후반부는 형통하게 되는 운이다.

寒雪靑松性剛强　一遇禍災難避殃　屈伸發達利亨通　晚景繁榮福無疆
한 설 청 송 성 강 강　일 우 화 재 난 피 앙　굴 신 발 달 리 형 통　만 경 번 영 복 무 강

추운 눈속의 푸른 소나무 굳세고 강한 성격이니/ 한번 어려움 만나면 재앙을 피하기 어렵네/ 굽혔다가 발달해서 형통하는 이익을 볼 것이니/ 늦게서 번영해서 복이 끝없어라

58. 자력격(自力格) 吉

: 대기만성(大器晚成) - 큰 그릇으로 늦게 성공하는 운.
성품은 소극적이다. 반드시 인내력이 필요하다.

初年大敗再家興 先苦後甘達富榮 難關渡過福人扶 大器晚成樂餘慶
초 년 대 패 재 가 흥　선 고 후 감 달 부 영　난 관 도 과 복 인 부　대 기 만 성 낙 여 경

초년에는 크게 패망하고 다시 집안 일으키니/ 먼저는 고달프고 뒤에는 즐거워서 부귀영화를 누리네/ 어려운 난관을 건널 때 귀인이 도와주니/ 대기만성이라 자손까지 미치는 경사를 즐기네

59. 실망격(失望格) 凶

: 실거핵심(失去核心) - 중요한 것을 잃어버린 운.

핵심을 제거해서 잃어버린 수리로, 인내력이 부족하다.

車輪無轂不能行 失意逆境卻難定 一旦遇災終不起 此爲非命注凶程
차 륜 무 곡 불 능 행　실 의 역 경 각 난 정　일 단 우 재 종 불 기　차 위 비 명 주 흉 정

차바퀴에 바퀴통이 없으면 갈수가 없고/ 험한 역경에서 의지를 잃으니 안정되기 어렵네/ 하루아침에 재앙을 만나면 재기하기 어려우니/ 이것은 명운이 아니라 흉한 길로 인도했기 때문이라네

60. 암흑격(暗黑格) 凶

: 암흑무광(暗黑無光) - 빛이 없어서 어둡기만 한 운.

복록을 스스로 잃어버리는 수리로, 함정에 빠지고 질병으로 약해져 명이 짧을까 두렵다.

黑暗無光步難行 苦慘刑傷事難成 病弱短命多困苦 徒加煩勞損神精
흑 암 무 광 보 난 행　고 참 형 상 사 난 성　병 약 단 명 다 곤 고　도 가 번 로 손 신 정

칠흑같이 어두운데 빛이 없어 걷기 어려우니/ 참혹한 고초에 형벌받아 일 이루기 어렵네/ 병약한데다 단명이라 곤궁함이 많으니/ 쓸데없이 고민해서 정신만 어지럽네

61. 영화격(榮華格) 吉

: 명리쌍수(名利雙收) - 명예와 이익을 함께 얻는 운.

하늘이 준 상서로운 부적이라는 뜻의 수리이다. 명예와 재물을 함께 얻어 부귀영달할 것이나, 오만하고 겸손하지 못하여 사람들과 화목하지 못한게 흠이다.

傲慢不遜失人和　恐有家庭起風波　名利雙收富榮達　修身養德防禍災
오만불손실인화　공유가정기풍파　명리쌍수부영달　수신양덕방화재

오만불손한 태도는 인화단결에 해로우니/ 가정에 평지풍파를 일으킬까 두렵네/ 명예와 재물을 모두 얻어 부귀와 영달을 누리니/ 수양하고 덕을 길러 재앙을 방비하게 나

62. 고독격(孤獨格) 凶

: 기초허약(基礎虛弱) - 기초 바탕이 매우 허약한 운.

가난과 재액으로 부부가 불화하는 수리로, 무기력한데다 신용마저 잃어서 설상가상의 운이다.

基礎虛弱重信用　不和失敗招災殃　生涯苦楚因素起　步步留意保安平
기초 허약 중 신용　불화 실패 초 재앙　생애 고초 인 소 기　보 보 류 의 보 안 평

기반이 허약한 사람은 신용이 중요하니/ 불화하고 신용잃어 재앙을 초래하네/ 생애의 고초는 평소 언행 때문에 생기니/ 걸음 뗄 때마다 평화 지킬 것을 유의하게

63. 길상격(吉祥格) 吉

: 부귀영달(富貴榮達) - 부귀롭고 지위가 높아지는 운.

만물을 훌륭하게 길러내는 상서로운 수리로, 부귀하고 번영하여 신뢰와 명망을 얻고 이익과 수명의 복록이 무궁하게 이어진다.

富貴榮達得顯寧　年年益壽福無窮　子孫餘慶身平安　福祿雙全享千鐘
부 귀 영 달 득 현 녕　연 년 익 수 복 무 궁　자 손 여 경 신 평 안　복 록 쌍 전 향 천 종

부귀하고 영달해서 안녕함을 얻으니/ 해마다 수명을 더하고 복록이 무궁하네/ 자손에게까지 미치는 경사요 몸 역시 평안하니/ 복과 녹을 모두 얻고 세상 사람이 올리는 술을 마시네

64. 침체격(沈滯格) 凶

: 골육분리(骨肉分離) - 육친이 이별하는 운.

큰 운이 이미 떠나버린데다 가정까지 흩어지는 수리이다. 모든 것을 포기하고 수신하고 공덕을 쌓아야 되는 운이다.

骨肉分離難平安　浮沈破壞又病難　非業困苦無可靠　生涯孤獨多悲運
골 육 분 리 난 평 안　부 침 파 괴 우 병 난　비 업 곤 고 무 가 고　생 애 고 독 다 비 운

육친간에 이별해서 평안하기 어려우니/ 부침이 심하고 가정이 파괴된 뒤에 병까지 들었네/ 일정한 직업 없어 곤궁한데 의지할 곳 없으니/ 생애가 고독해서 슬픈 운이 많다네

65. 흥왕격(興旺格) 吉

: 완미지수(完美之數) - 완전하게 아름다운 수리이다.

부귀하고 장수하는 수리로 공명정대하게 살아가는 운이다.

富貴長壽逢吉祥　家運隆昌喜氣揚　福祿繁榮兼富貴　萬事通達實貴重
부 귀 장 수 봉 길 상　가 운 륭 창 희 기 양　복 록 번 영 겸 부 귀　만 사 통 달 실 귀 중

부귀하고 장수하며 길한 조짐 만났으니/ 가운이 융창하고 기쁜 기운이 펼쳐지네/ 복록이 번영하고 부귀를 겸했으니/ 만사형통하고 귀중한 존경으로 가득차네

66. 우매격(愚昧格) 凶

: 다욕실복(多慾失福) - 욕심이 지나쳐 복을 잃어버리는 운.

부부간에 불화하고 욕심이 많아 신용을 잃는 수리로, 재물이 덜어지고 해를 당하여 몸을 망치고 집안이 깨어지는 운이다.

內外不和不自由　進退兩難總是憂　難苦雖減艱難到　災厄交加悲慘來
내 외 불 화 불 자 유　진 퇴 량 난 총 시 우　난 고 수 멸 간 난 도　재 액 교 가 비 참 래

부부간에 불화해서 자유롭지 못하니/ 진퇴양난이라 모두가 근심일세/ 고난을 없애도 또 다시 이르니/ 재앙과 질액이 교대로 와서 비참하게 만드네

67. 영달격(榮達格) 吉

: 사통팔달(四通八達) - 사방으로 길이 나서 막히지 않는 운.

사통팔달해서 모든 장사꾼이 운집하는 수리로, 하는 일마다 막힘없이 잘 되는 운이다.

八路亨通萬事成 和暢通達四海明 家運隆盛招富貴 萬商雲集得繁榮
팔 로 형 통 만 사 성   화 창 통 달 사 해 명   가 운 륭 성 초 부 귀   만 상 운 집 득 번 영

사방으로 난 여덟 길이 형통하듯 만사가 이루어지니/ 화창하게 통달해서 온 세상이 밝아지네/ 가운이 융성해서 부귀를 부르니/ 모든 장사꾼이 운집해서 번영을 이루네

68. 부흥격(復興格) 吉

: 근면역행발전지상(勤勉力行發展) - 부지런히 힘써 행하여 발전하는 운.

조짐을 놓치지 않고 기회를 살리고, 지혜롭게 열심히 일해서 집안을 일으키고 사업보국을 하는 수리이다.

興家立業意志強 智謀周密名望揚 志操堅固信用重 勤勉力行獻復興
흥 가 립 업 의 지 강   지 모 주 밀 명 망 양   지 조 견 고 신 용 중   근 면 역 행 헌 부 흥

집을 일으키고 사업을 일으키려는 의지가 강하니/ 지혜와 도모하는 것이 주밀해서 이름을 드날리네/ 지조가 굳세고 신용을 중시하니/ 근면하고 힘써 노력해서 부흥발전을 바치네

69. 정지격(停止格) 凶

: 좌립불안지상(坐立不安) - 앉아있거나 서있거나 불안에 떠는 운.

앉으나 서나 불안하고 처세에 문제가 있기 때문에, 잠시 길함이 있더라도 다시 흉한 운에 빠져 버리는 수리이다.

坐立不安如萍動 病災事業逢波浪 廢疾短命禍根至 失意精神發異狂
좌 립 불 안 여 평 동   병 재 사 업 봉 파 랑   폐 질 단 명 화 근 지   실 의 정 신 발 이 광

앉으나 서나 불안해서 부평초 떠있는 것 같으니/ 몸은 병들고 사업은 거센 파도를 만나네/ 나쁜 질병에 단명이란 화근이 다가오니/ 해결하려는 의지를 잃고 정신발광

을 일으키네

70. 적막격(寂寞格) 凶

: 공허적막(空虛寂寞) - 공허하고 적막한 운.

오랜 질병과 사람과 동화하지 못하는 성격으로 외롭고 쓸쓸하게 되는 수리이다.

家運衰退別離運　憂愁不絶多遭難　不具廢疾無用人　一生空虛寂寞間
가운쇠퇴별리운　우수부절다조난　불구폐질무용인　일생공허적막간

가운이 쇠퇴해서 이별하는 운이니/ 근심이 끊이지 않고 어려움이 많구나/ 나쁜 질병에 불구자 되어 쓸모없는 사람되니/ 일생이 공허하고 적막함에 놓였네

71. 후길격(後吉格) 平

: 선흉후길(先凶後吉) - 먼저는 흉하고 나중은 길한 운.

길한 가운데 고통스러운 어려움이 있는 수리로서 겉으로는 실하게 보이나 안으로는 텅 비어 고생이 많다. 용기가 없어서 큰 일은 이루기 어렵지만 작은 일은 길한 운이다.

富貴福祿運泰安　外實內虛困窮然　若乏實行難成事　貫徹不怠始保安
부귀복록운태안　외실내허곤궁연　약핍실행난성사　관철불태시보안

부귀와 복록있어서 크게 평안한 운이나/ 겉은 화려하고 속이 비어 곤궁하구나/ 실행력이 부족하면 일을 성공하기 어려우니/ 시종일관 열심히 하면 비로소 평안이 보장되네

72. 평상격(平常格) 平

: 희비교잡(喜悲交雜) - 길과 흉이 서로 섞인 운.

검은 구름에 가리어진 달의 수리로 길보다 흉이 많은 운이다. 행복한 가운데 고통이 있고, 고통이 있는 가운데 행복이 있다. 전반부에 행복하였다면 나중은 슬픔이 있고, 전반부에 고생을 했다면 후반은 즐거울 운이다.

先苦後甘命運定 未雨凋落未然防 外盛內衰難富樂 豈是人生不依强
선고후감명운정 미우조락미연방 외성내쇠난부락 기시인생불의강

전반부가 고통스러웠다면 후반부가 달콤한 것이 이 수리의 운세니/ 비오기 전에 시들고 떨어짐을 미연에 방비하게나/ 겉은 화려하고 속은 쇠퇴해서 부유롭고 즐겁기 어려우니/ 이러한 수리의 인생은 강한 사람에게 의지해야 된다네

73. 소성격(小成格) 吉

: 성쇠교래(盛衰交來) - 흥하고 쇠함이 교대로 오는 운.

뜻은 높으나 용기가 없어서 평범하게 사는 수리로, 대체적으로 평안하고 근심이 없는 운이다.

志高力微事難成 妄謀無計乏實行 平生安寧靜逸祥 享得天賦增吉相
지고력미사난성 망모무계핍실행 평생안녕정일상 향득천부증길상

뜻은 높으나 힘이 없어서 성공하기 어려우며/ 무모한 계획에 실행력이 모자라네/ 평생의 편안함은 일벌이지 않고 조용히 사는데 있으니/ 조용히 산다면 하늘로부터 주는 길함을 누리리라

74. 파탄격(破綻格) 凶

: 추엽낙지(秋葉落地) - 가을 낙엽이 땅에 떨어지는 운.

가을 낙엽이 땅에 떨어지듯이 역경에 빠져서 헤어나지 못하는 수리로, 지혜도 없고 능력도 없어 출세하기도 어렵다.

沈淪逆境無智能 無爲徒食永無成 老來更悲渡日難 一生悲運嘆人生
침륜역경무지능 무위도식영무성 로래갱비도일난 일생비운탄인생

침체되고 힘든 환경에 지혜와 능력이 없으니/ 무위도식하며 세월을 보내네/ 늙어서 또 슬픈 일 생겨 해결할 길 없으니/ 일생의 슬픈 운에 인생을 한탄하네

75. 수분격(守分格) 吉

: 퇴수득안(退守得安) - 물러나 분수를 지킴으로써 편안함을 얻는 운.

고요하게 지키는 수리로, 일을 벌리는 것은 길하지 못하나 물러나 지키는 것은 길하다. 특히 빠른 성공을 기대하면 크게 패하는 수리이다.

退守安靜無憂事 齟齬失意在修私 妄進大敗災臨身 三思後行皆安然
퇴 수 안 정 무 우 사   저 어 실 의 재 수 사   망 진 대 패 재 림 신   삼 사 후 행 개 안 연

물러나 분수를 지키며 안정하면 근심될 일 없으니/ 뜻대로 되지 않아 실망함도 개인적인 욕심을 없애면 된다네/ 욕심껏 하면 크게 잘못되어 재앙이 몸에 이르니/ 세 번 생각한 뒤에 움직이면 모든 일이 편안하네

76. 곤액격(困厄格) 凶

: 경복이산(傾覆離散) - 기울어져 엎어지며 나뉘어져 흩어지는 운.

가족이 헤어지고 재물을 다 잃는 수리로, 명예와 지위, 신용도 잃으며, 병약해지고 목숨이 짧아지는 크게 흉한 운이다.

傾覆離散家財破 內外不和無可靠 家散喪妻悲愁嘆 病弱短命大凶數
경 복 리 산 가 재 파   내 외 불 화 무 가 고   가 산 상 처 비 수 탄   병 약 단 명 대 흉 수

넘어지고 엎어지고 흩어져서 재물을 잃으며/ 부부가 불화하니 의지할 곳이 없다네/ 가족은 흩어지고 아내를 잃어 슬픈 탄식만하니/ 병약하고 단명하는 대흉의 수리라네

77. 비애격(悲哀格) 凶

: 개화무실(開花無實) - 꽃은 피었지만 열매를 맺지 못하는 운.

윗사람의 은혜로 복록에 이르나 즐거움과 고통이 반반인 수리이다. 중년에 행복했다면 말년엔 슬플 것이고, 중년에 불행했다면 말년엔 즐거울 것이다.

長上餘德福祿強 樂極生悲吉藏凶 前佳後劣悲嘆運 中年苦勞晚年榮
장 상 여 덕 복 록 강   악 극 생 비 길 장 흉   전 가 후 렬 비 탄 운   중 년 고 로 만 년 영

웃어른 덕분에 복과 녹이 강하나/ 즐거움이 커지자 슬픔이 생기고 길함속에 흉함을 감췄네/ 전반부가 좋았다면 후반부가 나빠서 슬픔에 탄식하고/ 중년에 고생했다면 말년은 영화롭네

78. 은거격(隱居格) 平

: 화복상반(禍福相反) - 재난과 복이 서로 충돌하는 운.

초반기 운은 좋다가 중년이후 어렵게 되는 수리로, 자식을 낳기 어려운 운이다. 특히 여성은 재혼하기 쉽다.

靑年中年皆發達　壯年漸感不景氣　晚境悽滄更窘困　華而不實入衰運
청년중년개발달　장년점감불경기　만경처창경군곤　화이불실입쇠운

청년이나 중년 때는 운세가 좋고／ 장년부터 점차 경기가 좋지 않아지네／ 말년되면 더욱 슬퍼져서 궁핍해지니／ 꽃피었으나 열매맺지 않아 쇠퇴한 운이 된거라네

79. 종극격(終極格) 凶

: 궁극불신(窮極不伸) - 지극히 궁핍해서 뜻을 펴지 못하는 운.

신용을 잃어서 사람들의 비난과 책망 속에 폐인이 되는 흉한 수리이다.

挽回乏力數謀困　精神不定如黑雲　失節喪信無所止　受人責難爲廢人
만회핍력삭모곤　정신부정여흑운　실절상신무소지　수인책난위폐인

모자라는 힘을 만회하려 자주 곤궁한 꾀를 쓰나／ 정신이 안정되지 못해서 먹구름 같네／ 절조와 신용을 잃어 받아줄 곳이 없으니／ 책망과 비난을 받아 폐인이 되었네

80. 태허격(太虛格) 凶

: 종말(終末) - 세상에서 살지 못하고 은둔수도하는 운.

일생을 고독하고 공허하게 사는 수리이나, 수도하는 사람으로 살면 성취하는 바가 있는 운이다.

艱難辛苦多困苦　短命病弱災厄重　世俗離脫修行運　修養善德小安康
간난신고다곤고　단명병약재액중　세속이탈수행운　수양선덕소안강

온갖 고통 다 겪어서 곤궁하고 괴로우며／ 단명하고 병약하며 재난이 거듭되네／ 세속을 떠나서 수행하는 운이니／ 좋은 덕성 기르면 내 몸은 편안하리

81. 환원격(還元格) 吉

: 춘풍태탕(春風駘蕩) - 봄바람에 날씨가 화창한 운.

적극적이고 성대하며 신망과 권위를 누리는 수리로, 화창한 봄바람처럼 복록이 많아 기쁜 경사가 끊이질 않는 운이다.

家門隆昌萬事成　名揚四海慶餘祥　還原復始重臨福　相等一數開泰平
가 문 륭 창 만 사 성　명 양 사 해 경 여 상　환 원 복 시 중 림 복　상 등 일 수 개 태 평

가문이 융창하고 만사를 다 이루며/ 온 세상에 명성을 드날리고 자손에 경사를 이어주네/ 근원과 시작을 회복해서 복이 거듭 임하니/ 이러한 수는 태평함을 여는 수리라네

획수를 도표로 나타내 보면

십수＼단수	1	2	3	4	5	6	7	8
1 (기본격) ○	11 신성격 ○	21 두령격 남○, 여▲	31 융창격 ○	41 대공격 ○	51 춘추격 △	61 영화격 ○	71 후길격 △	81 환원격 ○
2 (분리격) ×	12 박약격 ×	22 중절격 ×	32 요행격 ○	42 고행격 ×	52 총명격 ○	62 고독격 ×	72 평상격 △	
3 (형성격) ○	13 지모격 ○	23 공명격 ○	33 승천격 남○, 여▲	43 미혹격 ×	53 우수격 △	63 길상격 ○	73 소성격 ○	
4 (부정격) ×	14 이산격 ×	24 입신격 ○	34 파멸격 ×	44 마장격 ×	54 신고격 ×	64 침체격 ×	74 파탄격 ×	
5 (정성격) ○	15 통솔격 ○	25 안전격 ○	35 평범격 ○	45 대지격 ○	55 불안격 ×	65 흥왕격 ○	75 수분격 ○	○ : 吉 △ : 남녀 보통 × : 凶 ▲ : 여자 보통
6 (계성격) ○	16 덕망격 ○	26 영웅격 남△, 여×	36 영걸시비격 ×	46 나망격 ×	56 빈궁격 ×	66 우매격 ×	76 곤액격 ×	
7 (독립격) △	17 건창격 ○	27 중단격 ×	37 인덕격 ○	47 출세격 ○	57 노력격 △	67 영달격 ○	77 비애격 ×	
8 (개물격) ○	18 발전격 ○	28 파란격 ×	38 복록격 ○	48 유덕격 ○	58 자력격 ○	68 부흥격 ○	78 은거격 ×	
9 (궁박격) ×	19 고난격 ×	29 성공격 ○	39 안락격 남○, 여▲	49 은퇴격 ×	59 실망격 ×	69 정지격 ×	79 종극격 ×	
10 (공허격) ×	10 공허격 ×	20 허망격 ×	30 부몽격 ×	40 무상격 ×	50 불행격 ×	60 암흑격 ×	70 적막격 ×	80 태허격 ×

위의 도표를 보면 아래와 같은 사실을 알 수 있습니다.
- 끝수가 1수인 수는 81수까지 흉격의 수리는 없습니다. 단 21수의 상반된 면과 51, 71수의 반흉반길의 면을 기억하고 계셔야 합니다.

- 끝수가 2수인 수리는 32와 52의 수리만 길격에 들어가며, 72수의 수리는 반흉반길에 해당하고 그 외에는 모두가 흉격에 들어가는 수리입니다.
- 끝수가 3수인 수리는 43획수만 흉격에 들어가고, 53획수는 평△으로 들어갑니다.
- 끝수가 4수인 수리는 24획수만 길격에 들어가고, 그 외에는 모두가 흉격의 수리입니다.
- 끝수가 5수인 수리는 55획수만 흉격에 들어가고, 그 외에는 모두가 길격의 수리입니다.
- 끝수가 6수인 수리는 6과 16획수만 길격에 들어가고, 26수의 특징을 기억하셔야 합니다.
- 끝수가 7수인 수리는 27수와 77수가 흉격에 들어가고, 7과 57획수의 특징을 기억하시면 됩니다.
- 끝수가 8수인 수리는 28과 78획수가 흉격에 들어가고, 58획수의 특징을 기억하십시오.
- 끝수가 9수인 수리는 29와 39수가 길격에 들어가고, 그 외에는 모두 흉격의 수리입니다.
- 10수의 수리는 모두가 흉격의 수리가 됩니다.

참고 1) 39수인 안락격은 남자에겐 좋은 수리입니다만, 여자에겐 안락하지만 고독의 의미를 품고 있으므로 ▲입니다.

참고 2) 오늘날의 시대는 남녀평등의 시대를 넘어 여성 상위의 시대라 하여 여성의 활동이 매우 왕성한 때이라 획수를 남녀 함께 적용합니다. 다만 21수의 두령격과 33수의 승천격은 여성에게 보통(▲)으로 여기고 있습니다. 왜냐하면 매우 왕성한 기운을 조성하고 있어 여인에겐 고독의 의미가 따라오기 때문입니다. 특히 두령격이 영웅격과 함께 있는 것은 피하는 것이 좋습니다.

고독함은 사람에게 있어 특히 여인에게 있어서 삶의 의미를 순식간에 태워 버리는 화마(火魔)와 같은 것이므로 중요하게 다루고 있습니다.

【부록 3】

한자와 부수

　한자를 많이 안다고 작명을 잘 할 수 있는 것은 아닙니다.
　명리를 많이 배웠다고 작명을 잘 할 수 있는 것도 아닙니다.
　작명은 그동안 익혀온 한자의 기초 지식을 바탕으로 하여 작명원리에 맞는 법식을 익히고 사주 명식의 특징을 잘 간파하였을 때 비로소 작명을 할 수 있는 실력을 갖추게 되는 것입니다.

 【부록 3】

한자와 부수

한자는 글자마다 고유한 모양(形), 소리(音), 뜻(義)의 3요소를 갖추고 있습니다. 그래서 형形·음음·의義를 한자의 3요소라 합니다. 이것은 우리가 한자를 하나하나 공부하는 요소가 되기도 합니다.

글자의 수가 많고 복잡하여 공부하기에 많은 어려움이 따르는 것이 단점이지만 반면 합성어의 다양함과 심오한 표현력이란 위력적인 장점이 인정되어, 작명은 한자 작명을 예부터 기본으로 하게 되었습니다. 고대 문자들의 기원이 대체로 그러하듯이 한자 역시 회화(繪畫)에서 출발하였으므로 그림이라 생각하고 공부한다면 더 재미있고 쉬울지도 모르겠습니다.

한자와 같은 뜻글자는 비록 그 수가 많고 복잡하기는 하지만 만들어지는 과정은 일정한 원리에 의해서 이루어지고 있습니다. 그 원리를 육서(六書)라 하고 육서를 잘 이해한다는 것은 한자 공부를 체계적으로 이어가는 데 있어서 크게 도움이 될 것입니다. 그래서 육서를 설명한 설문해자와 부수의 위치, 부수 그리고 부수의 변형을 소개해 드리고자 합니다.

1) 한자가 만들어진 원리

한자가 만들어진 원리에 관해 많이 알려진 학설은 허신(許愼)의 설문해자(設文解字)에서 밝힌 육서(六書)에 나타나 있습니다. 이 육서는 오늘날의 글자 모양을 갖추게 된 바탕으로 글자에 따라 특징적인 구조를 말하고 있습니다.

상형(象形)·지사(指事)·회의(會意)·형성(形聲)은 한자를 만드는 원리에 속하며 전주(轉注)·가차(假借)는 한자를 활용하는 원리입니다만 우리에게 중요한 것은 글자가 만들어지는 원리인 것입니다.

특히 우리는 사람이 태어나 국가 기관으로부터 평생 불리어지는 이름을 짓는 막대한 과업을 맡고 있는 전문적인 작명가로서 반드시 이 부분이 연구되어져야 하겠습니다. 왜냐하면 글자의 활용 여부에 따른 많은 논란을 올바르게 가늠할 수 있는 기본을 바르게 세울 수 있기 때문입니다.

왜곡된 한 개인의 생각으로 신성한 글자의 모든 의미를 왜곡으로 압도하려 든다면 어떤 분야의 학자들도 작명가를 신뢰하며 인정하려 들지 않을 것입니다. 더불어 의뢰인들은 신뢰가 두터운 종교 지도자나 이름을 짓는 법식은 모르지만 한자를 많이 아는 학자들을 찾아다니며 작명을 하게 되어 우리의 전문 영역이 좁혀져 가기도 합니다. 이는 개인이나 사회 그리고 국가의 미래를 위해서도 여간 걱정이 되지 않는 것입니다.

실제로 믿고 존경하는 분으로부터 이름을 받아 20년 넘게 사용하다가 개명을 하기 위하여 찾아오는 사람들이 날로 늘어나고 있습니다. 앞으로 태어나는 어린이의 이름은 한자 이름을 짓는 경우가 많아질 것이 확실하므로 이에 대비하는 차원에서도 한자에 대한 기본 이론을 섭렵하는 것이 최우선이 될 것입니다.

① 상형문자(象形文字)

눈에 보이는 구체적인 사물의 모양을 본떠서 만들어진 글자를 '상형문자'라 부릅니다.

상형자는 600~700자 정도 됩니다.

예) 日, 月, 山, 木, 川, 人, 手, 足 등

② 지사문자(指事文字)

(구체적인 모양으로 나타낼 수 없는→추상적인) 생각을 구체적인 점(·)이나 선 또는 부호로 나타내어 그 뜻을 가리키는 글자를 '지사문자'라 부릅니다.

예) 一, 二, 三, 上, 下, 本 등

③ 회의문자(會意文字)

상형과 지사의 방법으로 만들어진 두 글자 이상이 결합되어 이루어진 글자가 새로운 뜻을 가지게 된 것을 '회의문자'라 합니다.

예) 明=日+月, 信=亻+言, 男=田+力, 時=日+寺, 好=女+子

④ 형성문자(形聲文字)

상형과 지사의 방법으로 이미 만들어진 두 글자가 결합된 글자로서 한쪽은 形을 다른 한쪽은 소리를 나타내도록 하여 새로운 글자로 이루어진 것을 '형성문자'라 합니다. 우리가 쓰고 있는 문자 중 80%가 형성문자에 속한다고 합니다.

예) 洋(바다 양)=氵(水)+羊, 洧(물 유)=氵(水)+有, 玹(옥돌 현)=王(玉)+玄
　　姑(시어미 고)=女+古, 忌(싫어할 기)=己+心, 楓(단풍나무 풍)=木+風

⑤ 전주문자(轉注文字)

이미 있는 한자의 뜻을 더 늘인 방법으로 변화시키고 끌어내어 본래의 뜻에 어긋나지 않게 바꾸어 쓰는 것을 '전주문자'라 합니다.

예) 樂- 풍류 악, 즐거울 락 (오락), 좋아할 요(요山요水)

　　更- 고칠 경, 다시 갱

　　說- 말씀 설, 기뻐할 열, 달랠 세, 벗을 탈

⑥ 가차문자(假借文字)

　뜻글자인 한자는 소리글자인 한글과는 달리 여러 나라들의 글자나 어떤 사물을 글자로 나타낼 때 한자로 다 표현할 수가 없습니다. 이러한 문제를 해결하기 위하여 원래의 뜻과 상관없이 소리가 같으면 빌려 쓰는 글자를 '가차문자'라 합니다.

　예) 정정(丁丁)- 나무를 찍는 소리

　　　당당(堂堂)- 버젓하고 정대한 모양

　　　미국(美國)- America

　　　불타(佛陀)- Buddha

　　　파리(巴利)- Paris

　　　인도(印度)- India

＊ 전주문자나 가차문자는 이름자로 잘 쓰이지 않습니다. 그러나 알고는 있어야 합니다.

2) 부수에 대하여

작명 책에 무슨 한자 부수까지 썼냐고 불쾌해 하시는 분이 우리 독자 분들 중에는 없기를 바랍니다. 왜냐하면 한자를 얼마나 많이 외워서 아느냐도 중요하지만 우리에게 부족한 것은 기초이기 때문입니다. 한자를 많이 외우는 것보다도 기초가 튼튼해야 합니다.

부수를 외면한 채 통째로 외운 한자는 틀리면 어쩌나 하는 불안감에 사로잡히게 하여 마음을 위축시키는 경향이 있고, 한자의 획 하나 하나가 비슷하게 생긴 탓에 이 글자가 저 글자 같아 헷갈리는 경우도 있습니다.

물론 부수를 알아도 이런 일은 누구에게나 있을 수 있습니다만 부수를 모른 상태에서 겪는 황당함은 부수를 알고 있는 사람에겐 그리 심각하게 느껴지지 않습니다.

또 부수를 모르는 채 글자를 암기하는 것은 본인도 힘들고 응용하는 데도 막힘이 많아서 여간 곤혹스럽지 않습니다. 하지만 부수를 알고 한자의 제자 원리를 안다면 처음 보는 글자도 알고 있는 글자처럼 그 글자에 친밀감이 생겨 쉽게 해결할 수 있는 능력이 생긴다는 것입니다.

우리는 대법원에서 지정한 많은 글자들을 모두 외울 수는 없습니다. 그러니 아는 것도 있고 모르는 것도 있을 때 모르는 글자를 해결해낼 수 있는 능력을 갖추는 것이 중요하고 그 능력은 자전이나 옥편을 찾아 해결하는 것입니다. 부수를 안다면 자전이나 옥편을 쉽게 찾아 모르는 글자를 해결할 수 있을 것이며 제자 원리를 안다면 글자의 바른 의미를 좀 더 폭넓게 가늠할 수 있게 됩니다.

214가지의 부수가 조합되어 오늘날 우리가 익히고 쓰는 글자가 만들어졌으므로 부수를 가벼이 여기면 글자의 내면적인 의미를 분석하기 곤란합니다. 때문에 이 책에 우리에게 꼭 필요한 부수를 알기 쉽게 정리하여 학인 여러분들에게 도움을 드리고자 합니다.

부수란 글자 집단을 부(部)라 하고 공통되는 부분이 있는 글자를 수(首)라 하여 자전을 찾기 쉽게 모아서 정리해 놓은 것입니다. 부수의 명칭에 있어서 지금까지 관습적으로 불러오던 것보다는 원래의 음과 뜻을 나타내는 명칭으로 기억해야 글자의 뜻을 짐작하기가 좀 더 쉽습니다.

예를 들면 宀은 지금까지 '갓머리'라고 하여 왔습니다만 '집 면'으로 기억한다면 모르는 글자도 宀부수가 있으면 집과 관련이 있는 글자임을 바로 깨달을 수 있을 것입니다. 또한 疒(병들 녁 엄) 부수가 있으면 모르는 글자라 하여도 이 부수를 보고 질병과 관련이 있음을 쉽게 깨달을 수 있는 것입니다. 이는 다른 모든 부수도 마찬가지입니다.

이렇듯 복잡한 한자 자체를 통째로 외우려 하기보다 기본 부수를 아는 것부터 시작해 간다면 모르시는 선생님들께서도 쉽게 터득해 가실 수 있으므로 이름 짓기가 한결 가벼워질 것입니다.

3) 부수의 위치

부수가 놓이는 위치에 따라 그 명칭이 달라집니다. 크게 구분하면 다음과 같습니다.

① 변(扁 : 편) - 왼쪽 부분에 놓이는 부수 ▮▯

   예) 亻(人 - 사람인 변) : 仁(어질 인), 信(믿을 신), 仙(신선 선)

       彳(자축거릴 척 변) : 往(갈 왕), 待(기다릴 대), 得(얻을 득)

       手(扌- 손수 변) : 持(가질 지), 指(가리킬 지), 授(줄 수)

       心(忄- 마음심 변) : 性(성품 성)

② 방(旁 : 방) - 오른쪽 부분에 놓이는 부수 ▯▮

   예) 攵(攴-칠 복 방) : 數(두어 수), 改(고칠 개), 放(놓을 방)

       欠(하품흠 방) : 次(버금 차), 欲(하고자할 욕), 歌(노래 가)

       頁(머리혈 방) : 頭(머리 두), 順(순할 순), 頂(정수리 정)

③ 머리(寬 : 관) - 위 부분에 놓이는 부수

   예) 宀(집 면머리, 갓머리) : 宇(집 우), 安(편안할 안), 家(집 가)

       艹(艸 - 초두머리) : 花(꽃 화), 落(떨어질 락), 草(풀 초)

       竹(⺮ - 대죽머리) : 笑(웃을 소), 筆(붓 필), 答(대답할 답)

④ 발(脚 : 각) - 아래 부분에 놓이는 부수

   예) 皿(그릇명 발) : 益(더할 익), 盛(담을 성), 盡(다할 진)

       心(마음심 발) : 忠(충성 충), 意(뜻 의), 思(생각 사)

       儿(어진사람 인 발) : 光(빛 광), 元(으뜸 원), 兄(맏 형)

⑤ 엄(垂 : 수) - 위에서 왼쪽으로 내려오는 부수 ▛

    예) 广(엄호, 집 엄) : 店(점방 점), 度(법 도), 庭(뜰 정)

         尸(주검시엄) : 居(살 거), 尾(꼬리 미), 屋(집 옥)

         疒(병들 녁 엄, 병질엄) : 病(병 병), 痛(아플 통), 疾(병들 질)

⑥ 받침(辶 : 착) - 왼쪽 위에서 아래로 내려오는 부수 ▙

    예) 辶(쉬엄쉬엄 갈 착, 받침) : 道(길 도), 近(가까울 근)

         走(달아날 주 받침, 달릴주) : 起(일어날 기)

         廴(길게 걸을 인 받침) : 建(세울 건)

  *辶은 책받침이라고도 하고 廴는 민책받침이라고도 한다.

⑦ 몸(構 : 구) - 글자의 사면(四面)이나 삼면(三面) 또는 양면(兩面)의 둘레를 감싸는 부수.

    예) 囗(큰 입구 몸, 에운 담) : 國(나라 국)

         門(문 문) : 閑(한가할 한)

         匚(터진에운담, 감출 혜) : 區(구역 구)

         凵(위튼 입구 몸, 그릇 감) : 凶(흉할 흉)

         匸(튼입구몸, 상자 방) : 匣(상자 갑)

         行(다닐 행) : 街(거리 가)

⑧ 제부수(單 : 단독) - 글자 자체가 부수가 되는 글자 □

    예) 人, 山, 木, 日, 月, 自, 行, 龜, 龍 등

    * 한출판 부수한자를 참고하여 정리했습니다.

4) 부수의 변형과 의미와 쓰임

부수의 변형은 부수 글자가 다른 글자와 합쳐져 새로운 글자를 이룰 경우 놓이는 위치에 따라 모양이 달라지는 경우를 말합니다.

예) 心=忄=㣺 → 思, 性, 恭

* 획수 설명에서 이름자에 많이 쓰이는 부수 변형을 참고하시기 바랍니다(50~51쪽).

도표로 나타내보면

부수	명칭(변형)	육서	뜻과 참고적인 의미 / 풀이 / 예

1획			
一	한 일	지사	**뜻** 하늘과 땅이나 바다가 맞닿은 선. **풀이** 한 일은 이름자에 일(壹)과 함께 많이 쓰이고 있다.
丨	뚫을 곤	지사	**뜻** 아래와 위를 뚫어 통하도록 그음. **예** 中(가운데 중), 个(낱 개)
丶	점 주	지사	**뜻** 어구의 끊어지는 자리에 찍는 표시.
		상형	**뜻** 등불의 불꽃을 본뜬 글자.
丿	삐침 별	지사	**뜻** 삐침 별丿+파임 불 乀 **풀이** 반대의 획인 파임 불(乀)이 있다. **예** 文(글월 문), 交(사귈 교)
乙	새을(乚)	상형	**뜻** 九 乾, 乳, 亂 등 **풀이** 올라오는 싹이나 오리 등 구부러진 모습을 나타낸다. **예** 九(아홉 구), 乾(하늘 건), 乳(젖 유)
亅	갈고리 궐	상형	**뜻** 고부라진 갈고리의 모양. **풀이** 꼬부라진 갈고리 모양이다.

			예 事(일 사), 了(마칠 료), 予(나 여)
2획			
二	두 이	회의 지사	뜻 나누어진 의미. 풀이 하늘과 땅을 나란히 놓았다. 예 五(다섯 오), 于(어조사 우), 井(우물 정)
亠	돼지해 머리 두		뜻 돼지해(亥)머리의 亠와 같아 붙은 명칭임. 풀이 음은 '두'인데 훈은 알 길이 없다. 돼지亥의 머리(亠)와 같기에 부수 명칭을 돼지 亥 머리라 하였다. 예 京(서울 경), 交(사귈 교), 亡(망할 망)
人	사람 인 (亻)	상형자	뜻 서서 걷는다는 것은 사람만의 특성이다. 풀이 사람이 팔을 뻗고 서 있는 모양을 옆에서 본 모양. 예 今(이제 금), 休(쉴 휴), 仁(어질 인)
儿	어진사람 인	상형자	뜻 걷는 사람 인 풀이 사람의 두 다리를 본뜬 글자. 예 兄(맏 형), 先(먼저 선), 元(으뜸 원)
入	들 입	상형자	뜻 갈라지며 뻗어 내려가는 의미. 풀이 하나의 줄기 밑에 뿌리가 갈라져 땅속으로 뻗어 들어가는 모양. 예 兩(두 량), 內(안 내), 全(온전 전)
八	여덟 팔	지사자	뜻 '分': 칼로 나누다, 八+刀=分 풀이 사물이 둘로 나누어져 서로 등지고 있는 모양. 예 六(여섯 륙), 共(함께 공), 公(공변될 공)
冂	멀 경	상형자	뜻 '경계 밖의 먼 곳'을 나타냄. 풀이 丨은 멀리 길이 잇닿아 있는 모양이고 一은 경계를 나눈 표지이다. 예 再(두 재), 冊(책 책), 冒(무릅쓸 모)
冖	덮을 멱 민갓머리 멱	상형자	뜻 민갓머리라 하여 宀(갓머리)와 구분함. 풀이 사방으로 천이 늘어뜨려져 물건을 덮어씌우고 있는 모양. 예 冠(갓 관), 冥(어두울 명), 冪(덮을 멱)
冫	얼음 빙 (冰) 발 (冬)	지사 상형	뜻 '삼수(氵)와 구별하여 '이수(冫)변이라 함. 풀이 氷, 冰과 같은 글자. '이수변' 또는 '두 점 변'이라 부른다.
几	안석·책상 궤	상형자	뜻 위는 평평하고 다리가 붙어 있는 모양. 풀이 다리가 있고 물건을 올려둘 수 있는 평평한 모양. 예 凡(무릇 범), 風(봉황새 봉), 凱(즐길 개)

凵	입 벌릴 감	상형자	**뜻** 위튼입구몸(凵)과 옆튼입구몸(匚)을 구별. **풀이** 벌리고 있는 가운데가 쑥 들어간 모양. **예** 出(날 출), 凶(흉할 흉), 函(상자 함)
刀	칼 도(刂)	상형자	**뜻** 방(선칼도刂). 날이 굽은 칼의 모양. **풀이** 변으로 쓰이는 일은 없다. **예** 刃(칼날 인), 分(나눌 분), 列(벌릴 렬)
力	힘 력	상형자	**뜻** 변(加), 발(勞), 방(功) **풀이** 팔에 힘을 주었을 때 근육이 불거진 모양. **예** 加(더할 가), 勞(수고로울 로), 功(공 공)
勹	쌀 포	상형자	**뜻** 包 : 배 안의 태아를 말하며 '배다'의 뜻을 지님. **풀이** 包(쌀 포)의 본 자. 몸을 앞으로 구부려 보따리를 안고 있는 모양. **예** 勿(말 물), 包(쌀 포), 匈(오랑캐 흉)
匕	비수 비	상형자	**뜻** 칼, 숟가락처럼 끝이 뾰족한 것을 본뜸. **풀이** 끝이 뾰족한 숟가락을 본떠 '숟가락'을 나타내는 글자로 삼음. **예** 北(북녘 북), 化(될 화)
匚	상자 방, 옆 튼 입 구 몸	상형자	**뜻** 물건을 넣어두는 네모진 상자를 옆에서 바라본 모양. **예** 匪(도둑 비), 匣(상자 갑), 匡(바를 광)
匸	감출 혜	회의자	**뜻** 틈에운담 *뚜껑이 달려 있는 상자. **풀이** 一은 윗부분을 가리어 덮고 있음(뚜껑을 나타냄). 'ㄴ'은 물건을 숨겨 감추는 곳으로 '감추다'의 뜻이 된다. **예** 區(나눌 구), 匹(짝 필), 匿(숨을 닉)
十	열 십	지사자	**뜻** 수(數)에서 갖추어진 것은 10 **풀이** 'ㅣ'은 남북, '一'은 동서, 곧 동서남북과 중앙이 모두 갖추어져 있다는 뜻에서 數에서 갖추어진 것은 10이기에 '열'을 뜻한다. **예** 午(낮 오), 千(일천 천), 南(남녘 남)
卜	점 복	상형자	**풀이** 은나라 사람들이 거북의 등껍질을 태워 갈라진 모양을 보고 점을 친 데서 그 모양을 본뜬 글자. **예** 占(점칠 점), 卞(조급할 변), 禼(사람이름 설)
卩	병부·마디 절(㔾)	상형자	**뜻** 방으로 쓰인 경우 : 卩, 발로 쓰인 경우 : 㔾, 병부(兵符)를 반으로 나눈 반쪽을 본뜬 것. **풀이** 〈㔾〉. 왕과 병권을 맡은 지방관 사이에 나누어 가지던 신표. **예** 卯(토끼 묘), 卵(알 란), 危(위태할 위)

厂	굴 바 위 엄, 언덕 한	상형자	**뜻** 엄호(广)와 구분하여 민엄호(厂)라 함. **풀이** 언덕이 나온 그 밑에서 사람이 살 수 있는 곳. 덮거나 가리어 엄호한다는 뜻. **예** 原(근원 원), 厚(두터울 후), 厄(재앙 액)
厶	사사 사	지사자	**뜻** 마늘쪽과 같이 생겨 마늘모라 하였다. **풀이** 자신의 소유물을 묶어 싸놓고 있는 모양. 마늘쪽과 같은 모양. **예** 去(갈 거), 參(참여할 참)
又	또 우	상형자	**뜻** 또 하고 또 하는 반복의 의미가 있음. **풀이** 오른손과 손가락을 본뜬 글자. **예** 反(돌이킬 반), 受(받을 수), 友(벗 우)

3획			
口	입 구	상형자	**뜻** 여러 위치로 쓰임. 때, 另, 呑, 可 **풀이** 사람의 입모양을 본뜬 글자. **예** 可(옳을 가), 告(알릴 고), 古(옛 고)
囗	에울 위	상형자	**뜻** 口와 구분하여 '큰 입구' 부자라 일컬음. **풀이** 사방을 한 둘레 빙 두른 모양. **예** 四(넉 사), 回(돌 회), 國(나라 국)
土	흙 토	상형자	**뜻** 흙에서는 무언가 생겨나는 의미가 있다. **풀이** 二의 지표를 뚫고 싹이 트는 모양으로 생물을 생육하는 흙을 뜻함. **예** 在(있을 재), 地(땅 지), 墓(무덤 묘)
士	선비 사	회의자	**뜻** 벼슬에 나아가 일하는 사람이란 뜻이 됨. **풀이** 一에서 十까지란 뜻으로 이는 기수이며 이를 배우는 학업에의 입문 과정이라는 데에서 선비가 하는 일의 시초란 뜻. **예** 壽(목숨 수), 壹(한 일), 壯(씩씩할 장)
夂	뒤져 올 치	지사자	**뜻** 뒤에 늦게 다다름. **풀이** 'ク'은 사람의 두 정강이를 본떴고 'ㄟ'은 앞으로 가도록 뒤에서 밀고 있음을 나타냄. '남보다 뒤처져 오다'의 뜻. **예** 夆(끌 봉)
夊	천천히 걸을 쇠	지사자	**뜻** 빨리 걷지 못하도록 제지함. **풀이** 'ク'은 두 정강이를 본뜬 것이고 'ㄟ'은 빨리 걷지 못하도록 함을 나타냄. **예** 夏(여름 하), 陵(언덕 릉)

夕	저녁 석	지사자	**뜻** 夕과 月은 달이다 夕: 부족한 달의 모양. **풀이** 月에서 한 획을 뺀 글자로 달이 반쯤 보이는 '황혼 저녁'이란 뜻. **예** 多(많을 다), 夜(밤 야), 外(바깥 외)
大	큰 대	象形字	**뜻** 사람 자체를 크게 보았다. **풀이** 정면에서 바라본 사람의 머리와 두 팔. **예** 天(하늘 천), 夫(지아비 부), 太(클 태)
女	계집 녀	상형자	**뜻** 여성의 다소곳한 모양을 본뜸. **풀이** 여자가 손과 무릎을 굽히고 유순하게 앉아 있는 모양을 본뜬 글자. **예** 姓(성씨 성), 始(처음 시), 如(같을 여)
子	아들 자	상형자	**뜻** 사랑할 자, 아이의 머리와 두 팔을 본떴음. **풀이** 사람의 머리와 손발을 본뜬 그림에서 발전한 글자. 발이 하나로 그려진 것은 강보에 싸인 어린아이의 모양을 본떴기 때문이다. **예** 孫(손자 손), 學(배울 학), 孝(효도 효)
宀	집 면	상형자	**뜻** 지붕으로 덮어 씌워져 있는 집. **예** 家(집 가), 安(편안할 안), 實(열매 실)
寸	마디 촌	지사자	**뜻** 의사가 맥을 짚은 위치, 손가락 하나 끼워 넣을 거리. **풀이** 손목에서 조금 떨어진 맥박이 뛰는 곳을 가리킨다. 훈을 마디라고 하는 것은 손가락 하나의 마디가 아니고 손가락 하나의 폭을 뜻한다. 현대의 1尺(자 척)의 10분의 1에 해당하는 '치'의 단위와 비슷함. **예** 對(대답할 대), 寺(절 사), 將(장수 장)
小	작을 소	회의자	**뜻** 작은 것을 또 나누어 더 작음을 나타냄. **풀이** 아주 미세한 물건을 다시 둘로 나누는 (八) 형상. **예** 尙(오히려 상), 少(적을 소), 尖(뾰족할 첨)
尢	절름발이 왕 (允,兀,尣)	상형자	**뜻** 정상적인 사람 大에 반해 한쪽이 굽었다. **풀이** 사람을 정면에서 보고 한쪽 정강이가 굽은 모양. **예** 就(이룰 취), 尤(더욱 우), 尨(삽살개 방)
尸	주검 시	상형자	**뜻** 배를 깔고 드러누운 사람 모양. **풀이** 〈屍〉. 사람이 죽어서 몸이 굳어진 모양. **예** 屍(주검 시), 居(살 거), 屋(집 옥)
屮	싹 날 철	상형자	**뜻** 일설에는 왼손, 오른손을 뒤집은 지사로 봄. **풀이** 屮은 왼손, 오른손(屮)을 뒤집은 지사(指事)로 본다. **예** 屯(진칠 둔), 屮(왼손 좌)

한자와 부수

227

山	뫼(메) 산	상형자	뜻 산의 모양을 보이는 대로 그린 것에서 발전. 풀이 산의 모양을 본뜬 글자. 예 島(섬 도), 崇(높을 숭), 巖(바위 암)
川	내 천, 개미허리(巛)	상형자	뜻 도랑을 파서 물을 흐르게 하는 형상. 풀이 도랑에 물이 흐르는 형상. 예 州(고을 주), 巡(돌 순), 巢(집 소)
工	장인 공	지사 회의	뜻 '장인'을 뜻함. 二는 수준기, ㅣ는 먹줄을 말함. 풀이 ① 하늘과 땅 사이에 사람이 규칙에 맞는 일을 하고 있음을 나타냄. ② 두 개의 먹줄 사이에서 사람이 대목의 연장을 들고 있는 모양. 예 巨(클 거), 左(왼 좌), 巫(무당 무)
己	몸 기	지사자	뜻 만물이 몸을 굽혀 쭈그리는 형상. 풀이 자기 몸은 己 자처럼 구부릴 수 있다. 밖에 있는 남에 대하여 안에 있는 자기 자신이라는 뜻.
巾	수건 건	상형자	뜻 수건이 걸려 있는 모양을 본뜸. 풀이 冂은 한 폭의 천, ㅣ은 띠, 천을 띠에 차서 드리우고 있는 모양. 예 師(스승 사), 市(저자 시), 希(바랄 희)
干	방패 간	상형자	뜻 들어가 '침범하다', '범하다'는 뜻도 있음. 풀이 위에서 아래로 뚫고 들어간 모양. 예 年(해 년), 平(평평할 평), 幸(다행 행)
幺	작을 요	상형자	뜻 갓 태어난 어린아이를 본뜸. 小의 뜻이 들어 있음. 풀이 갓 태어난 아이가 쪼그리고 있는 모양. 그래서 '작다'의 뜻임. 예 幾(몇 기), 幼(어릴 유), 幽(그윽할 유)
广	집 엄	지사자	뜻 언덕 위에 보이는 지붕, 厂(언덕), 丶(지붕) 풀이 지붕이 있는 언덕을 나타내고 있는 모양. 예 康(편안할 강), 庫(곳집 고), 庭(뜰 정)
廴	길게 걸을 인	지사자	뜻 辶(책받침)과 夂(민책받침)으로 구분함. 풀이 조금씩 느리게 걷는 모양. 예 建(세울 건), 延(끌 연), 廷(조정 정)
廾	들 공, 손맞잡을 공, 스물입발	회의자	뜻 한자로는 '바칠 공' 부수로는 '스물 입'이 됨. 풀이 왼손과 오른손을 모아 떠받들고 있는 모양. 예 弁(고깔 변), 弄(희롱할 롱), 弊(해질 폐)
弋	주살 익	상형자	뜻 뾰족한 미늘 같은 것에 물건이 걸려 있는 모양. 풀이 꺾은 나뭇가지 옆으로 삐죽 나온 미늘 같은 것에 물건이 걸려 있는 모양.

			예 式(법 식)
弓	활 궁	상형자	뜻 활이 편안하게 놓인 모양. 풀이 화살을 먹이지 않은 활의 모양을 그린 그림이 발전한 글자. 예 弟(아우 제), 强(강할 강), 弱(약할 약)
彐	돼지머리 계(彑, 彐)	상형자	뜻 彐, 튼가로왈. 曰의 왼쪽 획이 없다는 뜻. 풀이 돼지머리 모양을 본뜬 그림이 발전한 글자. 예 彗(비 혜), 彝(떳떳할 이)
彡	터럭 삼	상형자	뜻 三 자의 변형, 삐친석삼. 풀이 터럭을 빗질하여 놓은 모양. 三 자의 변형으로 삐친석삼이라고도 함. 예 形(모양 형), 彦(선비 언), 影(그림자 영)
彳	자축거릴 척	상형자	뜻 조금 걸음, '중인변' 또는 '두인변'이라고도 함. 풀이 넓적다리, 정강이 발의 세 부분을 그려서 처음 걷기 시작함을 나타낸 글자. 亻(인)변에 삐침이 하나 거듭되어 있어 중인변 또는 두인변이라고도 함. 예 德(덕 덕), 後(뒤 후), 往(갈 왕)

4획			
心	마음 심 (忄, 㣺)	상형자	뜻 '恭'을 찾을 땐 心발에서 찾아야 한다. 풀이 (忄 㣺). 사람의 심장 모양을 본뜬 그림이 발전하여 心이 되었음. 忄은 性(성품 성)처럼 좌변으로 쓰일 때의 자형이고 㣺은 恭(공손할 공)처럼 발(맨 끝에 자리한 글자)로 쓰일 때의 자형이다. 예 必(반드시 필), 性(성품 성), 意(뜻 의)
戈	창 과	상형자	뜻 주살(弋)+一(가로로 덧붙인 날)=戈 풀이 '弋(주살 익)+丿'이 만나 형성된 부수이다. 곧 찌르거나 잡아당기게 되어 있는 병기로서 곧 창을 뜻한다. 예 戒(경계할 계), 成(이룰 성), 我(나 아)
戶	외 짝문 호	상형자	뜻 '門'의 한 쪽, '지게 호'로 알려져 있음. 풀이 지게를 본뜬 그림에서 발달한 글자. 외짝문같이 생겨 외짝문 호라고도 한다. 예 所(바 소), 房(방 방), 扇(부채 선)
手	손 수(扌)	상형자	뜻 재주 재(才)와 닮아 재방변이라 한다. 풀이 다섯 손가락을 펼치고 있는 손 모양을 그린 그림이 발전한 글자

			才(재)는 변으로 쓰일 때의 자형(字形)이다. 부수 명칭은 손수변인데 자형이 才(재주 재)와 닮아 '재방변'이라고 이른다. 예 擧(들 거), 技(재주 기), 才(재주 재)
支	지탱할 지 가를 지 변/방	회의자	뜻 한 개를 1/2로 가르든, 가운데를 쪼개든 가른다는 뜻이 있음. 풀이 十은 열이란 뜻이 아니라 수(낱 개)를 반으로 나눈 의미이고 又(또 우)는 오른손을 나타내어 나누어진 나무를 쥐고 있다는 데서 '나누다, 가르다'의 뜻도 담고 있다. 예 攲(기울 기), 邌(길 심)
攴	칠 복(攵)	형성자	뜻 소리가 나도록 두드린다는 의미가 있음. 풀이 《攵 둥글월 문》. 卜은 음을 나타내고 又은 오른손을 뜻한다. 오른손으로 '폭' 소리가 나게 두드린다는 의미에서 '치다'란 뜻을 갖는다. 부수의 명칭으로 '둥글월 문'이라고도 하는데 이는 文(글월 문) 자형(字形)과의 차이에서 붙여진 이름이다. 예 改(고칠 개), 數(셈 수), 放(놓을 방)
文	글월 문	상형자	뜻 어긋남의 아름다움. 풀이 다른 무늬가 놓인 모양을 본뜬 그림이 발달한 글자로 무늬란 뜻도 있음. 예 斑(얼룩 반), 斐(아름다울 비), 斌(빛날 빈)
斗	말 두	상형자	뜻 열 되의 용량, 별 이름 '두'(북두, 남두, 소두의 총칭). 풀이 자루가 달린 모양의 용량을 재는 그릇을 본뜬 글자. 예 料(헤아릴 료), 斜(비낄 사), 斡(돌 알)
斤	도끼·무게 근	상형자	뜻 열여섯 량이 한 근으로 무게의 단위로도 쓰임. 풀이 날이 선 자루 달린 도끼로 밑에 놓인 물건을 자르려는 형상의 글자이다. 주로 글자 오른쪽에 쓰이는 부수로 쓰인다. 예 斷(끊을 단), 新(새로울 신), 斥(물리칠 척)
方	모 방	상형자	뜻 '角'과 구별하여 쓰임. 풀이 두 조각배를 나란히 놓고 이물로 묶어 놓은 모양. 그래서 '나란히 하다'란 원 뜻을 가진다. 예 旗(기 기), 於(어조사 어), 族(겨레 족)
无	없을 무(旡)	지사자	뜻 이미기 방(旡), 한자의 구성상 방(旁)으로 쓰일 때는 旡가 됨. 풀이 사람(兂)의 머리 위에 一 부호를 얹어 머리가 보이지 않게 하는 글자로 '없다'란 뜻을 나타냄. 無(없을 무)의 고자(古字)가 되고 '이미 기 방' 부수라고도 한다. 예 旣(이미 기)
日	날 일	상형자	뜻 陽, 火, 君, 德의 뜻이 있음.

			풀이 태양의 모양을 그린 그림이 발전한 글자. **예** 星(별 성), 明(밝을 명), 晝(낮 주)
曰	가로 왈	지사자	**뜻** 가로되, 가라사대, 말하기를 **풀이** 口(입 구)에서 입김이 밖으로 나오는 것을 그린 글자. 마음속 생각이 입을 통해 말로 나온다는 의미에서 가로되, 말하다 등의 뜻으로 쓰임. **예** 曲(굽을 곡), 書(글 서), 會(모일 회)
月	달 월	상형자	**뜻** 태양의 충만한 모양에 비해 이지러진 모양 **풀이** 달의 모양을 본뜬 글자. 태양은 언제나 가득 차 있기에 둥근 태양의 모양을 본떠 日로 하였고 달은 차거나 기울기 때문에 이지러진 달의 모양으로 月을 본떴다. **예** 朋(벗 붕), 有(있을 유), 朝(아침 조)
木	나무 목	상형자	**뜻** 낳아 기르는 덕이 있다. **풀이** 뿌리와 줄기, 가지로 된 나무가 서있는 모양을 본뜬 글자. **예** 林(수풀 림), 東(동녘 동), 末(끝 말)
欠	하품 흠	상형자	**뜻** 부족하고 모자라는 뜻이 있다. **풀이** 사람의 입에서 입김이 나오는 모양이 발전된 글자. ⺈은 ㇏ㇰ 모양처럼 입에서 김이 나오는 모양을 나타내고 아래의 人은 사람을 뜻함. **예** 歌(노래 가), 欲(하고자 할 욕), 次(버금 차)
止	그칠 지	상형자	**뜻** 그치다의 속성으로 병은 '낫다'의 뜻이 있다. **풀이** 식물의 싹이 돋아날 무렵 뿌리 부분의 모양 혹은 발목 밑의 발의 모양이 발전된 글자라고 함. 그래서 '발뿌리 등의 뜻을 나타낸다. **예** 歷: 지낼 력, 步: 걸음 보, 正: 바를 정
歹	앙상한 뼈 알	지사자	**뜻** 죽을 '死'변으로 알려져 있음. **풀이** 〈歺〉. 죽을 사(死)변. 머리뼈에서 살을 발라낸 글자 冎을 반으로 쪼갠 글자가 발전됨. 대체로 죽음과 관계된 글자에 쓰인다. **예** 死(죽을 사), 殁(죽을 몰), 殃(재앙 앙) *단, 작명에는 쓰이지 않음.
殳	창, 칠, 몽둥이 수	형성자	**뜻** 찌르는 칼·창과는 다른 치는 무기임. **풀이** 几는 몽둥이나 무기의 모양이며 又는 오른손이다. 攵, 夂과 비슷하여 '갖은 둥글월 문'이란 명칭을 갖게 되었다. **예** 段(층계 단), 殺(죽일 살), 毀(헐 훼)
毋	말 무	회의자	**뜻** 无, 毋는 같은 부정이지만 '없다'와 '말라'의 차이가 있다.

			풀이 一은 一(일)이 아니라 침범하지 못하게 막아 잠근다는 뜻. 여자에게는 남자가 함부로 범하지 못할 곳이 있는데 이를 막아 지킨다는 뜻. 그래서 '말라'의 뜻을 나타냄. **예** 每(매양 매), 母(어머니 모), 毒(독 독)
比	견줄, 도울, 이웃 비	회의 형성	**뜻** 친하게 지내다의 뜻이 있음. **풀이** 比는 人 자를 반대 방향으로 놓은 모양. 나란히 세워 두 사람을 견주어 본다는 의미. 'ヒ'가 음을 나타내는 형성문자이며 회의 문자이다. **예** 毗(도울 비), 毖(삼갈 비)
毛	털 모	상형자	**뜻** 털이 붙어 있는 가죽을 의미. **풀이** 사람의 머리털이나 짐승의 털을 본뜬 글자이다. **예** 毫(가는 털 호), 毬(공 구)
氏	성 씨	상형자	**뜻** 성이나 이름에 붙어 존칭의 의미를 가짐. **풀이** 일설에는 땅 위에 내민 줄기와 땅속에 내린 뿌리의 모양이라 함. **예** 民(백성 민), 氓(백성 맹)
气	기운 기 (氣)	상형자	**뜻** 気 氘 : 氣의 속자. **풀이** 〈氣〉. 구름이 피어오르는 모양이라 하기도 하고 입에서 김이 나오는 모양이라고도 함. **예** 氣(기운 기) 氛(기운 분)
水	물 수(氵)	상형자	**뜻** 泳 : 변으로 쓰임, 泰 : 발로 쓰임. **풀이** 물이 끊임없이 흘러내리는 모양. ☰처럼 양을 가운데 두고 양측에 음이 있는 모양. 삼수변(氵)은 水가 변으로 쓰일 때이며 氺은 泰 자에 쓰이는 것처럼 水가 발(부수가 맨 아래 쓰일 때의 명칭)로 쓰일 때이다. **예** 永(길 영), 江(강 강), 泰(클 태)
火	불 화(灬)	상형자	**뜻** 炳 : 변으로 쓰임, 熱 : 발로 쓰임. **풀이** 불이 활활 타오르는 모양. 한자의 구성상 발이 될 때는 '灬'가 발로 쓰일 때의 모양이며 이를 '연화 발, 불화 발'이라고도 한다. **예** 無(없을 무), 然(그러할 연), 災(재앙 재)
爪	손톱 조	상형자	**뜻** 잡다, 긁다, 할퀴다. **풀이** 〈爫〉. 손으로 아래에 있는 물건을 잡으려는 모양을 본뜬 글자. 爫 부수는 글자의 머리(부수가 맨 위에 놓이는 글자)로 쓰일 때의 글자로서 '손톱머리'라 부른다. **예** 爭(다툴 쟁), 爲(할 위), 爬(긁을 파)

父	아비 부	회의자	**뜻** 가족을 가르치는 사람은 아버지이다. **풀이** 又는 손, 손에 채찍을 들고 가족을 가르친다는 뜻. 이는 가장인 아버지가 하는 일이라는 데에서 '아버지'를 뜻한다. **예** 爺(아비 야), 爹(아비 다)
爻	괘 효	지사자	**뜻** 본받다, 서로서로 관련되어 있음. **풀이** 여섯 개 효는 서로 관계가 있다는 의미. **예** 爽(시원할 상), 爾(너 이)
爿	조각 장	지사자	**뜻** 나무를 세로로 쪼갠 한 부분. 장수장변도 됨. **풀이** 나무의 한가운데를 세로로 자른 왼쪽 반의 모양. 將(장수 장)의 변으로 쓰인 데서 '장수장변'이라고도 함. **예** 牀(평상 상), 牆(담 장)
片	조각 편	지사자	**뜻** 나무를 세로로 쪼갠 오른쪽 부분. 절반반도 됨. **풀이** 나무의 한가운데를 자른 오른쪽 반의 모양. **예** 版(널 판), 牌(패 패), 牒(서찰 첩)
牙	어금니 아	상형자	**뜻** 牚(버팀목 탱) : 발로 쓰일 때. **풀이** 아래위의 어금니가 맞닿은 모양을 본뜬 글자. **예** 牚(버팀목 탱)
牛	소 우(牜)	상형자	**뜻** 牜 : 변으로 쓰일 때. **풀이** 머리와 두 뿔이 솟고 꼬리가 늘어진 소의 모양을 본뜬 글자. 牜는 한자의 구성에서 변으로 쓰일 때의 모양. **예** 牧(칠 목), 物(물건 물), 特(특별할 특)
犬	개 견(犭)	상형자	**뜻** 犭 : 변으로 쓰일 때. 獻(바칠 헌) : 방으로 쓰일 때. **풀이** 개가 옆으로 보고 있는 모양을 본뜬 글자. '犭'은 한자의 구성에서 변(글자 왼쪽에 쓰이는 경우의 명칭)으로 쓰일 때의 犬의 자형. '개사슴록변'이라고도 한다.

5획			
玄	검을 현	회의자	**뜻** 멀거나 깊게 있는 물건이 작아서 가물가물 검게 보임. **풀이** 물건인지 사람인지 멀리 있어 작게 가물가물 보이는 검은 모양. **예** 率(거느릴 솔), 玆(이 자)
玉	구슬 옥(王)	상형자	**뜻** 王 : 임금왕변이 아니라 구슬옥변이 바른 호칭이다. **풀이** 옥돌의 모양인 세 개의 가로획과 옥을 꿴 줄을 나타낸 세로획이 합해진 글자. 이를 임금왕변이라 부르기도 하나 '구슬옥변'이라 부르는 것이 바른 호칭이다.

			예 玉(구슬 옥), 現(나타날 현), 理(다스릴 리), 王(임금 왕) *작명할 때도 王변을 玉변으로 보아 5획으로 한다.
瓜	오이 과	상형자	뜻 열매가 한 개씩 열리는 특징이 있는 식물 총칭. 풀이 几는 오이의 덩굴을, 'ム'는 열매를 본떴다. 예 瓢(박 표), 瓠(표주박 호) *작명에는 쓰이지 않음.
瓦	기와 와	상형자	뜻 진흙으로 구워 만든다. 실패의 뜻도 있음. 풀이 집을 이은 기와가 나란히 놓여 있는 모양. 예 瓮(독 옹), 甁(병 병), 甄(질그릇 견)
甘	달 감	지사자	뜻 맛이 좋아 상쾌하고 기분이 좋음. 풀이 口와 一을 합한 글자. 입 안에 맛있는 것이 들어 있음을 나타냄. 예 甚(심할 심), 甜(달 첨)
生	날 생	상형자	뜻 살아있는 모든 것. 풀이 맨 밑의 一은 땅, 㞢은 초목이 나온 모양이 합해진 글자. 예 産(낳을 산), 甥(생질 생)
用	쓸 용	회의자	뜻 卜+中=用 : 준비. 도구, 등용, 시행 등의 의미. 풀이 卜과 中이 합해진 글자. 거북이 등껍질로 점을 쳐 맞으면 반드시 썼음. 예 甫(클 보), 甬(길 용)
田	밭 전	상형자	뜻 밭 전, 밭갈 전 풀이 경계선을 나타낸 口와 그 사이 난 길의 모양 十이 합해진 글자. 예 甲(갑옷), 畵(그림 화), 男(사내 남)
疋	발 소	상형자	뜻 짝 필, 필 필 : 길이의 단위나 요즘은 사용 안 함. 풀이 무릎 아래의 다리. 止는 발바닥을 나타냄. 匹(필 필)과 통용되어 짝 필이라고도 함. 예 疏(트일 소), 疑(의심할 의)
疒	병들어 기 댈 녁	상형자	뜻 '병질 엄' 부수이다. 풀이 아파서 구부린 사람이 물건에 기댄 모양을 본떴다. 한자로는 '병들어 기댈 녁'이고 부수 명칭은 '병질(病疾)엄'이다. 예 痛(아플 통), 疲(피곤할 피), 病(병 병) *작명에는 쓰이지 않음.
癶	걸음 발	상형자	뜻 필발머리부이다. 등지다, 사이가 벌어지다. 풀이 두 다리를 뻗친 모양을 본뜬 글자. 한자로는 '걸음 발'이고 부수로는 '發'의 머리(글자의 맨 위에 놓임)가 된다. 예 癸(천간 계), 登(오를 등), 發(필 발)

白	흰 백	지사자	**뜻** 入+二 =白. 어스레한 저녁 사물의 빛깔을 희다고 보았음. **풀이** 日(해 일)에 丿(삐침 별)을 합친 글자. 해가 빛을 발하면 세상이 하얗게 빛남. **예** 皇(임금 황), 百(일백 백), 的(과녁 적)
皮	가죽 피	회의자	**뜻** 털이 붙은 채의 벗긴 가죽. **풀이** 尸는 가죽, 又는 손. 손으로 가죽을 벗김을 나타낸 글자. **예** 皺(주름 추)
皿	그릇 명	상형자	**뜻** 옛날 식기를 본뜬 글자. **풀이** 그릇을 본떴다. **예** 盛(성할 성), 益(더할 익), 盡(다할 진)
目	눈 목	상형자	**뜻** 처음에는 가로로 썼으나 후에는 세로로 고쳐 썼다. **풀이** 〈㈜〉. 사람 눈을 본떴다. 처음은 가로로 나중엔 세로로 고쳐 씀. **예** 省(살필 성), 直(곧을 직), 眼(눈 안)
矛	창 모	상형자	**뜻** 弋, 戈, 矛 : 찌르는 병기. 殳 : (몽둥이) 치는 병기. **풀이** 병거(兵車)에 세우는 장식이 달리고 자루가 긴 창을 본뜬 글자. **예** 矜(자랑할 긍), 矞(송곳질할 율)
矢	화살 시	상형자	**뜻** 바르다, 곧다, 떠나가다. **풀이** 화살의 모양을 본뜬 글자. **예** 短(짧을 단), 矣(어조사 의), 知(알 지)
石	돌 석	상형자	**뜻** 口 : 모난 돌의 모양을 나타냄. **풀이** 厂 모양의 언덕과 口 모양의 돌멩이가 합해진 글자로 언덕 아래 구르는 돌멩이를 뜻함. **예** 硯(벼루 연), 硏(갈 연), 破(깨뜨릴 파)
示	보일 시 (礻)	지사자	**뜻** 하늘에서 일어나는 조짐을 인간에게 보여 알리는 의미. **풀이** 〈礻〉. 二는 고문(古文)에서 上으로 하늘을 뜻하고 小는 日·月·星 셋을 가리킨다. 하늘과 해, 달, 별이 보여주는 것은 무언가 암시하고 있는 것이다. **예** 禁(금할 금), 社(모일 사), 祖(조상 조)
内	짐승발자국 유	상형자	**뜻** 어떤 짐승이 지나간 발자국인지 아는 것이 중요했다. **풀이** 땅에 남은 짐승 발자국의 모양(厶)과 몸통과 꼬리를 본떴다. **예** 禽(날짐승 금), 禹(하우씨 우)
禾	벼 화	상형자	**뜻** 벼가 익어 고개를 숙인 모양을 본떴다. **풀이** 木은 줄기, 丿은 드리워진 이삭이 합친 모양. 곧 벼를 나타낸다. **예** 穀(곡식 곡), 秋(가을 추), 移(옮길 이)

穴	구멍 혈	회의자	뜻 움을 파서 살 주거를 만들었다. 풀이 사는 집(宀)과 좌우로 갈라져 구멍이 파인 모양(八)이 합해진 글자. 예 空(빌 공), 究(궁구할 구), 窓(창 창)
立	설 립	회의자	뜻 일어서다, 정해지다, 이루어지다. 풀이 사람(大)이 땅(一)에 서있는 모양의 글자. 예 端(바를 단), 童(아이 동), 竝(아우를 병)

6획			
竹	대 죽	상형자	뜻 竹簡 : 종이가 발명되기 전에 문자를 기록하던 대나무 조각. 풀이 《⺮ : 대죽머리》. 대나무의 줄기(ㅣㅣ)와 잎이 아래로 드리워진 모양(朳)이 합해진 글자. 예 答(대답할 답), 筆(붓 필), 第(차례 제)
米	쌀 미	상형자	뜻 껍질을 벗긴 곡식의 총칭. 풀이 곡식의 낟알을 뜻한다. 十은 곡식의 낟알이 따로 따로 있음을 나타냄. 예 精(정기 정), 粟(조 속), 糧(식량 량)
糸	실 사	상형자	뜻 잇다. 가늘다의 뜻이 들어 있음. 풀이 실타래의 모양을 본떴다. 본 뜻은 가는 실, 絲(사)의 속자로 쓰임. 예 絲(실 사), 級(등급 급), 紙(종이 지)
缶	장군 부	상형자	뜻 흙으로 만든 항아리 또는 질그릇에 많이 쓰이는 글자. 풀이 장군(액체를 담는 그릇으로 좁다란 주둥이가 위에 있다. 달걀을 눕혀 놓은 모양이다)의 모양을 본뜬 글자.
网	그물 망	상형자	뜻 잡다, 속박하다, 근심과 재앙을 뜻함. 풀이 《罒, 罓 網》. 그물의 코(乂乂)와 덮어씌운다는(冂) 의미가 합친 글자. 예 罔(그물 망), 罕(드물 한), 罪(허물 죄) *작명에는 쓰이지 않음.
羊	양 양(⺶)	상형자	뜻 ⺶ : 머리로 쓰일 때의 변형. 뿔+네 발+꼬리=羊. 풀이 두 개의 뿔과 꼬리가 달린 모양을 나타냄. ⺶은 글자의 머리(맨 위에 오는 부수)로 놓일 때 쓰이는 글자. 예 群(무리 군), 美(아름다울 미), 義(옳을 의)

羽	깃 우	상형자	**뜻** 새털, 날다, 계속되다 등의 의미를 갖고 있음. **풀이** 새의 날개를 본떴다. 따라서 새의 의미와 깃으로 만든 물건을 뜻한다. **예** 習(익힐 습), 翁(늙은이 옹), 翰(날개 한)
老	늙을 로 (耂)	회의자	**뜻** 늙어서 머리털이 변한 사람. **풀이** 〈耂: 늙을로 엄〉. 匕는 人을 뒤집어 놓은 글자로 허리가 굽은 모양을 나타냄. 일흔 이상의 늙은이라 함. **예** 者(놈 자), 考(상고할 고)
而	말 이을 이	상형자	**뜻** 나중에 '너'의 뜻으로 가차되어 쓰임. **풀이** 턱수염을 본뜬 글자. 鬚(수염 수)가 있으므로 지금은 쓰이지 않음. **예** 耐(견딜 내), 耎(가냘플 연), 耑(시초 단)
耒	쟁기 뢰	회의자	**뜻** 마소에 끌려 논밭을 가는 농기구. **풀이** 어수선하게 우거진 풀을 갈아 넘기는 나무로 만든 연장. **예** 耕(밭갈 경), 耗(줄 모), 耘(김맬 운)
耳	귀 이	상형자	**뜻** 8대째 손자 '잉': 자기부터 세어 8대가 되는 손자. **풀이** 귀를 본뜬 글자. 또한 '而', '己', '矣'와 같이 조사로도 쓰인다. 귀에 관한 것, 헤아리는 일, 알다, 자손에 관한 것 등을 나타냄. **예** 聞(들을 문), 聖(성스러울 성), 職(벼슬 직)
聿	붓 율(筆) 오직 율	지사자	**뜻** 秦(진)나라 이후부터 筆(붓 필)로 쓰게 됨. **풀이** 재빠르고 솜씨가 있음을 뜻한다. **예** 肅(엄숙할 숙), 肆(방자할 사), 肇(칠 조)
肉	고기 육 (月)	상형자	**뜻** 두터운 살덩이, 근육 등껍질에 싸인 연한 부분 총칭. **풀이** 〈月: 육달월〉. 잘라낸 고깃덩어리를 본떴음. 仌은 힘줄을 나타낸다. 月과 닮아서 육달월변이라고 하며, 이와 구별하기 위하여 달월(月)은 二가 왼쪽만 붙고 육달월은 양쪽 다 붙는다. **예** 胸(가슴 흉), 能(능할 능), 育(기를 육)
臣	신하 신	상형자	**뜻** 임금 앞에서 굴복한 모양을 본뜬 임금을 섬기는 사람. **풀이** 임금 앞에 굴복하고 있는 모양을 본떴다. **예** 臥(누울 와), 臨(임할 림), 臧(착할 장)
自	스 스 로 자	상형자	**뜻** 自가 코의 의미로 쓰이다가 자기, 스스로의 의미로 발전. **풀이** 코를 본뜬 글자. 코 비(鼻)가 생기기 전엔 코 자(自)였다. 自가 始와 통하는 데서 '~부터'를 뜻하며 근원을 나타낸다. **예** 臭(냄새 취)

至	이를 지	지사자	**뜻** 새가 날아 내리는 모양을 본뜸. **풀이** 새가 날아 땅에 내려 닿는 모양을 본뜬 글자. **예** 致(이를 치), 臺(대 대), 臻(이를 진)
臼	절구 구	상형자	**뜻** ノ은 방망이, 니은 확, --은 쌀을 나타냄. **풀이** 절구를 본뜬 글자. **예** 與(줄 여), 臾(잠깐 유), 舂(찧을 용)
舌	혀 설	회의자	**뜻** 혀와 함께 입에서 나오는 언어, 말 등. **풀이** 입에서 혀가 나온 모양을 본뜬 글자. **예** 舍(집 사), 舒(펼 서)
舛	어긋날 천	회의자	**뜻** 서로 다르다, 다른 것들이 섞여 있음을 나타냄. **풀이** 夕+牛(夕을 뒤집은 글자)로서 서로 '어긋나다'의 뜻이다. **예** 舞(춤출 무), 舜(임금 순)
舟	배 주	상형자	**뜻** '싣다'는 의미가 들어 있음. **풀이** 배의 모양을 본뜬 글자. 통나무를 우벼 파서 만든 배. **예** 船(배 선), 般(돌 반), 航(배 항)
艮	머무를·그칠 간	회의자	**뜻** 어려워하다, 그치다, 물러서지 않음. **풀이** 눈이 나란하여 서로 물러섬이 없다. 目+匕=艮 →艮 **예** 良(좋을 량), 艱(어려울 간)
色	빛 색	회의자	**뜻** 얼굴빛, 색채, 상태, 여색 **풀이** 卩은 節의 본 자. 사람의 심정이 얼굴에 나타남이 부절(符節)을 맞춤과 같이 맞는다는 데에서 人+卩을 합하여 안색(顔色)이라는 뜻을 나타내며 더불어 빛깔, 모양, 색정(色情) 등을 나타낸다. **예** 艶(고울 염), 艴(발끈할 불)
艸	풀 초(艹)	회의자	**뜻** 풀은 하나씩 나지 않고 군집되어 돋아남 **풀이** 〈艹 艹〉. 초두머리, 풀 초 머리. 초목이 처음 돋아나오는 모양. **예** 萬(일만 만), 花(꽃 화), 草(풀 초)
虍	범 호	상형자	**뜻** 용맹스러움, 사납고 모짊의 비유. **풀이** 범 가죽의 무늬를 본뜬 글자. 한자로는 호피무늬 호이고 부수 명칭은 범호엄이다. **예** 處(살 처), 虛(빌 허), 虎(범 호)
虫	벌레 충	상형자	**뜻** 곤충과 벌레의 총칭. **풀이** 〈蟲〉. 살무사가 몸을 사리고 있는 모양. 한자로는 벌레 훼가 되고 부수로는 벌레충변이 된다. **예** 虫(벌레 충), 虹(무지개 홍), 蛇(뱀 사)

血	피 혈	지사자	**뜻** 골육과 희생을 나타냄. **풀이** 떨어지는 피를 제기에 담아서 신에게 바치는 희생의 피를 나타냄. 皿+丿=血. **예** 衆(무리 중)
行	다닐 행	회의자	**뜻** 갈 행, 순서 항 **풀이** 彳은 왼발이 걷는 모양이며 亍은 오른발이 걷는 모양으로 옮겨 걸어가는 뜻이다. 한자 자체의 부수로는 彳(자축거릴 척), 亍(자축거릴 촉)이 따로 쓰인다. **예** 街(거리 가), 術(꾀 술), 衝(찌를 충)
衣	옷 의(衤)	상형자	**뜻** 위에 입는 옷. 裳 : 치마 상(아래에 입는 옷) **풀이** 亠는 덮어 가리는 모양을 의미하고 从은 모든 사람을 의미한다. 衤는 衣가 변으로 쓰일 때의 글자 모양이다. **예** 表(겉 표), 衷(정성 충), 衲(기울 납)
襾	덮을 아(覀)	회의자	**뜻** 覆(뒤집힐 복) : 반전을 뜻함. 도리어, 반대로. **풀이** 〈覀〉. 凵은 밑에서 덮고 冂은 위에서 덮고 一은 그것을 또 덮어 가린다는 데서 덮다, 엄폐하다의 뜻을 나타냄. **예** 西(서녘 서), 要(구할 요), 覆(뒤집힐 복)

7획			
見	볼 견	회의자	**뜻** 사람의 눈을 강조하여 '보다'의 뜻을 나타냄. **풀이** 사람이 눈으로 보다. 目+儿=見. **예** 親(친할 친), 規(법 규), 視(볼 시)
角	뿔 각	상형자	**뜻** 짐승의 뿔처럼 뾰족한 모양. **풀이** 짐승의 뿔을 본뜬 글자. 본뜻은 뿔. 돌출된 것이나 모난 것의 뜻으로 쓴다. 뿔은 잡을 수 있으므로 '제어하다', '겨루다' 등의 뜻으로도 쓰인다. **예** 解(풀 해), 觸(닿을 촉)
言	말씀 언	형성자	**뜻** 호령하다, 맹세하다, 글자(문자). **풀이** 생각을 그대로 입으로 나타내므로 '口'를 쓴다. 辛+口=言. **예** 讀(읽을 독), 語(말씀 어), 詩(글 시)
谷	골 곡	회의자	**뜻** 골짜기, 계곡, 살찌우다, 기르다, 성장시키다. **풀이** 샘물이 솟아나 산과 산 사이를 지나 바다로 흘러 들어가기까지의 사이. '口'+仌=谷. '口'는 샘물이 솟아나오는 구멍, 仌은 샘물이 절반쯤 솟아난다는 뜻.

			예 谿(시내 계)
豆	콩 두	상형자	뜻 처음 굽 달린 그릇이었으나 나중에 콩으로 발전됨. 풀이 굽이 높은 제기(祭器)의 모양을 본떴다. 후에 荅(팥 답)과 구별되어 '콩'으로 쓰임.
豕	돼지 시	상형자	뜻 돼지류의 총칭. 풀이 돼지가 꼬리를 들고 있는 모양을 본뜬 글자. 예 象(코끼리 상), 豪(호걸 호), 豫(미리 예)
豸	발 없는 벌레 치, 해태 태	상형자	뜻 해태 태 : 시비와 선악을 판단할 줄 안다는 신비한 동물. 풀이 짐승이 몸을 낮추어 먹이를 덮치려는 모양. 예 貌(얼굴 모), 豹(표범 표), 貊(종족이름 맥)
貝	조개 패	상형자	뜻 재물을 뜻하므로 돈이라는 의미도 있다. 풀이 조개의 모양을 본뜬 글자. 예전에는 조개가 화폐로 쓰였기 때문에 금은 재물과 보배에 관한 글자에 많이 보인다. 예 貴(귀할 귀), 財(재물 재), 販(팔 판)
赤	붉을 적	회의자	뜻 발가숭이, 발가벗다. 손에 가진 것이 아무것도 없다. 풀이 원래는 灻(赤의 본 자)로서 크게 불타는 데서 붉은 빛깔을 나타냄 예 赫(빛날 혁), 赦(용서할 사)
走	달릴 주 (赱)	회의자	뜻 赱 : 走의 본 자. 夭는 大의 변형. 사람이 두 팔을 벌리고 달리는 모양. 풀이 팔을 벌리고 달리는 사람의 모습이다. 예 起(일어날 기), 超(넘을 초), 越(넘을 월)
足	발 족(⻊)	상형자	뜻 口는 무릎의 모양을 나타냄, 龰은 무릎 아래 부위. 풀이 〈⻊〉. 무릎부터 아래 발을 나타낸다. 예 路(길 로), 跳(뛸 도), 跪(꿇어앉을 궤)
身	몸 신	형성자	뜻 申(소리)+人=身. 머리 이외의 체구, 식물의 줄기. 풀이 몸을 나타낸다. 아이가 뱃속에서 움직이는 형상을 그려 '아이 배다'의 뜻도 있음. 예 躬(몸 궁), 軀(몸 구)
車	수레 거/차, 성 차	상형자	뜻 두 개의 발음이 나기 때문에 이름자엔 잘 쓰지 않음. 풀이 수레의 모양을 본뜬 글자. 예 輕(가벼울 경), 軍(군사 군), 輩(무리 배)
辛	매울 신	회의자	뜻 죄인의 얼굴에 벌을 가할 때 쓰던 칼을 본뜬 글자. 풀이 죄에 빠져 있는 형상으로 괴롭다는 뜻을 나타냄. 후는 죄를 나타냄.

			예 辨(분별할 변), 辭(말 사), 辯(말 잘할 변)
辰	별 진, 날 신	상형자	뜻 별 진은 地支 辰으로서 가차로 사용되었다. 풀이 조개가 입을 벌리고 살을 내놓은 모양을 본뜬 글자. 예 農(농사 농), 辱(욕될 욕)
辵	쉬엄쉬엄 갈 착(辶)	회의자	뜻 彳(행하다)+止=辵→辶(책받침) 풀이 《辶 책받침》. 가다가는 쉬고 쉬다가는 간다는 의미. 예 近(가까울 근), 道(길 도), 迎(맞이할 영)
邑	고을 읍 (阝)	회의자	뜻 阝→우부방 口: 경계가 뚜렷한 구역, 巴: 사람이 꿇어 앉아 있는 모습. 풀이 《阝 우부 방》. 사람이 모여 사는 마을, 고을의 뜻을 나타냄. 阝은 한자의 구성에서 邑이 방(글자의 오른쪽에 올 때)으로 쓰일 때의 자형이다. 예 郡(고을 군), 部(거느릴 부), 鄕(시골 향)
酉	닭·술 병 유	상형자	뜻 地支에서는 가차되어 사용되었다. 풀이 술두루미를 본떠서 만든 글자. 예 醫(의원 의), 酒(술 주), 酌(따를 작)
釆	분별할·나눌 변(辨)	상형자	뜻 辨의 본 자. 발톱이 갈라진 모양에 따라 지나간 짐승을 알 수 있었음. 풀이 짐승의 발톱이 갈라져 있는 모양. 밭에서 일을 할 때 발자국이 보이면 어떤 짐승의 발자국인지 분별하려고 애를 쓴 것 같다. 예 釋(풀 석), 釉(윤 유), 采(캘 채)
里	마을 리	회의자	뜻 밭(田)과 흙(土)이 있어 사람이 살 만한 곳으로 마을이라 했음. 풀이 밭도 있고 흙도 있어서 사람이 살 만한 곳. '마을 촌락'. 예 量(헤아릴 량), 重(무거울 중), 野(들 야)

8획			
金	쇠 금	형성자	뜻 亼(음을 나타냄)+丷(빛나는 모양)+土(흙속에 묻힌 것)=金 풀이 땅속에 묻혔으면서도 빛을 가진 광석. 丷는 흙속에서 반짝거림을 나타냄 예 錄(기록할 록), 針(바늘 침), 銀(쇠 은)
長	길·어른 장(镸)	회의 형성	뜻 《镸》: 길장 변. 나이 많은 노인의 머리털이 나부끼는 모양. 풀이 《镸. 長의 古字》. 구원의 뜻을 나타낸다. 길다, 키, 우두머리 등의 뜻으로 쓰인다.

				예 肌(추할 곤), 扺(길 오)
門	문 문	상형자		뜻 가문, 문벌, 문중, 학술 분야, 배움터. 풀이 두 개의 문짝을 닫아놓은 모양을 본뜬 글자. 예 開(열 개), 間(시간 간), 閉(닫을 폐)
阜	언덕 부 (阝)	상형자		뜻 돌이 없는 토산을 본뜬 글자. 언덕 또는 높고 큰 토지의 모양. 풀이 〈阝 좌부변〉. 돌이 없는 土山을 본떴다. 阝는 한자의 구성에서 阜가 변(글자의 왼쪽에 놓일 때)으로 쓰일 때의 자형이다. 예 降(내릴 강), 防(막을 방), 限(한계 한)
隶	미칠 이	회의자		뜻 손과 꼬리의 합성자. 풀이 說文(설문)에 의하면 손으로 꼬리를 붙잡기 위해 뒤에서 미친다는 데서 훈 음이 '미칠 이'이다. 예 隸(종 례)
隹	새 추	상형자		뜻 뻐꾸기, 비둘기 등 꽁지가 짧은 새의 총칭. 풀이 꽁지가 짧은 새의 모양을 본떴다. 예 難(어려울 난), 雄(수컷 웅), 集(모일 집)
雨	비 우	상형자		뜻 一(하늘)+冂(가린 구름)+丨(뚫음)+丷(물방울)=雨(비 우) 풀이 하늘을 덮은 구름 사이로 물방울이 떨어짐을 본뜬 글자. 예 雪(눈 설), 雲(구름 운), 電(번개 전)
靑	푸를 청	회의자		뜻 푸른 싹과 맑은 물의 신선하고 깨끗한 모양을 본뜸. 풀이 싹이 '돋아나다'의 生과 우물의 맑은 물인 井이 만나 합쳐진 글자. 예 靜(고요할 정), 靖(편안할 정)
非	아닐 비	상형자		뜻 서로 다름, 부정의 뜻을 나타냄. 풀이 좌우의 날개가 등지고 있음을 나타냄. 이에 '아니다'의 부정적인 뜻임. 예 靠(기댈 고), 靡(쓰러질 미)

9획

面	얼굴 면	상형자	뜻 얼굴의 윤곽을 그려서 '낯'을 나타냄. 원래의 자형은 圓이다. 풀이 百(목)+囗(윤곽)→圓이 발전되어 面이 되었음. 面은 面의 본자이다. 예 皰(면종 포), 靤(피땀 면)

革	가죽 혁	회의자	뜻 두 손으로 짐승의 털을 뽑는 모양을 본뜸. 털이 없는 가죽. 풀이 털을 뽑고 난 뒤에 드러나는 가죽이란 뜻임. 예 靴(신 화), 鞠(기를 국), 鞏(묶을 공)
韋	다룬 가죽 위	회의자	뜻 무두질한 가죽으로서 부드럽고 유연한 가죽. 풀이 본래 어떤 구역(口)을 사람들이 돌아가며 지킨다는 뜻과 사방이 어긋나는 짐승의 가죽을 하나로 묶는다는 뜻을 나타냄. 皮毛(털이 있는 그대로)→ 革(털을 뽑고 난 뒤의 모양 그대로)→ 韋(물을 들이고 길이를 맞춘 것)의 과정을 거침. 예 韓(나라이름 한)
韭	부추 구	상형자	뜻 백합과의 여러해살이 풀. 풀이 땅과(一) 부추의 모양 (非)을 본뜬 글자. 예 韱(산부추 섬)
音	소리 음	지사자	뜻 言(口를 뺌)+曰(소리가 입 밖으로 나오는 것)=音 풀이 말이 입 밖에 나올 때 성대를 울려 가락이 있는 소리가 나옴을 나타냄. 立+曰(一은 口 입 안에 물질이 들어 있음)=音 예 韶(풍류이름 소), 韻(운 운), 響(소리 향)
頁	머리 혈	상형자	뜻 윗부분은 사람의 목 위를 나타내고 八은 몸을 본떴다. 풀이 사람 목 위의 부분을 나타낸 글자. 예 頭(머리 두), 題(제목 제), 順(순할 순)
風	바람 풍	형성자	뜻 속도의 빠름과 관습, 기세와 세력을 나타냄. 풀이 바람이 널리 퍼지면 곤충이나 벌레들은 숨는다. 널리 퍼진다는 凡과 虫이 만나 風이 되었다. 예 飄(회오리바람 표), 颱(태풍 태)
飛	날 비	상형자	뜻 새, 날짐승, 빨리 닿는 말, 넘다, 뛰어넘다, 오르다 풀이 새가 하늘을 날 때 양쪽 날개를 쭉 펴고 있는 모양을 본뜬 글자. 예 翻(뒤칠 번), 飜(새빙돌며 환)
食	밥·먹을 식(飠)	회의자	뜻 食 : 밥 식변이라 이른다. 먹다, 삼키다, 마시다의 총칭. 풀이 《飠, 飠》. 곡물이 모인 것 곧 쌀밥을 뜻한다. 스은 모이다의 뜻이고 皀은 곡물의 좋은 향기를 뜻한다. 飠은 명조체 활자체에서 食이 변으로 쓰일 때의 자형. 飠은 필기체에서 食이 변으로 쓰일 때의 자형.
首	머리 수	상형자	뜻 巛(털)+百(머리)=首, 古字 : 𩠐이다. 풀이 털이 나 있는 머리의 모양을 본뜬 글자. 예 髴(머리장식 불), 馘(벨 괵)

香	향기 향	회의자	뜻 소리, 빛, 모양, 맛 냄새의 아름다움. 풀이 기장을 맛있게 익혔을 때 나는 냄새를 향기로 뜻하였다. 예 馥(향기 복), 馨(향기 형), 馝(향기로울 필)

10획			
馬	말 마	상형자	뜻 산가지 : 득점을 세는 물건의 뜻도 있음. 풀이 말의 모양을 본뜬 글자. 예 驚(놀랄 경), 驗(시험 험), 駐(머무를 주)
骨	뼈 골	회의자	뜻 됨됨이, 품격, 굳고 강직함을 나타냄. 풀이 고기에서 살을 발라내면 뼈만 남는다. '肉'과 '冎'는 살을 발라낸다는 글자가 만나 이루어짐. *冎 : 살발라낼 과 예 體(몸 체), 骸(뼈 해)
高	높을 고	상형자	뜻 공간적으로 높다는 것을 나타냄. 풀이 출입문보다 누대는 훨씬 높다는 뜻임. 예 高(높을 고)
髟	머리털 드리워질 표	회의자	뜻 장(長)+彡(터럭)=髟 풀이 터럭 발(髮)머리. 머리털이 길다는 뜻을 나타냄. '镸' → 長의 古字와 '彡' → 털(毛)의 뜻이 만남.
鬥	싸울 투	회의자	뜻 손에 물건을 들고 싸우는 모양을 본뜸. 풀이 두 사람이 손에 무기를 들고 서로 겨루며 다툰다는 뜻임. 예 鬪(싸울 투), 鬧(시끄러울 뇨)
鬯	울 창 주 창	회의자	뜻 凵(그릇)+※(곡식)+匕(숟가락)=鬯 풀이 곡식의 낟알이 그릇에 담겨 괴어 액체가 된 것을 숟가락으로 뜬다는 뜻이므로 술을 나타낸다. 검은 기장을 원료로 하여 울금초를 섞어 빚은 좋은 향기가 나는 술. 凵은 그릇, '※'은 곡식의 낟알, '匕'는 숟가락이 모여 이룬 글자. 예 鬱(답답할 울)
鬲	오지병/ 솥 격	상형자	뜻 다리가 세 개 달린 솥. 풀이 '鼎(솥 정)'과 비슷한 다리 굽은 솥의 모양을 본뜬 글자. 예 鬴(가마솥 부), 鬻(죽 죽)
鬼	귀신 귀	회의자	뜻 魂은 神(陽)이 되고 魄은 鬼(陰)가 된다. 풀이 사람을 해치는 망령, 곧 음귀를 뜻한다. 　　由(음귀의 머리모양)+厶(사람)+儿 (해친다는 의미)=鬼 예 魄(넋 백), 魂(넋 혼), 魔(마귀 마)

11획			
魚	고기 어	상형자	**뜻** 漁(고기 잡을 어). 灬는 불화발이 아니라 지느러미를 나타낸다. **풀이** 물고기 모양을 본뜬 글자. **예** 釣(낚을 조), 魶(도롱뇽 납), 魯(노둔할 로)
鳥	새 조	상형자	**뜻** 두 발과 두 날개를 가진 꽁지가 긴 새의 총칭이다. **풀이** 隹(새 추)는 꽁지가 짧은 새에 반해 鳥는 꽁지가 긴 새의 총칭이다. **예** 鷄(닭 계), 鳴(울 명), 鳳(봉황새 봉)
鹵	소금밭 로	지사자	**뜻** 천연소금, 鹽(소금 염) : 인공으로 만든 소금. **풀이** '鹵'는 西 자의 주문(한자의 字體 중 한 가지), 점점은 소금을 나타냄. 서쪽에 있는 소금밭을 가리킨 글자. **예** 鹽(소금 염), 鹹(짤 함)
鹿	사슴 록	상형자	**뜻** 제위(帝位)로 비유하기도 함. **풀이** 사슴의 머리·뿔·네발을 본떴다. **예** 麗(고울 려), 麒(기린 기), 麟(기린 린)
麥	보리 맥	회의자	**뜻** 來(까끄라기)+夂(늦다)=麥 **풀이** 보리는 다른 곡식과는 달리 가을에 파종하여 초여름에 거두어 들인다는 데서 두 글자를 합하여 '보리'라는 뜻을 나타내었다. 까끄라기가 있는 곡식을 나타내는 來+夂(뒤져올치)=麥(보리 맥) **예** 麴(누룩 국), 麪(밀가루 면)
麻	삼 마	회의자	**뜻** 麻+幺=麼(잘 마) : 잘다, 작다, 가늘고 작다. **풀이** 집(广)과 삼의 껍질을 벗기는 작업, 두 가지가 합쳐진 글자. **예** 麾(대장기 휘), 穈(기장 미)

12획			
黃	누를 황	형성자	**뜻** 田+炗(광이 음을 나타냄)=黃 **풀이** 밭의 빛은 황토색으로 빛나기 때문에 '누르다'는 뜻을 나타냄. **예** 黈(누른빛 주), 黊(밝은 황색 휴)
黍	기장 서	회의자	**뜻** 禾+余=黍, 余→雨의 생략형 **풀이** 곡식 중에서도 가장 찰기가 많은 기장을 나타냄. 禾+雨=黍 **예** 黎(검을 려)
黑	검을 흑	회의자	**뜻** 囪+土+灬=黑, 黣은 黑의 본 자. **풀이** 연기가 나가는 창이 검게 그을려 있다는 데서 '검다'의 뜻을

			나타냄. 예 點(점 점), 默(잠잠할 묵), 黨(무리 당)
黹	바느질할 치	상형자	뜻 바느질 하다. 수놓은 옷. 풀이 바늘에 꿴 실로 수를 놓은 옷감을 본뜬 글자. 예 黻(수놓을 불), 黼(수놓을 보)

13획

黽	맹꽁이 맹	상형자	뜻 힘쓸 민. 힘쓰다, 노력하다. 黾 : 黽의 속자. 풀이 개구리의 일종인 맹꽁이의 모양을 본뜬 글자. 예 鱉(자라 별), 鰲(자라 오)
鼎	솥 정	상형자	뜻 다리가 셋, 귀가 두 개 달린 솥. 풀이 발이 셋, 귀가 두 개 달린 솥의 모양을 본뜬 글자. 예 鼏(소댕 멱)
鼓	북 고	회의자	뜻 壴(북)+屮(장식)+又(오른손)=鼓 풀이 장식이 달린 북을 오른손으로 친다는 뜻을 나타냄. 예 鼕(북소리 동), 鼗(땡땡이 도)
鼠	쥐 서	상형자	뜻 절구 밑에 숨어 있는 쥐의 모양을 본뜬 글자. 풀이 윗부분은 절구, 아랫부분은 배·발톱·꼬리의 모양을 그린 쥐의 형상. 예 鼪(족제비 생), 鼯(날다람쥐 오)

14획

鼻	코 비	형성자	뜻 自(코)+畀(음)=鼻 풀이 '自'의 코의 모양을 나타내고 '畀'는 음을 나타낸다. 예 齁(코 막힐 구), 齈(콧물 농)
齊	가지런할 제	상형자	뜻 바르고 중정하여 엄숙하다. 풀이 벼나 보리 따위의 곡식 이삭 끝이 가지런한 모양을 본뜬 글자. 예 齋(재계할 재), 齎(가져올 재)

15~17획

齒	이 치	상형자	뜻 치아가 서 있는 모양을 본뜬 글자. 풀이 치아가 나란히 서 있는 모양과 止(그칠 지)를 더하여 윗니가

15획			그쳐 있는 모양을 나타냄. 예 齡(나이 령), 齕(깨물 흘)
龍 16획	용 룡	상형자	뜻 대법원 지정 인명용 한자음은 '룡'이다. 풀이 머리에는 뾰족한 뿔이 있고 입을 벌린 기다란 몸을 가진 용의 모양을 본뜬 글자. 예 龐(클 방)
龜 16획	거북 구	상형자	뜻 대법원 지정 인명용 한자음은 '나라이름 구', '거북 귀', '틀 균'이다. 풀이 거북이의 모양을 본뜬 글자. 예 龝(거북점 안 나타날 초)
龠 17획	피리 약	회의자	뜻 대나무로 만든 악기로 구멍이 셋, 여섯, 일곱의 세 가지가 있다. 풀이 구멍이 여럿 있는 '피리'를 나타낸다. 예 龡(불 취)

【부록 4】

대법원 인명용 지정한자

이름자에 많이 쓰이는 변형된 변의 획수					
				50~51쪽의 설명 참조	
한자/획	자원	이름획수	한자/획	자원	이름획수
忄3	心	4	⺿4	艸	6
氵3	水	4	阝3	阜	8
犭3	犬	4	辶4	辵	7
王4	玉	5	戌6	フ→丁	7
罒5	网	6	礻5	衣	6

[부록 4]

대법원 인명용 지정한자

夭, 厄, 亡, 凶, 囚, 災와 疒(병들 녁), 犭(개 견), 肉(月)과 死, 惡와 같은 의미 자체가 凶한 글자는 아예 넣지 않았습니다.

● 표시는 이름에 쓸 수 있는 좋은 의미의 한자

1획	一 ●	乙 ●						
	한 일	새 을						
2획	二	乃 ●	刀	力	卜	乂	又	丁
	두 이	이에 내	칼 도	힘 력	점 복	재주 예	또 우	장정 정
	了							
	마칠 료							
3획	三 ●	巾	工	久	弓	己	女	大 ●
	셋 삼	수건 건	장인 공	오랠 구	활 궁	몸 기	계집 녀	큰 대
	口	万	士 ●	山	上	小	也 ●	夕	已
	입 구	일만 만	선비 사	뫼 산	위 상	작을 소	어조사 야	저녁 석	이미 이
	干	于 ●	子 ●	丈	土	才	凡 ●	川	寸
	방패 간	어조사 우	아들 자	어른 장	흙 토	재주 재	무릇 범	내 천	마디 촌

251

夬	下	丸						
쾌 쾌	아래 하	알/둥글 환						
4획	孔	公	四	今	及	內	丹	斗
	구멍 공	귀 공	넷 사	이제 금	미칠 급	안 내	붉을 단	말 두
屯	毛	木	文	勿	反	卞	夫	分
모일 둔	털 모	나무 목	글 문	말 물	되돌릴 반	조급할 변	지아비 부	나눌 분
不	比	少	水	手	升	心	氏	牙
아니 불	견줄 비	젊을 소	물 수	손 수	오를 승	마음 심	각시 씨	어금니 아
予	午	曰	牛	尤	云	元	月	尹
나 여	낮 오	가로 왈	소 우	더욱 우	이를 운	으뜸 원	달 월	맏 윤
允	仁	引	日	壬	井	弔	中	友
진실로 윤	어질 인	끌 인	날 일	북방 임	우물 정	조상 조	가운데 중	벗 우
止	尺	天	丑	太	巴	片	匹	亢
그칠 지	자 척	하늘 천	소 축	클 태	땅이름 파	조각 편	짝 필	오를 항
兮	戶	火	化	互	幻	爻	切	
어조사 혜	지게 호	불 화	될 화	서로 호	변환 환	괘 효	간절 절	
5획	五	可	加	甘	甲	去	尼	叩
	다섯 오	옳을 가	더할 가	달 감	갑옷 갑	갈 거	중 니	두드릴 고
古	功	瓜	巧	丘	句	叫	年	奴
옛 고	공 공	오이 과	공교할 교	언덕 구	글귀 구	부르짖을 규	해 년	여종 노
旦	代	冬	立	令	末	母	矛	目
아침 단	대신 대	겨울 동	설 립	하여금 령	끝 말	어미 모	창 모	눈 목
卯	戊	未	民	半	白	弁	丙	本
토끼 묘	별 무	아닐 미	백성 민	반 반	흰 백	고깔 변	남녘 병	근본 본

付	北	弗	仕	史	司	生	石	仙
붙일 부	북녘 북	아닐 불	벼슬 사	사기 사	맡을 사	날 생	돌 석	신선 선
世	召	市	矢	失	玉	永	央	瓦
인간 세	부를 소	저자 시	화살 시	잃을 실	구슬 옥	길 영	가운데 앙	기와 와
王	外	用	右	由	幼	以	仔	田
임금 왕	바깥 외	쓸 용	오른 우	말미암을 유	어릴 유	써 이	자세할 자	밭 전
占	正	主	左	只	且	冊	斥	出
점칠 점	바를 정	주인 주	왼 좌	다만 지	또 차	책 책	내칠 척	날 출
充	他	台	平	包	布	皮	必	玄
채울 충	다를 타	별 태	평평할 평	쌀 포	베 포	가죽 피	반드시 필	검을 현
穴	兄	乎	弘	禾				
구멍 혈	맏 형	어조사 호	클 홍	벼 화				

6획

六	各	艮	件	曲	共	光	匡
여섯 육	각각 각	간방 간	조건 건	굽을 곡	함께 공	빛 광	바를 광
交	求	圭	企	伎	吉	年	多	乭
---	---	---	---	---	---	---	---	---
사귈 교	구할 구	홀 규	바랄 기	재주 기	길할 길	해 년	많을 다	돌 돌
同	列	劣	礼	老	吏	名	牟	米
한가지 동	벌릴 렬	작을 렬	예도 례	늙을 로	아전 리	이름 명	클 모	쌀 미
朴	百	伐	氾	犯	帆	幷	妃	伏
성 박	일백 백	칠 벌	뜰 범	범할 범	돛대 범	아우를 병	왕비 비	엎드릴 복
寺	色	西	先	舌	守	收	旬	戌
절 사	빛 색	서녘 서	먼저 선	혀 설	지킬 수	거둘 수	열흘 순	개 술
丞	式	安	仰	羊	如	亦	伍	宇
정승 승	법 식	편안 안	우러를 앙	양 양	같을 여	또 역	다섯사람 오	집 우

羽	旭	危	有	肉	聿	衣	伊	而
깃 우	아침해 욱	위태 위	있을 유	고기 육	오직 율	옷 의	저 이	말이을 이
耳	夷	弛	印	因	任	字	自	匠
귀 이	오랑캐 이	늦출 이	새길 인	인할 인	맡길 임	글자 자	스스로 자	장인 장
庄	再	在	全	汀	兆	存	朱	州
전장 장	두 재	있을 재	온전 전	물가 정	억조 조	있을 존	붉을 주	고을 주
舟	竹	仲	旨	至	此	尖	打	宅
배 주	대 죽	버금 중	맛 지	이를 지	이 차	뾰족할 첨	칠 타	집 택
吐	合	伉	亥	行	向	血	刑	好
토할 토	합할 합	굳셀 항	돼지 해	다닐 행	향할 향	피 혈	벌 형	좋을 호
灰	回	后	休					
재 회	돌아올 회	왕후 후	쉴 휴					

7획

角	却	江	改	坑	更	車	見
뿔 각	물리칠 각	물 강	고칠 개	구덩이 갱	다시 갱	수레 거	볼 견
冏	戒	系	告	谷	困	攻	宏	究
밝을 경	경계 계	맬 계	고할 고	골 곡	곤할 곤	칠 공	클 굉	연구할 구
局	君	均	克	妡	圻	岐	杞	男
판 국	임금 군	고를 균	이길 극	아름다울 근	언덕 기	산기슭 기	구기자 기	사내 남
努	但	杜	豆	卵	冷	良	呂	伶
힘쓸 노	다만 단	막을 두	콩 두	알 란	찰 냉	어질 량	법 려	외로울 령
弄	利	李	里	忘	忙	每	免	牡
희롱할 롱	이로울 리	오얏/성 이	마을 리	잊을 망	바쁠 망	매양 매	면할 면	수컷 모
妙	尾	伴	妨	汎	伯	別	朳	兵
묘할 묘	꼬리 미	짝 반	해로울 방	뜰 범	맏 백	다를 별	나무 범	군사 병

甫	步	否	孚	佛	庇	妣	私	似
겨우 보	걸음 보	아니 부(비)	믿을 부	부처 불	도울 비	죽은어미 비	사사로울 사	같을 사
杉	序	汐	成	邵	束	宋	秀	巡
나무 삼	차례 서	썰물 석	이룰 성	높을 소	묶을 속	나라 송	빼어날 수	돌 순
伸	身	辛	我	亞	冶	言	汝	余
펼 신	몸 신	매울 신	나 아	버금 아	불릴 야	말씀 언	너 여	나 여
役	延	吳	吾	汚	完	妧	佑	扞
부릴 역	이끌 연	나라 오	나 오	더러울 오	완전할 완	고울 완	도울 우	당길 우
旴	孜	矣	位	攸	酉	邑	吟	忍
새벽 우	힘쓸 자	어조사 의	자리 위	바 유	닭 유	고을 읍	읊을 음	참을 인
妊	灼	作	壯	杖	材	低	赤	呈
애밸 임	지질 작	지을 작	씩씩할 장	지팡이 장	재목 재	낮을 저	붉을 적	드릴 정
廷	玎	姸	弟	助	足	佐	住	走
조정 정	옥소리 정	엄전할 정	아우 제	도울 조	발 족	도울 좌	머무를 주	달아날 주
址	池	志	辰	初	村	忖	吹	七
터 지	못 지	뜻 지	별 진	처음 초	마을 촌	헤아릴 촌	불 취	일곱 칠
妥	托	吞	兌	坂	判	貝	佈	杓
타당할 타	맡길 탁	삼킬 탄	별 태	언덕 판	판단할 판	조개 패	펼 포	자루 표
何	旱	汗	含	杏	形	亨	汞	孝
어찌 하	가물 한	땀 한	머금을 함	살구 행	형상 형	형통할 형	수은 홍	효도 효
希	吸							
바랄 희	마실 흡							

8획	佳	刻	玕	居	杰	決	京	坰
	아름다울 가	새길 각	옥돌 간	살 거	호걸 걸	결단할 결	서울 경	들 경

대법원 지정한자

庚	炅	季	居	姑	杲	故	考	固
별 경	빛날 경	끝 계	이를 계	시어미 고	밝을 고	예 고	상고할 고	굳을 고
孤	昆	坤	汨	空	供	佼	果	官
외로울 고	맏 곤	땅 곤	다스릴 골	빌 공	이바지 공	예쁠 교	과실 과	벼슬 관
侊	昿	坵	具	玖	穹	卷	券	金
클 광	밝을 광	언덕 구	갖출 구	옥돌 구	하늘 궁	책 권	문서 권	쇠 금
昑	其	奇	玘	沂	祁	快	奈	念
밝을 금	그 기	기특 기	옥 기	물이름 기	성할 기	쾌할 쾌	어찌 내	생각 념
垈	到	旽	東	枓	來	侖	林	枚
터 대	이를 도	밝을 돈	동녘 동	구기 두	올 래	둥글 륜	수풀 림	낱 매
媒	孟	命	明	杳	武	門	物	旼
중매 매	맏 맹	목숨 명	밝을 명	깊을 묘	호반 무	문 문	물건 물	화할 민
旻	昉	放	房	枋	杯	佰	帛	秉
높을 민	밝을 방	놓을 방	방 방	다목 방	잔 배	백사람 백	비단 백	잡을 병
幷	服	奉	扶	朋	批	枇	卑	社
아우를 병	입을 복	받들 봉	잡을 부	벗 붕	칠 비	비파나무 비	낮을 비	모일 사
事	使	舍	尙	狀	牀	抒	昔	析
일 사	부릴 사	집 사	오히려 상	모양 상	책상 상	펼 서	예 석	쪼갤 석
姓	所	松	受	垂	叔	昇	承	侍
성 성	바 소	소나무 송	받을 수	드리울 수	아재비 숙	오를 승	이을 승	모실 시
始	沁	沈	亞	妸	岸	昂	厓	於
비로소 시	물이름 심	성 심	버금 아	고울 아	언덕 안	밝을 앙	언덕 애	어조사 어
奄	姈	沇	旿	沃	枉	汪	旺	雨
문득 엄	영리할 영	물이름 연	대낮 오	기름질 옥	굽을 왕	넓을 왕	왕할 왕	비 우

玗	沄	沅	委	臾	乳	侑	宜	秄
옥돌 우	흐를 운	물 원	맡길 위	잠깐 유	젖 유	너그러울 유	마땅 의	북돋을 자
姉	長	杵	底	的	典	佺	折	店
누이 자	긴 장	공이 저	밑 저	맞힐 적	법 전	이름 전	꺾을 절	가게 점
妌	政	定	制	宗	周	姝	宙	知
단정할 정	다스릴 정	정할 정	법제 제	마루 종	두루 주	예쁠 주	집 주	알 지
沚	池	枝	直	昌	采	玔	帖	青
물가 지	못 지	가지 지	곧을 직	창성 창	캘 채	팔찌 천	문서 첩	푸를 청
忠	取	枕	快	卓	坦	汰	兔	投
충성 충	가질 취	베개 침	쾌할 쾌	높을 탁	탄탄할 탄	씻길 태	토끼 토	던질 투
把	坡	杷	板	版	八	坪	佩	彼
잡을 파	언덕 파	비파 파	널 판	조각 판	여덟 팔	들 평	찰 패	저 피
函	杭	享	幸	弦	協	洽	呼	昊
함 함	건널 항	누릴 향	다행 행	활 현	화합할 협	화할 협	부를 호	하늘 호
弧	虎	或	昏	和	昕	欣	忻	
활 호	범 호	혹 혹	저물 혼	화할 화	아침 흔	기뻐할 흔	기뻐할 흔	

9획

柯	架	竿	看	柬	柑	皆	玠
자루 가	시렁 가	장대 간	볼 간	가릴 간	감귤 감	다 개	서옥 개
姜	炬	拒	建	怯	徑	勁	計	係
성 강	횃불 거	막을 거	세울 건	겁낼 겁	지름길 경	굳셀 경	셀 계	이을 계
癸	界	契	故	科	冠	姣	怪	九
천간 계	지경 계	계약 계	연고 고	과목 과	갓 관	예쁠 교	괴이할 괴	아홉 구
拘	軍	芎	軌	奎	矜	祈	紀	祇
잡을 구	군사 군	궁궁이 궁	굴대 궤	별 규	삼갈 긍	빌 기	벼리 기	편안할 기

拏	南	奈	耐	泥	彖	畓	待	度
잡을 나	남녘 남	능금나무 내	견딜 내	진흙 니	끊을 단	논 답	기다릴 대	법도 도
垌	亮	侶	怜	聆	柳	律	俐	勉
항아리 동	밝을 량	짝 려	영리할 령	깨달을 령	버들 류	법률 률	영리할 리	힘쓸 면
眀	面	某	冒	昴	拇	美	玟	旼
눈밝을 명	낯 면	아무개 모	무릅쓸 모	별이름 묘	엄지 무	아름다울 미	옥돌 민	강할 민
拍	泊	泮	盼	拔	拜	柏	法	泛
칠 박	배댈 박	반궁 반	눈자위 반	뺄 발	절 배	잣나무 백	법 법	뜰 범
炳	柄	昞	保	赴	毗	毖	飛	思
빛날 병	자루 병	밝을 병	보전할 보	다다를 부	도울 비	수고로울 비	날 비	생각 사
査	泗	庠	相	叙	宣	性	星	省
조사 사	물 사	학교 상	서로 상	차례 서	베풀 선	성품 성	별 성	살필 성
昭	炤	招	沼	帥	首	盾	徇	是
밝을 소	비칠 소	나무 소	못 소	장수 수	머리 수	방패 순	부릴 순	이 시
施	柿	信	室	甚	耶	約	易	彦
베풀 시	감 시	믿을 신	집 실	심할 심	어조사 야	언약 약	열릴 양	선비 언
沿	姸	衍	兗	染	映	泳	盈	屋
좇을 연	고울 연	넓을 연	믿을 연	물들일 염	비칠 영	헤엄칠 영	찰 영	집 옥
要	姚	玩	禹	芋	昱	垣	韋	爰
구할 요	예쁠 요	구경 완	임금 우	토란 우	빛날 욱	담 원	연할 위	이에 원
兪	宥	柔	柚	玧	威	垠	音	泣
맑을 유	너그러울 유	부드러울 유	구기자 유	옥빛 윤	위엄 위	지경 은	소리 음	울 읍
怡	姻	姿	芍	灼	哉	貞	訂	柾
화할 이	혼인 인	모양 자	작약 작	지질 작	어조사 재	곧을 정	바로잡을 정	나무 정

炡	亭	帝	昭	柱	奏	炷	姝	紂
빛날 정	정자 정	임금 제	빛날 조	기둥 주	아뢸 주	심지 주	아름다울 주	밀치끈 주
拄	注	俊	重	卽	祉	祗	拶	昣
버틸 주	물댈 주	준걸 준	무거울 중	곧 즉	복 지	공경 지	잡을 진	밝을 진
昶	肖	招	梢	泉	秋	春	治	致
밝을 창	닮을 초	부를 초	점점 초	샘 천	가을 추	봄 춘	다스릴 치	이를 치
勅	則	柒	拖	坨	炭	泰	怠	波
칙서 칙	이를 칙(즉)	옻칠할 칠	끌 타	언덕 타	숯 탄	클 태	게으를 태	물결 파
扁	便	泙	枰	抱	泡	表	品	風
납작할 편	편할 편	물소리 평	바둑판 평	안을 포	물거품 포	겉 표	품수 품	바람 풍
泌	昰	河	咸	巷	姮	缸	孩	香
물 필	여름 하	물 하	다 함	거리 항	달빛이름 항	항아리 항	웃을 해	향기 향
革	奕	泫	炫	型	泂	炯	泓	紅
가죽 혁	클 혁	물깊을 현	밝을 현	본보기 형	멀 형	밝을 형	깊을 홍	붉을 홍
奐	皇	廻	侯	後	厚	姬		
빛날 환	임금 황	돌 회	제후 후	뒤 후	두터울 후	계집 희		

10획	家	珂	哿	恪	珏	剛	個	虔
	집 가	옥이름 가	옳을 가	삼갈 각	쌍옥 각	굳셀 강	낱 개	정성 건
格	肩	兼	耕	徑	耿	倞	烓	桂
이를 격	어깨 견	겸할 겸	갈 경	지름길 경	빛날 경	굳셀 경	밝을 계	계수나무 계
高	庫	恭	貢	拱	括	洸	校	矩
높을 고	곳집 고	공손 공	바칠 공	맞잡을 공	맺을 괄	물소리 광	학교 교	법 구
俱	宮	躬	拳	根	衾	級	肯	氣
함께 구	집 궁	몸 궁	주먹 권	뿌리 근	이불 금	줄 급	옳을 긍	기운 기

記	起	桔	拮	娜	娘	納	紐	倓
기록 기	일어날 기	도라지 길	열심히일할 길	아름다울 나	아가씨 낭	들일 납	맬 뉴	편안할 담
唐	玳	徒	挑	桃	洞	桐	烔	洛
나라 당	대모 대	무리 도	돋을 도	복숭아 도	고을 동	오동 동	뜨거울 동	물이름 락
烙	凉	倆	旅	烈	玲	竜	留	倫
지질 락	서늘 량	재주 량	나그네 려	매울 렬	옥소리 령	용 룡	머무를 류	인륜 륜
栗	埋	覓	眠	洺	冥	畆	紋	珉
밤 률	묻을 매	찾을 멱	잠잘 면	물이름 명	어둘 명	이랑 묘	무늬 문	옥돌 민
珀	畔	般	芳	旁	紡	配	倍	栢
호박 박	밭두둑 반	일반 반	꽃다울 방	넓을 방	길쌈 방	짝 배	갑절 배	잣나무 백
倂	峰	俸	芙	芬	粉	師	紗	射
아우를 병	봉우리 봉	녹 봉	부용 부	향기 분	가루 분	스승 사	깁 사	쏠 사
朔	珊	桑	索	徐	恕	栖	書	秲
초하루 삭	산호 산	뽕나무 상	찾을 색	천천히 서	용서할 서	깃들일 서	글 서	섬 석
席	扇	娍	城	洗	笑	素	玿	孫
자리 석	부채 선	아름다울 성	재 성	씻을 세	웃음 소	흴 소	옥 소	손자 손
殊	修	洙	純	洵	恂	栒	乘	時
다를 수	닦을 수	물가 수	순전할 순	웅덩이물 순	믿을 순	대나무 순	탈 승	때 시
翅	息	栻	訊	迅	娥	芽	晏	弱
날개 시	쉴 식	점판 식	물을 신	빠를 신	계집이름 아	싹 아	늦을 안	약할 약
洋	娟	宴	娫	芮	玴	倪	娛	烏
바다 양	고울 연	잔치 연	빼어날 연	풀, 성 예	옥돌 예	끝 예	즐거울 오	까마귀 오
邕	翁	垸	窈	容	埇	祐	迂	彧
막힐 옹	늙은이 옹	바를 완	그윽할 요	얼굴 용	돋을 용	도울 우	멀 우	문채 욱

栯	耘	芸	原	員	袁	洹	柚	洧
산앵두 욱	김맬 운	향풀이름 운	근원 원	인원 원	성/옷길 원	흐를 원	무성할 유	물이름 유
育	殷	恩	倚	益	茵	恁	芿	茲
기를 육	은나라 은	은혜 은	의지할 의	더할 익	씨 인	생각할 임	새풀싹 잉	이 자
恣	酌	奘	宰	財	栽	展	庭	租
방자할 자	잔 작	클 장	재상 재	재물 재	심을 재	펼 전	뜰 정	조세 조
曺	祚	座	倧	株	州	埈	准	持
무리 조	복조 조	자리 좌	신인 종	줄기 주	고을 주	높을 준	평할 준	가질 지
指	祗	芝	紙	晋	秦	津	珍	眞
가리킬 지	공경할 지	지초 지	종이 지	나라 진	나라 진	나루 진	보배 진	참 진
秩	朕	差	借	倉	倜	哲	哨	畜
차례 질	나 짐	어긋날 차	빌릴 차	곳집 창	대범할 척	밝을 철	작을 초	기를 축
衷	値	恥	針	託	倬	耽	秤	討
속마음 충	만날 치	부끄러울 치	바늘 침	부탁할 탁	클 탁	즐길 탐	저울 칭	칠 토
特	芭	豹	珌	夏	恒	奚	核	軒
특별할 특	파초 파	표범 표	칼장식 필	여름 하	항상 항	어찌 해	씨 핵	마루 헌
峴	玹	倖	祜	洪	烘	花	桓	活
재 현	옥돌 현	요행 행	복 호	넓을 홍	화톳불 홍	꽃 화	클 환	살 활
晃	恢	效	候	訓	烋			
밝을 황	넓을 회	본받을 효	기후 후	가르칠 훈	아름다울 휴			
11획	康	强	堈	崗	乾	健	堅	牽
	편안할 강	굳셀 강	언덕 강	산등성이 강	하늘 건	건장할 건	굳을 견	이끌 견
涇	竟	梗	頃	啓	崑	袞	琪	貫
통할 경	다할 경	도라지 경	이랑 경	열 계	곤륜산 곤	곤룡포 곤	옥 공	꿸 관

珖	敎	皎	區	救	毬	苟	國	眷
옥피리 광	가르칠 교	달빛 교	지역 구	도울 구	공 구	진실로 구	나라 국	돌아볼 권
硅	珪	規	近	基	寄	旣	那	捏
규소 규	서옥 규	법 규	가까울 근	터 기	의뢰할 기	이미 기	어찌 나	이길 날
訥	堂	帶	袋	動	得	珞	朗	浪
어눌할 눌	집 당	띠 대	자루 대	움직일 동	얻을 득	구슬 락	밝을 랑	물결 랑
略	梁	羚	翎	鹿	婁	累	流	率
간략할 략	들보 량	큰양 영	날개 령/영	사슴 록	별 루	얽힐 루	흐를 류	거느릴솔/비율률
悧	浬	犁	离	梨	笠	粒	麻	晚
영리할 리	해리 리	얼룩소 리	밝을 리	참배 리	갓 립	쌀알 립	삼 마	늦을 만
曼	挽	望	梅	麥	冕	茅	眸	苗
멀 만	당길 만	바랄 망	매화 매	보리 맥	면류관 면	띠 모	눈동자 모	싹 묘
務	茂	問	敏	密	舶	班	返	邦
힘쓸 무	무성할 무	물을 문	민첩할 민	빽빽할 밀	큰배 박	나눌 반	돌아올 반	나라 방
訪	培	背	范	屛	珤	烽	副	浮
꾸짖을 방	북돋을 배	등 배	풀이름 범	병풍 병	보배 보	봉화 봉	버금 부	뜰 부
符	埠	彬	貧	斌	浜	斜	邪	赦
병부 부	부두 부	빛날 빈	가난할 빈	문채날 빈	물가 빈	비낄 사	간사 사	용서할 사
徙	産	參	爽	祥	常	商	笙	庶
옮길 사	낳을 산	셋 삼	시원할 상	상서 상	항상 상	장사 상	생황 생	뭇 서
敍	旋	船	珹	設	雪	卨	涉	晟
펼 서	돌 선	배 선	옥돌 선	베풀 설	눈 설	사람이름 설	건널 섭	밝을 성
細	巢	紹	消	梳	悚	袖	孰	宿
가늘 세	새집 소	이을 소	사라질 소	빗 소	두려울 송	소매 수	누구 숙	잘 숙수

珣	術	崇	習	偲	埴	紳	晨	悉
옥이름 순	재주 술	높을 숭	익힐 습	재주 시	점토 식	큰띠 신	새벽 신	다 실
堊	庵	崖	野	若	御	魚	焉	念
백토 악	암자 암	벼랑 애	들 야	같을 약	뫼실 어	고기 어	어조사 언	잊을 여
域	軟	硏	涎	涓	挻	悅	苒	迎
지경 역	부드러울 연	갈 연	침 연	시내 연	늘릴 연	기쁠 열	우거질 염	맞을 영
英	埶	悟	梧	敖	浯	浣	婠	婉
꽃부리 영	심을 예	깨달을 오	오동나무 오	거만할 오	강이름 오	씻을 완	좋을 완	순할 완
欲	浴	庸	涌	偶	釪	苑	偉	尉
하고자할 욕	목욕할 욕	떳떳할 용	물솟을 용	짝 우	바릿대 우	동산 원	클 위	벼슬 위
矮	悠	唯	堉	胤	移	珥	苡	翌
아리따울 유	멀 유	오직 유	기름진땅 육	맏아들 윤	옮길 이	귀고리 이	질갱이 이	명일 익
翊	寅	剩	瓷	紫	雀	將	章	張
도울 익	동방 인	남을 잉	오지그릇 자	붉을 자	새 작	장수 장	글 장	베풀 장
梓	苧	這	寂	笛	專	悛	晢	粘
노나무 재	모시 저	이것 저	고요 적	피리 적	오로지 전	고칠 전	밝을 절	끈끈할 점
停	梃	挺	埩	頂	涏	旌	悌	第
머물 정	막대 정	뺄 정	밭갈 정	이마 정	아름다울 정	기 정	공경 제	차례 제
祭	梯	組	鳥	曹	彫	窕	族	從
제사 제	사다리 제	인끈 조	새 조	무리 조	새길 조	안존할 조	겨레 족	쫓을 종
終	晝	胄	珠	做	紬	浚	晙	趾
마침 종	낮 주	투구 주	구슬 주	지을 주	명주 주	깊을 준	밝을 준	발꿈치 지
振	執	捉	窓	彩	寀	埰	戚	阡
떨칠 진	잡을 집	잡을 착	창문 창	채색 채	녹봉 채	영지 채	겨레 척	두렁 천

着	釧	惡	佔	苕	梢	邨	崔	珫
붙을 착	팔찌 천	공경할 철	달 첨	능수화 초	나무끝 초	마을 촌	성 최	이옥 충
側	梔	浸	桶	販	浿	偏	閉	捕
곁 측	치자나무 치	적실 침	통 통	팔 판	물 패	치우칠 편	닫을 폐	잡을 포
浦	苞	票	被	畢	苾	海	偕	珦
물가 포	꾸러미 포	표할 표	입을 피	다할 필	향기 필	바다 해	함께 해	옥 향
許	焃	晛	絃	衒	珩	彗	浩	扈
성 허	붉을 혁	햇빛 현	악기줄 현	자랑할 현	구슬 형	비 혜	넓고클 호	넓을 호
晧	毫	胡	貨	晥	患	凰	悔	晦
밝을 호	가는털 호	오랑캐 호	재화 화	밝을 환	근심 환	새 황	뉘우칠 회	그믐 회
涍	珝	焄	烯	晞				
물 효	옥이름 후	향기 훈	불빛 희	마를 희				
12획	街	軻	殼	稈	間	敢	堪	凱
	거리 가	굴대 가	껍질 각	집 간	사이 간	감히 감	견딜 감	승전악 개
開	距	据	傑	鈐	結	景	硬	卿
열 개	떨어질 거	일할 거	뛰어날 걸	자물쇠 검	맺을 결	볕 경	굳을 경	벼슬 경
堺	棍	控	款	喬	球	邱	捲	貴
지경 계	몽둥이 곤	당길 공	정성 관	높을 교	공 구	언덕 구	주먹 권	귀할 귀
鈞	期	幾	朞	棋	捺	能	茶	覃
근 균	기약 기	기미 기	돌 기	바둑 기	누를 날	능할 능	차 다	미칠 담
淡	答	棠	貸	悳	堵	棹	淘	敦
물맑을 담	답할 답	해당화 당	빌릴 대	덕 덕	담 도	노 도	일 도	돈독할 돈
惇	焞	棟	阧	鈍	登	等	絡	琅
정성 돈	밝을 순/돈	들보 동	치솟을 두	둔할 둔	오를 등	무리 등	연락할 락	옥이름 랑

量	勞	淚	琉	硫	淪	理 ·	淋	茫
헤아릴 량	수고할 로	눈물 루	유리 류	유황 류	빠질 륜	다스릴 리	물댈 림	아득할 망
買	脈	媒	綿	無	珷	貿	媄 ·	媚
살 매	맥 맥	중매 매	솜 면	없을 무	옥돌 무	무역할 무	빛고울 미	아첨할 미
閔	博 ·	迫	發	傍	幫	防	排	番
성 민	넓을 박	핍박할 박	필 발	곁 방	도울 방	막을 방	밀 배	차례 번·반
棅 ·	報	堡	普 ·	復	捧	棒	富 ·	傅
자루 병	갚을 보	막을 보	넓을 보	돌아올 복	받들 봉	창 봉	부자 부	스승 부
賁	斐 ·	備	棐	捨	斯 ·	絲	詞	散
클 분	아름다울 비	갖출 비	도지개 비	놓을 사	이 사	실 사	말씀 사	흩어질 산
傘	森	翔	象 ·	甥	壻	舒	棲	絮
우산 산	빽빽할 삼	날개 상	코끼리 상	사위 생	사위 서	펼 서	깃들일 서	솜 서
惜	晳 ·	善	琁 ·	高 ·	城 ·	盛 ·	貰	稅
아낄 석	분석할 석	착할 선	옥돌 선	이름 설	옥이름 성	담을 성	세낼 세	부세 세
訴	邵	疎	粟	巽	淞	授	須	琇 ·
호소할 소	고을이름 소	멀 소	조 속	손방 손	물 송	줄 수	모름지기 수	옥돌 수
淑 ·	循	筍	順 ·	淳 ·	舜	述 ·	勝 ·	視
맑을 숙	돌 순	대순 순	순할 순	순박할 순	임금 순	지을 술	이길 승	볼 시
寔 ·	植 ·	尋	深	雅 ·	雁	涯	掩	淵
이 식	심을 식	찾을 심	깊을 심	맑을 아	기러기 안	물가 애	가릴 엄	못 연
然	硯	珸	琬 ·	堯 ·	茸	堣	寓	雲
그러할 연	벼루 연	옥돌 오	옥이름 완	임금 요	풀날 용	모퉁이 우	머무를 우	구름 운
雄 ·	媛 ·	越	爲 ·	圍	惟 ·	庾 ·	釉	閏
수컷 웅	미인 원	넘을 월	할 위	에울 위	생각 유	곳집 유	빛날 유	윤달 윤

대법원 지정한자

阮	鈗	貳	貽	壹	場	掌	粧	裁
높을 윤	창 윤	두 이	끼칠 이	한 일	마당 장	손바닥 장	단장할 장	마름질할 재
邸	貯	迪	奠	筌	荃	接	幀	程
집 저	쌓을 저	나아갈 적	올릴 전	통발 전	향풀 전	접할 접	기 정	법 정
情	晶	淨	珽	珵	晸	婷	淀	媞
뜻 정	수정 정	맑을 정	뺄 정	빛날 정	해뜰 정	아름다울 정	배댈 정	아름다울 제
措	朝	詔	尊	悰	棕	淙	註	寯
둘 조	아침 조	조서 조	높을 존	즐거울 종	종려나무 종	물 종	주낼 주	새살찔 준
竣	曾	智	診	軫	集	着	創	敞
마칠 준	일찍 증	지혜 지	진찰할 진	수레 진	모을 집	부딪힐 착	비롯할 창	넓을 창
採	策	悽	淺	喆	添	捷	晴	淸
캘 채	꾀 책	슬플 처	얕을 천	밝을 철	더할 첨	이길 첩	개일 청	맑을 청
替	草	焦	超	稍	最	推	就	馳
대신할 체	풀 초	탈 초	넘을 초	점점 초	가장 최	밀 추	나아갈 취	달릴 치
探	筒	統	阪	鈑	彭	牌	評	弼
정탐할 탐	대통 통	거느릴 통	언덕 판	금박 판	성 팽	패 패	평론할 평	도울 필
筆	賀	閑	閒	虛	現	惠	淏	皓
붓 필	하례 하	한가할 한	틈 한	빌 허	나타날 현	은혜 혜	맑을 호	넓을 호
混	畫	喚	黃	堭	荒	勛	黑	欽
섞일 혼	그림 화	부를 환	누를 황	이름 황	거칠 황	공 훈	검을 흑	공경 흠
稀	喜							
드물 희	기쁠 희							
13획	賈	揀	幹	感	戡	鉀	畺	渠
	값 가	가릴 간	줄기 간	느낄 감	이길 감	갑옷 갑	지경 강	도랑 거

鉅	揭	絹	敬	莖	經	鼓	誇	塊
톱 거	들 게	비단 견	공경 경	줄기 경	경서 경	북 고	자랑할 과	흙덩이 괴
較	郊	鳩	群	揆	僅	勤	琴	禁
비교할 교	들 교	갈매기 구	무리 군	헤아릴 규	겨우 근	부지런할 근	거문고 금	금할 금
嗜	祺	琦	琪	暖	煖	湳	楠	農
즐길 기	길할 기	옥이름 기	옥 기	따뜻할 난	따뜻할 난	물 남	남나무 남	농사 농
塘	當	渡	塗	督	頓	亂	廊	糧
못 당	마땅할 당	건널 도	바를 도	감독할 독	조아릴 돈	어지러울 란	행랑 랑	양식 량
煉	廉	鈴	零	路	祿	雷	裏	裡
쇠불릴 련	청렴 렴	방울 령	떨어질 령	길 로	복록 록	우레 뢰	속 리	옷속 리
琳	莫	盟	募	睦	描	渺	渼	微
옥 림	없을 막	맹세 맹	부를 모	화목 목	그림 묘	아득할 묘	물 미	작을 미
迷	暋	鈱	鉑	頒	飯	鉢	渤	瓶
미혹할 미	강할 민	철판 민	금박 박	나눌 반	밥 반	바릿대 발	바다이름 발	병 병
補	蜂	附	琵	碑	聘	嗣	裟	莎
기울 보	벌 봉	붙을 부	비파 비	비석 비	정할 빙	이을 사	가사 사	향부자 사
想	湘	傷	詳	塞	嗇	渲	惺	聖
생각 상	물 상	상할 상	자세할 상	변방 새	인색할 색	물적실 선	깨달을 성	성인 성
筬	勢	歲	送	頌	綏	睡	愁	琡
베틀 성	형세 세	해 세	보낼 송	기릴 송	편안할 수	졸음 수	근심 수	옥이름 숙
肅	詢	詩	試	湜	軾	新	衙	阿
엄숙할 숙	물을 순	글 시	시험 시	맑을 식	수레 식	새 신	관청 아	언덕 아
渥	愛	揚	楊	暘	煬	逆	筵	鉛
비젖을 악	사랑 애	오를 양	버들 양	해돋을 양	녹일 양	거스를 역	자리 연	납 연

煙	椽	琰	楹	瀛	詠	煐	暎	裔
연기 연	서까래 연	비치옥 염	기둥 영	물맑을 영	읊을 영	빛날 영	비칠 영	후손 예
詣	預	奧	傲	塢	鈺	溫	雍	湧
이를 예	미리 예	깊을 오	거만할 오	언덕 오	보배 옥	따뜻할 온	화할 옹	물솟을 용
愚	虞	郁	煜	頊	嫄	援	園	圓
어리석을 우	헤아릴 우	성할 욱	빛날 욱	삼갈 욱	이름 원	당길 원	동산 원	둥글 원
渭	暐	愈	楡	裕	愉	飮	揖	義
위수 위	햇빛 위	나을 유	느릅나무 유	넉넉할 유	기쁠 유	마실 음	읍할 읍	옳을 의
意	肄	賃	資	雌	莊	裝	載	滓
뜻 의	익힐 이	새낼 임	재물 자	암컷 자	씩씩할 장	꾸밀 장	실을 재	맑을 재
勣	跡	傳	琠	詮	殿	塡	靖	鼎
공적 적	자취 적	전할 전	옥이름 전	갖출 전	대궐 전	메울 전	편안할 정	솥 정
綎	楨	湞	提	照	琮	湊	楫	稙
인끈 정	담틀 정	물이름 정	끌 제	비칠 조	옥홀 종	물이름 주	노 즙	벼 직
鉁	粲	債	睬	追	椿	測	稚	琛
보배 진	빛날 찬	빚질 채	주목할 채	좇을 추	나무 춘	헤아릴 측	어릴 치	보배 침
惰	陀	琸	琢	脫	塔	琶	稟	楓
게으를 타	험할 타	옥이름 탁	쫄 탁	벗을 탈	탑 탑	비파 파	품할 품	단풍 풍
荷	港	解	楷	該	鉉	逈	琥	壺
연 하	항구 항	풀 해	본뜰 해	그 해	솥귀 현	멀 형	서옥 호	병 호
湖	號	話	靴	煥	換	渙	煌	惶
호수 호	부를 호	이야기 화	신 화	빛날 환	바꿀 환	흩어질 환	빛날 황	두려울 황
會	賄	逅	塤	毁	揮	煇	暉	歆
모일 회	뇌물 회	만날 후	나팔 훈	헐 훼	휘두를 휘	빛날 휘	햇빛 휘	받을 흠

熙								
빛날 희								
14획	嘉	歌	閣	監	綱	愷	箇	甄
	아름다울 가	노래 가	문설주 각	볼 감	벼리 강	즐거울 개	낱 개	질그릇 견
境	逕	輕	誡	溪	誥	暠	寡	廓
지경 경	이를 경	가벼울 경	경계 계	시내 계	고할 고	깨끗할 고	적을 과	둘레 곽
管	愧	魁	僑	構	溝	菊	郡	閨
대롱 관	부끄러울 괴	으뜸 괴	높을 교	얽을 구	봇도랑 구	국화 국	고을 군	안방 규
菌	菫	嫤	兢	綺	箕	旗	暣	緊
버섯 균	제비꽃 근	아름다울 근	삼갈 긍	비단 기	키 기	기 기	햇볕 기	요긴할 긴
寧	團	端	臺	圖	途	銅	蝀	逗
편안 녕	둥글 단	끝 단	집 대	그림 도	길 도	구리 동	무지개 동	머무를 두
郎	萊	連	領	逞	綠	僚	綸	綾
사내 랑	쑥 래	이을 련	거느릴 령	굳셀 령	푸를 록	동관 료	인끈 륜	비단 릉
菱	幕	輓	萌	綿	溟	恨	銘	貌
마름 릉	장막 막	수레끌 만	싹 맹	솜 면	바다 명	너그러울 명	새길 명	모양 모
瑁	夢	舞	誣	聞	瑉	頣	蜜	裵
서옥 모	꿈 몽	춤출 무	무고할 무	들을 문	옥돌 민	강할 민	꿀 밀	성 배
箔	槃	搬	榜	閥	碧	菩	輔	福
발 박	쟁반 반	옮길 반	매 방	문벌 벌	푸를 벽	보살 보	도울 보	복 복
僕	鳳	逢	溥	孵	鼻	翡	緋	菲
종 복	새 봉	만날 봉	넓을 부	알깔 부	코 비	비취 비	붉은빛 비	엷을 비
裨	賓	飼	署	算	酸	裳	嘗	像
도울 비	손 빈	먹일 사	관청 서	셈할 산	실 산	치마 상	맛볼 상	형상 상

대법원 지정한자

壩	瑞	誓	逝	碩	嫙	瑄	銑	說
높고밝은 땅 상	상서 서	맹세 서	갈 서	클 석	예쁠 선	구슬 선	분쇠선	말씀 설
誠	韶	愫	速	損	誦	粹	壽	需
정성 성	아름다울 소	정성 소	빠를 속	덜 손	외울 송	순수할 수	목숨 수	기다릴 수
綬	搜	塾	瑟	飾	愼	實	斡	菴
인끈 수	찾을 수	서당 숙	거문고 슬	꾸밀 식	삼갈 신	열매 실	돌이킬 알	쑥 암
語	嫣	與	鳶	熀	瑛	榮	嫕	睿
말씀 어	싱긋웃을 언	더불 여	솔개 연	불빛 엽	옥광채 영	영화 영	유순할 예	밝을 예
誤	寤	瑛	溫	榲	搖	僥	溶	墉
그릇될 오	깨달을 오	옥돌 연	따뜻할 온	기둥 온	흔들 요	바랄 요	물 용	담 용
榕	慂	熔	踊	瑀	禑	頊	瑋	熊
나무 용	권할 용	녹일 용	뛸 용	옥돌 우	복 우	이름 욱	옥이름 위	곰 웅
愿	源	瑗	維	誘	銀	溵	疑	爾
삼갈 원	근원 원	옥 원	벼리 유	꾀일 유	은 은	강이름 은	의심할 의	너 이
認	溢	滋	慈	綽	奬	臧	塼	銓
알 인	넘칠 일	불을 자	사랑할 자	너그러울 작	권면할 장	두터울 장	벽돌 전	저울질할 전
箋	禎	精	齊	堤	製	造	肇	趙
찌지 전	상서 정	가릴 정	가지런할 제	옥 제	지을 제	지을 조	비로소 조	나라 조
綜	種	準	儁	誌	盡	塵	賑	溱
놓을 종	씨앗 종	법 준	준걸 준	기록 지	다할 진	티끌 진	넉넉할 진	많을 진
箚	察	滄	愴	暢	彰	菖	菜	綵
차자 차	살필 찰	푸를 창	슬퍼할 창	화창할 창	빛날 창	창포 창	나물 채	비단 채
綴	菁	銃	逐	瑃	翠	聚	萃	置
맬 철	우거질 청	총 총	좇을 축	옥 춘	비취 취	모일 취	모일 췌	둘 치

寢	稱	誕	榻	奪	態	通	透	頗
잘 침	일컬을 칭	탄생할 탄	자리 탑	빼앗을 탈	태도 태	통할 통	통할 투	자못 파
萍	飽	逋	苾	限	銜	嫦	赫	熒
부평초 평	배부를 포	도망갈 포	향기 필	한정 한	재갈 함	항아 항	빛날 혁	밝을 형
滎	豪	瑚	琿	鉷	華	廓	滉	榥
실개천 형	호걸 호	산호 호	옥 혼	고등 홍	빛날 화	클 확	맑을 황	책상 황
愰	慌	歊	酵	誨	劃	逅	熏	携
청백할 황	다급할 황	기운날 효	술괴일 효	가르칠 회	그을 획	만날 후	더울 훈	끌 휴
僖								
즐거울 희								

15획

價	稼	駕	慤	葛	慷	槪	漑
값 가	심을 가	멍에 가	성실할 각	칡 갈	강개할 강	대개 개	씻을 개

慨	劍	儉	熲	慶	稽	稿	穀	鞏
슬플 개	칼 검	검소할 검	빛날 경	경사 경	상고할 계	볏짚 고	곡식 곡	묶을 공
課	郭	慣	寬	廣	餃	嬌	銶	逵
매길 과	성씨 곽	익숙할 관	너그러울 관	넓을 광	경단 교	교만 교	끌 구	큰길 규
葵	劇	槿	漌	畿	緞	談	踏	幢
해바라기 규	연극 극	무궁화 근	맑을 근	지경 기	비단 단	말씀 담	밟을 답	기 당
德	稻	導	墩	董	摞	樂	落	瑯
큰 덕	벼 도	인도할 도	돈대 돈	동독할 동	다스릴 라	즐거울 락	떨어질 락	법랑 랑
諒	樑	慮	黎	閭	練	漣	輦	魯
믿을 량	들보 량	생각할 려	검을 려	아문 려	익힐 련	물놀이 련	손수레 련	둔할 로
論	樓	漏	瑠	劉	輪	履	瑪	摩
말할 론	다락 루	샐 루	유리 류	성류	바퀴 륜	신 리	마노 마	문지를 마

漠	滿	慢	漫	萬	賣	緬	瞑	模
아득할 막	찰 만	게으를 만	흩어질 만	일만 만	팔 매	멀 면	눈감을 명	법 모
摸	慕	憫	盤	磐	輩	魄	幡	範
본뜰 모	사모할 모	총명할 민	소반 반	반석 반	무리 배	혼 백	기 번	법 범
徹	複	鋒	駙	敷	部	賦	墳	寫
떨칠 별	거듭 복	창 봉	부마 부	펼 부	나눌 부	부세 부	무덤 분	베낄 사
賜	滲	賞	箱	緖	奭	線	墡	銷
줄 사	스밀 삼	상줄 상	상자 상	실마리 서	클 석	줄 선	좋은 흙 선	녹일 소
誰	數	熟	諄	陞	審	雁	養	樣
누구 수	두어 수	익을 숙	도울 순	오를 승	살필 심	기러기 안	기를 양	모범 양
漁	億	緣	演	熱	閱	葉	瑩	影
고기잡을 어	억 억	인연 연	넓을 연	더울 열	검열할 열	입 엽	밝을 영	그림자 영
銳	瑥	慾	瑢	憂	慪	郵	稶	院
날카로울 예	옥이름 온	욕심 욕	옥소리 용	근심할 우	공경할 우	우편 우	빛날 욱	집 원
緩	緯	慰	褘	誾	毅	誼	儀	熤
느릴 완	씨 위	위로할 위	아름다울 위	화평할 은	굳셀 의	옳을 의	거동 의	이름 익
逸	磁	暫	箴	樟	暲	漳	箸	著
편안할 일	자석 자	잠시 잠	바늘 잠	나무 장	밝을 장	물이름 장	젓가락 저	지을 저
摘	敵	滴	節	漸	蝶	摺	鋌	鋥
딸 적	대적할 적	물방울 적	마디 절	점점 점	나비 접	접을 접	쇳덩이 정	칼갈 정
靚	除	調	槽	踪	週	廚	儁	增
단장할 정	덜 제	고를 조	구유 조	발자취 종	주일 주	부엌 주	클 준	더할 증
誌	稷	進	陣	瑨	瑱	禛	質	緝
새길 지	피 직	나아갈 진	진칠 진	옥돌 진	귀걸이 진	복받을 진	바탕 질	낳을 집

徵	瑳	慙	慘	滌	陟	踐	賤	徹
부를 징	옥깨끗할 차	부끄러울 참	슬플 참	씻을 척	올릴 척	밟을 천	천할 천	통할 철
諂	請	締	滯	樞	築	衝	趣	嘴
아첨할 첨	청할 청	맺을 체	막힐 체	지도리 추	쌓을 축	찌를 충	뜻 취	주둥이 취
醉	層	幟	漆	墮	彈	歎	慝	編
술취할 취	층대 층	표지 치	옻칠 칠	떨어질 타	탄환 탄	탄식할 탄	사특할 특	엮을 편
篇	幣	弊	陛	褒	葡	標	漂	慓
책 편	돈 폐	해질 폐	섬돌 폐	기릴 포	포도 포	표할 표	뜰 표	날랠 표
蝦	漢	賢	儇	慧	暳	嬅	確	篁
두꺼비 하	한수 한	어질 현	영리할 현	지혜 혜	반짝별 혜	용모예쁠 화	확실 확	대발 황
皛	萱	輝	麾	興	嬉			
밝을 효	원추리 훤	빛날 휘	지휘할 휘	흥성할 흥	희롱할 희			
16획	諫	澗	彊	鋼	蓋	憩	潔	憬
	간할 간	산골물 간	굳셀 강	강철 강	덮을 개	쉴 게	맑을 결	동경할 경
曔	錕	過	錧	舘	橋	龜	窺	橘
밝을 경	붉은쇠 곤	지날 과	비녀장 관	객사 관	다리 교	틀 균/거북 귀	엿볼 규	굴나무 귤
瑾	錦	冀	器	機	錤	璂	諾	壇
옥 근	비단 금	바랄 기	그릇 기	베틀 기	호미 기	옥 기	허락 낙	제단 단
達	潭	糖	道	都	陶	篤	頭	遁
통달 달	못 담	엿 당	길 도	도읍 도	질그릇 도	두터울 독	머리 두	숨을 둔
燈	曆	歷	憐	盧	撈	錄	賴	龍
등불 등	책력 력	지낼 력	불쌍히여길 련	성 로	잡을 로	기록할 록	힘입을 뢰	용 룡
陸	廩	陵	璃	撛	潾	霖	磨	冪
뭍 륙	곳집 름	언덕 릉	유리 리	도울 린	물맑을 린	장마 림	갈 마	덮을 멱

蓂	謀	穆	蒙	躾	默	憫	撲	樸
명협풀 명	꾀할 모	화목 목	어릴 몽	예절가르칠 미	묵묵할 묵	민망할 민	부딪칠 박	통나무 박
潘	潑	蒡	陪	燔	壁	辨	潽	奮
성 반	활발할 발	인동덩굴 방	거듭 배	사룰 번	벽 벽	분별할 변	물이름 보	떨칠 분
憤	儐	頻	憑	篩	蒜	橡	諝	錫
분할 분	인도할 빈	자주할 빈	의지할 빙	체 사	달래 산	상수리나무 상	슬기 서	주석 석
蓆	璇	敾	暹	醒	燒	穌	蓀	輸
자리 석	옥 선	다스릴 선	해돋을섬	술깰 성	불사를 소	기쁠 소	향풀이름 손	나를 수
遂	蒐	樹	潚	錞	橓	蒔	諰	蓍
이를 수	모을 수	나무 수	빠를 숙	쇠북 순	무궁화나무 순	모종낼 시	이 시	시초 시
謁	鴨	鴦	諺	餘	燃	燕	閻	曄
뵐 알	오리 압	원앙새 앙	속담 언	남을 여	불탈 연	나라 연	마을 염	빛날 엽
穎	叡	豫	霓	墺	縕	壅	蓉	遇
빼어날 영	밝을 예	미리 예	무지개 예	물가 오	헌솜 온	막을 옹	연꽃 용	만날 우
賱	篔	橒	運	衛	謂	違	儒	諭
넉넉할 운	대왕 운	나무무늬 운	운수 운	지킬 위	이를 위	어길 위	선비 유	깨우칠 유
遊	踰	諛	潤	燏	融	陰	凝	彛
놀 유	넘을 유	아첨할 유	윤택할 윤	빛날 율	화할 융	그늘 음	엉길 응	떳떳할 이
諮	潛	璋	墻	縡	積	錢	霑	靜
물을 자	잠길 잠	서옥 장	담 장	일 재	쌓을 적	돈 전	젖을 점	고요 정
錠	諪	整	劑	諸	蹄	潮	輳	遒
촛대 정	조정할 정	정제할 정	약지을 제	모두 제	굽 제	조수 조	몰려들 주	다가설 주
寯	臻	陳	縝	縉	輯	潗	澄	錯
모일 준	모일 진	베풀 진	맺을 진	꽂을 진	모을 집	샘솟을 집	맑을 징	어긋날 착

撰	蒼	撤	澈	諦	樵	憔	錐	築
가릴 찬	푸를 창	거둘 철	맑을 철	살필 체	땔나무 초	애태울 초	송곳 추	쌓을 축
蓄	賰	熾	穉	親	罷	播	辦	澎
모을 축	넉넉할 춘	성할 치	어릴 치	친할 친	마침 파	뿌릴 파	힘쓸 판	물소리 팽
遍	蒲	瓢	諷	逼	遐	學	翰	澖
두루 편	부들 포	박 표	풍자할 풍	가까울 핍	멀 하	배울 학	날개 한	넓을 한
陷	諧	諧	憲	縣	螢	衡	滸	蒿
빠질 함	다 해	화할 해	법 헌	매달 현	반딧불 형	저울대 형	넓을 호	쑥 호
縞	橫	曉	勳	諱	熹	熙	憙	
명주 호	비낄 횡	새벽 효	공 훈	꺼릴 휘	밝을 희	빛날 희	기뻐할 희	
17획	懇	瞰	憾	糠	講	據	擧	鍵
	정성 간	굽어볼 감	서운할 감	겨 강	강론할 강	의거할 거	들 거	열쇠 건
檢	擊	激	檄	遣	謙	擎	璟	檄
살필 검	칠 격	급할 격	격문 격	보낼 견	겸손할 겸	들 경	옥 경	도지개 경
階	谿	館	矯	膠	購	鞠	懃	檎
섬돌 계	시내 계	객사 관	바로잡을 교	아교 교	살 구	공 국	은근할 근	능금나무 금
璣	濃	檀	鍛	澾	澹	憺	擔	隊
구슬 기	짙을 농	박달나무 단	단련할 단	미끄러질 달	물모양 담	편안할 담	짐 담	떼 대
蹈	鍍	獨	瞳	螺	勵	蓮	鍊	斂
밟을 도	도금할 도	홀로 독	눈동자 동	소라 라	힘쓸 려	연꽃 연	단련할 련	거둘 렴
濂	嶺	澧	瞭	縷	隆	璘	臨	蔓
물 렴	고개 령	강이름 례	밝을 료	실 루	높을 륭	옥빛 린	임할 림	넝쿨 만
錨	懋	謐	彌	璞	磻	繁	檗	餠
닻 묘	힘쓸 무	편안할 밀	두루 미	옥덩이 박	시내 반/번	성할 번	황벽나무 벽	떡 병

鍑	縫	蓬	賻	嬪	騁	謝	蔘	償
큰솥 복	꿰맬 봉	쑥 봉	부의 부	아내 빈	말달릴 빙	사례 사	인삼 삼	갚을 상
禪	鮮	爇	燮	聲	蔬	遜	遜	穗
봉선 선	고울 선	향내날 설	불꽃 섭	소리 성	풋나물 소	일어날 속	겸손할 손	이삭 수
雖	隋	瞬	襄	陽	憶	輿	縯	鍈
비록 수	수나라 수	잠깐 순	도울 양	볕 양	생각할 억	수레바퀴 여	길 연	방울소리 영
嬰	營	澳	遙	謠	聳	擁	優	隅
어릴 영	지을 영	깊을 오	멀 요	노래 요	솟을 용	안을 옹	넉넉할 우	모퉁이 우
蔚	遠	轅	應	謚	蔗	牆	蔣	檣
고을 울	멀 원	진문 원	응할 응	웃을 익	사탕수수 자	담 장	과장풀 장	돛대 장
齋	績	轉	檉	操	糟	燥	鍾	駿
집 재	길쌈 적	구를 전	능수버들 정	잡을 조	전국 조	마를 조	쇠북 종	준마 준
蹲	甑	璡	蔡	澯	燦	遞	礁	燭
기쁠 준	시루 증	옥돌 진	법 채	맑을 찬	빛날 찬	갈마들 체	암초 초	비칠 촉
蒽	總	聰	鄒	趨	縮	濁	擇	澤
파 총	거느릴 총	귀밝을 총	나라 추	달릴 추	줄일 축	흐릴 탁	가릴 택	못 택
霞	韓	鄕	蹊	壕	皞	鴻	闊	璜
노을 하	나라 한	시골 향	지름길 혜	해자 호	밝을 호	큰기러기 홍	넓을 활	서옥 황
隍	檜	澮	徽	禧	羲	戱		
해자 황	전나무 회	붓도랑 회	아름다울 휘	복 희	기운 희	희롱할 희		
18획	簡	鎧	隔	鵑	璟	鵠	壙	翹
	대쪽 간	갑옷 개	사이 격	두견새 견	경옥 경	고니 곡	광 광	빼어날 교
軀	瞿	闕	櫃	窺	歸	隙	謹	覲
몸 구	볼 구	대궐 궐	함궤	구멍 규	돌아갈 귀	틈 극	삼갈 근	뵐 근

騎	騏	簞	蕁	擡	戴	燾	濤	濫
말탈 기	준마 기	대광주리 단	지모 담	들 대	일 대	비출 도	큰물결 도	넘칠 람
糧	禮	鬣	鯉	謨	朦	鵡	翻	蕃
양식 량	예도 례	털끝 리	잉어 리	꾀 모	풍부할 몽	앵무새 무	날 번	번성할 번
璧	騈	襒	馥	濱	檳	觴	穡	曙
둥근옥 벽	나란히할 변	떨칠 별	향기 복	물가 빈	빈랑나무 빈	잔 상	거둘 색	새벽 서
繕	膳	簫	蔬	鎖	繡	璲	蕣	璱
기울 선	반찬 선	퉁소 소	푸성귀 소	사슬 쇄	비단 수	패옥 수	무궁화 순	푸른구슬 슬
雙	顏	額	濚	蕊	甕	燿	繞	曜
쌍 쌍	얼굴 안	이마 액	물돌아나갈 영	꽃술 예	독 옹	빛날 요	두를 요	빛날 요
鎔	蕓	魏	濡	曘	檼	濦	擬	翼
녹일 용	평지 운	나라 위	젖을 유	햇빛 유	마룻대 은	물소리 은	헤아릴 의	날개 익
鎰	濕	爵	簪	雜	儲	適	蹟	轉
중량 일	젖을 습	벼슬 작	비녀 잠	섞일 잡	쌓을 저	갈 적	자취 적	구를 전
題	濟	璪	遭	燽	濬	贄	職	織
제목 제	건널 제	면류관옥 조	만날 조	밝을 주	깊을 준	폐백 지	벼슬 직	짤 직
鎭	璨	擦	瞻	礎	蕉	叢	濯	蔽
진압할 진	옥광채 찬	비빌 찰	볼 첨	주춧돌 초	파초 초	떨기 총	빨 탁	가릴 폐
豊	爀	鎣	蕙	鎬	濩	濠	獲	環
풍년 풍	빛날 혁	꾸밀 형	난초 혜	호경 호	퍼질 호	해자 호	얻을 획	고리 환
濶	簧	燻						
넓을 활	생황 황	연기낄 훈						
19획	薑	疆	繭	鏡	鯨	繫	鯤	關
	생강 강	지경 강	누에고치 견	거울 경	고래 경	맬 계	곤이 곤	빗장 관

대법원 지정한자

曠	襟	麒	難	譚	禱	瀆	韜	鄧
밝을 광	옷깃 금	기린 기	어려울 난	말씀 담	빌 도	도랑 독	감출 도	나라이름 등
覶	麗	慮	櫚	簾	遼	類	瀏	贏
자세할 라	고울 려	근심할 려	종려나무 려	발 렴	멀 료	같을 류	맑을 류	여월 리
鄰	鏋	鵬	霧	薇	薄	龐	譜	簿
이웃 린	금 만	초명새 명	안개 무	장미 미	얇을 박	클 방	족보 보	문서 부
鵬	璸	馦	霂	辭	薩	選	璿	薛
붕새 붕	구슬이름 빈	향기 빈	옥광채 빈	말씀 사	보살 살	가릴 선	아름다운옥 선	맑은대쑥 설
蟾	璹	繩	識	薪	璶	瀋	瀁	璵
두꺼비 섬	옥그릇 숙	줄 승	알 식	섭나무 신	옥돌 신	즙 심	내이름 양	옥 여
礖	繹	瓀	艶	穩	鏞	韻	願	遺
돌이름 여	풀어낼 역	옥돌 연	고울 염	평온 온	쇠북 용	운치 운	원할 원	끼칠 유
贇	臆	鵲	薔	鄭	際	疇	遵	贈
예쁠 윤	가슴 응	까치 작	장미 장	나라 정	사이 제	이랑 주	좋을 준	보낼 증
證	遲	懲	贊	薦	遷	轍	寵	擺
증거 증	더딜 지	징계 징	도울 찬	천거할 천	옮길 천	차바퀴 철	사랑할 총	열릴 파
覇	騙	爆	曝	嚮	瀅	譓	譓	醯
으뜸 패	기만할 편	터질 폭	쬘 폭	향할 향	맑을 형	사랑 혜	슬기로울 혜	식혜 혜
譁	穫	擴	繪					
시끄러울 화	거둘 확	넓힐 확	그림 회					
20획	覺	遽	蹇	競	瓊	警	繼	勸
	깨달을 각	급할 거	이지러질 건	다툴 경	구슬 경	경계할 경	이을 계	권할 권
黨	竇	騰	懶	羅	藍	齡	爐	露
무리 당	구멍 두	오를 등	게으를 라	벌릴 라	쪽 람	나이 령	화로 로	이슬 로

瀧	鏻	饅	邁	礬	寶	鰒	瀕	繽
비올 롱	굳셀 린	만두 만	갈 매	백반 반	보배 보	전복 복	물가 빈	어지러울 빈
譬	藇	釋	鐥	贍	瀟	騷	燧	壤
비유할 비	아름다울 서	풀 석	복자 선	넉넉할 섬	물맑고깊을 소	떠들 소	봉화 수	흙덩이 양
孃	嚴	譯	瞗	瀛	耀	邀	瀜	議
아씨 양	엄할 엄	번역할 역	청명할 연	바다 영	빛날 요	맞을 요	물깊고넓은 융	의논 의
藉	藏	躇	籍	瀞	躁	鐘	瓆	纂
깔개 자	감출 장	머뭇거릴 저	호적 적	맑을 정	성급할 조	쇠북 종	이름 질	모을 찬
闡	觸	鬪	避	瀚	艦	邂	獻	櫶
넓힐 천	찌를 촉	싸움 투	피할 피	바다 한	큰배 함	만날 해	드릴 헌	나무이름 헌
懸	譞	鏸	馨	還	鐄	斅	薰	曦
매달 현	슬기 현	날카로울 혜	향기 형	돌아올 환	큰쇠북 횡	가르칠 효	향풀 훈	햇빛 희
犧	鑂							
희생할 희	바랠 훈							

21획	譴	鷄	顧	驅	鐺	藤	瀾	欄
	꾸짖을 견	닭 계	돌아볼 고	몰 구	쇠사슬 당	넝쿨 등	물결 란	난간 란
爛	儷	藜	瓏	瀰	闢	霹	藩	飜
문드러질 란	짝 려	나라이름 려	옥소리 롱	물넓을 미	열 벽	벼락 벽	덮을 번	날 번
辯	麝	續	隨	隧	邃	鶯	櫻	躍
말잘할 변	사향노루 사	이을 속	따를 수	길 수	깊을 수	꾀꼬리 앵	앵두나무 앵	뛸 약
藥	攘	瀯	藝	譽	饒	藕	邇	瀷
약 약	물리칠 양	물소리 영	재주 예	기릴 예	넉넉할 요	연뿌리 우	가까울 이	스밀 익
嚼	欌	鐫	躊	儹	懺	鐵	鐸	覇
씹을 작	장롱 장	새길 전	머뭇거릴 주	모을 찬	뉘우칠 참	쇠 철	방울 탁	으뜸 패

驃 날랠 표	鶴 학 학	險 험할 험	顥 클 호	護 호위 호	鐶 고리 환			
22획	鑑 거울 감	龕 취할 감	驕 교만할 교	灌 물댈 관	權 권세 권	鷗 갈매기 구	懼 두려워할 구	囊 주머니 낭
讀 읽을 독	瓓 옥빛 란	覽 볼 람	孌 예쁠 련	蘆 갈대 로	籠 조롱 롱	藺 골풀 린	鰻 뱀장어 만	巒 산봉우리 만
邊 가 변	鑌 강철 빈	攝 잡을 섭	蘇 차조기 소	贖 속바칠 속	鬚 수염 수	襲 엄습할 습	禳 기도할 양	穰 풍족할 양
儼 의젓할 엄	瓔 옥돌 영	蘂 꽃술 예	鰲 큰자라 오	蘊 쌓을 온	隱 숨을 은	懿 아름다울 의	藷 참마 저	顫 떨릴 전
霽 비갤 제	藻 바다말 조	鑄 쇠불릴 주	巑 산높을 찬	聽 들을 청	疊 접을 첩	饗 잔치할 향	響 울림 향	譓 살필 혜
歡 기쁠 환	驍 날랠 효							
23획	驚 놀랄 경	瓘 서옥 관	鑛 광석 광	蘭 난초 란	戀 사모할 련	蘖 그루터기 벽	鷺 백로 로	麟 기린 린
變 변할 변	鼈 자라 별	蘚 이끼 선	髓 골수 수	纖 가늘 섬	灑 물뿌릴 쇄	巖 바위 암	讌 잔치 연	纓 갓끈 영
鼇 자라 오	籤 제비 첨	蘟 인동덩굴 은	驗 증험할 험	顯 나타날 현	護 풍류 호	鷸 비취새 휼		
24획	罐 물동이 관	攪 어지러울 교	衢 네거리 구	靈 신령 령	齷 악착같을 악	靄 아지랑이 애	讓 사양할 양	鹽 소금 염
蠶 누에 잠	謿 클 차	瓚 옥 찬	讒 참소할 참	讖 비결 참	韆 그네 천	矗 무성할 촉	驟 신속할 취	

획수							
25획	觀 볼 관	羈 말굴레 기	蠻 오랑캐 만	廳 대청 청			
26획	邏 순행할 라	驢 나귀 려	灣 물굽이 만	讚 기릴 찬			
27획	驥 천리마 기	躪 짓밟을 린	鑽 뚫을 찬				
28획	戇 어리석을 당	鸚 앵무새 앵	鑿 뚫을 착	驩 이름 환			
29획	驪 가지말 려	鬱 막힐 울					
30획	鸞 난새 란						

찾아보기

삼재 오행 (길한 것에 ○표시)

【금】

금 금 금	165
금 금 목	164
금 금 수 ○	166
금 금 토 ○	165
금 금 화	165
금 목 금	159
금 목 목	158
금 목 수	160
금 목 토	159
금 목 화	158
금 수 금 ○	167
금 수 목 ○	166
금 수 수 ○	168
금 수 토	167
금 수 화	167
금 토 금	164
금 토 목 ○	162
금 토 수	164
금 토 토 ○	163
금 토 화 ○	163
금 화 금	162
금 화 목	160
금 화 수	162
금 화 토	161
금 화 화	161

【목】

목 금 금	134
목 금 목	133
목 금 수	134
목 금 토	133
목 금 화	133
목 목 금	128
목 목 목 ○	127
목 목 수	129
목 목 토	128
목 목 화	127
목 수 금	136
목 수 목 ○	135
목 수 수 ○	136
목 수 토	135
목 수 화	135
목 토 금	132
목 토 목	131
목 토 수	132
목 토 토	131
목 토 화 ○	131
목 화 금	130
목 화 목 ○	129
목 화 수	130
목 화 토	130
목 화 화 ○	129

【수】

수 금 금 ○	176
수 금 목	175
수 금 수 ○	176
수 금 토	176
수 금 화	175

📕 수 목 금	170	📕 토 금 토 ○	154	📕 화 금 목	143
📕 수 목 목 ○	169	📕 토 금 화	153	📕 화 금 수	144
📕 수 목 수 ○	170	📕 토 목 금	148	📕 화 금 토	144
📕 수 목 토 ○	170	📕 토 목 목	147	📕 화 금 화	143
📕 수 목 화 ○	169	📕 토 목 수	149	📕 화 목 금	138
📕 수 수 금 ○	178	📕 토 목 토	148	📕 화 목 목 ○	137
📕 수 수 목 ○	177	📕 토 목 화	147	📕 화 목 수	138
📕 수 수 수	178	📕 토 수 금	156	📕 화 목 토	138
📕 수 수 토	177	📕 토 수 목	155	📕 화 목 화	137
📕 수 수 화	177	📕 토 수 수	157	📕 화 수 금	146
📕 수 토 금	174	📕 토 수 토	156	📕 화 수 목	145
📕 수 토 목	173	📕 토 수 화	155	📕 화 수 수	146
📕 수 토 수	175	📕 토 토 금 ○	152	📕 화 수 토	146
📕 수 토 토	174	📕 토 토 목	151	📕 화 수 화	145
📕 수 토 화	173	📕 토 토 수	152	📕 화 토 금 ○	142
📕 수 화 금	172	📕 토 토 토 ○	152	📕 화 토 목	141
📕 수 화 목	171	📕 토 토 화	151	📕 화 토 수	142
📕 수 화 수	172	📕 토 화 금	150	📕 화 토 토 ○	142
📕 수 화 토	172	📕 토 화 목 ○	149	📕 화 토 화	141
📕 수 화 화	171	📕 토 화 수	151	📕 화 화 금	140
		📕 토 화 토	150	📕 화 화 목 ○	139
【토】		📕 토 화 화	149	📕 화 화 수	141
📕 토 금 금 ○	154			📕 화 화 토 ○	140
📕 토 금 목	153	【화】		📕 화 화 화	139
📕 토 금 수 ○	154	📕 화 금 금	144		

찾아보기

81수리

개물격(開物格) 吉	183	무상격(無常格) 凶	195	안락격(安樂格) 男吉女平	195
건창격(健暢格) 吉	187	미혹격(迷惑格) 凶	196	안전격(安全格) 吉	190
계성격(繼成格) 吉	183	박약격(薄弱格) 凶	185	암흑격(暗黑格) 凶	202
고난격(苦難格) 凶	187	발전격(發展格) 吉	187	영걸시비격(英傑是非格)	194
고독격(孤獨格) 凶	203	복록격(福祿格) 吉	194	영달격(榮達格) 吉	205
고행격(苦行格) 凶	196	부몽격(浮夢格) 凶	191	영웅격(英雄格) 男平女凶	190
곤액격(困厄格) 凶	208	부정격(否定格) 凶	182	영화격(榮華格) 吉	202
공명격(功名格) 吉	189	부흥격(復興格) 吉	205	요행격(僥幸格) 吉	192
공허격(空虛格) 凶	184	분리격(分離格) 凶	181	우매격(愚昧格) 凶	204
궁박격(窮迫格) 凶	184	불안격(不安格) 凶	200	우수격(憂愁格) 平	200
기본격(基本格) 大吉	181	불행격(不幸格) 凶	199	유덕격(有德格) 吉	198
길상격(吉祥格) 吉	203	비애격(悲哀格) 凶	208	융창격(隆昌格) 吉	192
나망격(羅網格) 凶	197	빈궁격(貧窮格) 凶	201	은거격(隱居格) 平	209
노력격(努力格) 平	201	성공격(成功格) 吉	191	은퇴격(隱退格) 平	198
대공격(大功格) 吉	195	소성격(小成格) 吉	207	이산격(離散格) 大凶	186
대지격(大智格) 吉	197	수분격(守分格) 吉	207	인덕격(人德格) 吉	194
덕망격(德望格) 吉	186	승천격(昇天格) 男吉女平	193	입신격(立身格) 吉	189
독립격(獨立格) 平	183	신고격(辛苦格) 凶	200	자력격(自力格) 吉	201
두령격(頭領格) 男吉女平	188	신성격(新成格) 吉	185	적막격(寂寞格) 凶	206
마장격(魔障格) 凶	196	실망격(失望格) 凶	202	정성격(定成格) 吉	182

정지격(停止格) 凶 205	출세격(出世格) 吉 197	평범격(平凡格) 吉 193
종극격(終極格) 凶 209	침체격(沈滯格) 凶 204	평상격(平常格) 平 206
중단격(中斷格) 平 190	태허격(太虛格) 凶 209	허망격(虛望格) 凶 188
중절격(中折格) 凶 189	통솔격(統率格) 吉 186	형성격(形成格) 大吉 182
지모격(智謀格) 吉 185	파란격(波瀾格) 凶 191	환원격(還元格) 吉 210
총명격(聰明格) 吉 199	파멸격(破滅格) 大凶 193	후길격(後吉格) 平 206
춘추격(春秋格) 平 199	파탄격(破綻格) 凶 207	흥왕격(興旺格) 吉 204

# 참고문헌

- 『현대 성명학』 한중수
- 『운명을 바꾸는 이름짓기』 조용학, 선영사 출판
- 『누가 이름을 함부로 짓는가』 이우람
- 『작명학 비전』 백운곡, 한옥당 출판
- 『사주팔자와 숙명』 민족문화사 출판, 정지섬
- 『측자파자 성명학』 민승만 저
- 『인명용 한자』 음파아카데미 출판
- 『부수한자』 한출판
- 『동아백년옥편』 두산동아
- 『국어대사전』 이희승 편저

대유학당 출판물 안내

- 자세한 사항은 대유학당으로 문의해 주십시오.
- 전화 : 02-2249-5630 / 팩스 : 02-22449-5631
- 입금계좌 : 국민은행 807-21-0290-497 예금주-윤상철
- 블로그 https://blog.naver.com/daeyoudang
- 서적구입 : www.daeyou.or.kr

분류	제목	저자	가격
주역	주역입문(2019)	윤상철 지음	16,000원
	대산주역강의(전3권)	김석진 지음	90,000원
	대산주역강해(전3권)	김석진 지음	60,000원
	주역전의대전역해(상/하)	김석진 번역	70,000원
	주역인해	김수길·윤상철 번역	20,000원
주역 시사	시의적절 주역이야기	윤상철 지음	15,000원
	대산석과(대산의 주역인생 60년)	김석진 지음	20,000원
	우리의 미래(대산선생이 바라본)	김석진 지음	10,000원
	후천을 연 대한민국	윤상철 지음	16,400원
주역점 운세	황극경세(전5권) 2020년 개정	윤상철 번역	200,000원
	초씨역림(상/하) 2017년 신간	윤상철 번역	180,000원
	하락리수(전3권) 2009개정	김수길·윤상철 번역	90,000원
	하락리수 전문가용 CD	윤상철 총괄	550,000원
	대산주역점해	김석진 지음	30,000원
	매화역수(2014년판)	김수길·윤상철 번역	25,000원
	주역점비결 2019 신간	윤상철 지음	25,000원
	육효 증산복역(전2권)	김선호 지음	40,000원
	개인운세력(1년분)	윤상철 총괄	30,000원
	점도구 4종(카드,서죽 주사위 동전)	윤상철 총괄	37,000원

음양오행학			
▸ 오행대의(전2권)	김수길·윤상철 번역	44,000원
▸ 연해자평(번역본)	오청식 번역	50,000원
▸ 작명연의	최인영 편저	25,000원
▸ 관상학사전	박중환 편저	50,000원
▸ 2020~2022 택일민력	최인영 지음	12,000원
▸ 풍수유람(전2권)	박영진 지음	43,000원
▸ 자연풍수입문	정완수 지음	20,000원

기문육임			
▸ 기문둔갑신수결	류래웅 지음	16,000원
▸ 이것이 홍국기문이다	정혜승 지음	23,000원
▸ 육임입문123(전3권)	이우산 지음	70,000원
▸ 육임입문 720과 CD	이우산 감수	150,000원
▸ 육임실전(전2권)	이우산 지음	54,000원
▸ 육임필법부	이우산 지음	35,000원
▸ 대육임직지(전6권)	이우산 지음	192,000원

손에 잡히는 경전

① 주역점
② 주역인해(원문+정음+해석)
③ 대학 중용(원문+정음+해석)
④ 경전주석 인물사전   각권 288~336p 10,000원
⑤ 도덕경/음부경
⑥ 논어(원문+정음+해석)
⑦ 절기체조
⑧~⑨ 맹자(원문+정음+해석)
⑩ 주역신기묘산
⑪ 자미두수
⑫ 관세음보살
⑬ 사자소학 추구
⑭~⑯ 시경(1~3)

인생을 좌우하는 이름 짓기 작명연의

초판   2012년 8월 31일
개정판 2020년 10월 31일

지은이 | 최인영   발행인 | 윤상철
교정·편집 | 이연실 임선미
발행처 대유학당
출판등록 2002년 4월 17일   제305-2002-28호
주소 서울시 아차산로 17길 48 SK V1 센터 1동 814호
전화 (02)2249-5630
블로그 http://blog.naver.com/daeyoudang
ISBN 978-89-6369-123-7 03180
CIP제어번호 : CIP2020040525

정가 25,000원
여러분이 지불하신 책값은 좋은 책을 만드는데 쓰입니다.
무단전제와 복사를 금합니다.
문의사항(오탈자 포함)은 대유학당의 블로그에 남겨 주세요.